IL LINGUAGGIO DELLE EMOZIONI

Manuale storico critico di psicoanalisi

II EDIZIONE

GIANCARLO BUONOFIGLIO

MANOSCRITTIEBOOK

"Che cosa è meglio? Una felicità a buon mercato, oppure un'estrema sofferenza? Allora, cosa è meglio?"
F. Dostoevskij

INDICE

PREMESSA

È davvero possibile un approccio filosofico alla psicoanalisi? È ancora consentito ad uno studioso di filosofia, uno storico o letterato, di addentrarsi in una disciplina che i più rivendicano come medica? Il problema pur non essendo nuovo (già nel 1943 Jung rivelava i suoi dubbi riguardo alla psicoterapia in genere: "Noi psicoterapeuti dovremmo essere veri filosofi o medici filosofi; anzi ... già lo siamo anche se non vogliamo ammetterlo") nel panorama culturale mantiene tuttavia inalterato e forse ha anche accresciuto il suo fascino. Se di scienza si tratta, e il dubbio dopo l'epistemologia popperiana, le critiche di Wittgenstein, l'ironia di Deleuze e le ragioni sulla non falsificabilità (e dunque sulla dimostrabilità) delle teorie freudiane è comunque obbligato, quale contributo potrà allora mai dare e soprattutto con quali strumenti opererà un metafisico (un ontologo, un fenomenologo) nel campo controverso della psiche e della malattia mentale? Freud com'è noto desiderava che la scienza da lui inventata non dovesse assolutamente ridursi nelle mani della medicina empirica, né tanto meno in quelle più anguste della neuro-biologia, ambienti nei quali pure si era formato. Il medico, stando alle sue parole, sarebbe per qualche misteriosa ragione la persona meno indicata all'esercizio dell'analisi della mente e delle tortuosità dell'inconscio. Perché dunque questo scetticismo nei riguardi della scienza ippocratica, quale la ragione della generale diffidenza verso la neuro-anatomia nello studio delle patologie mentali? Questo è il primo importante interrogativo al quale si cercherà di rispondere nel corso del trattato. Per ora ci basti sapere che Freud rompe una tradizione centenaria di convinzioni e convenzioni che concepivano la psiche e le sue deviazioni come il risultato di un complesso sistema di evoluzioni (o involuzioni) essenzialmente di tipo organico e biologico. Non che Freud rifiutasse radicalmente i presupposti dell'assioma scientifico che peraltro sono alla base dello stesso positivismo darwiniano; accadde piuttosto allo studioso viennese di intuire all'interno di una visione meccanicistica della psiche, intesa come un organo la cui funzionalità è condizionata dalle ereditarietà biologiche di geni e di tare cromosomiche, una componente emotiva autonoma e almeno parzialmente indipendente dalle dinamiche fisiologiche. La malattia non sarebbe allora rilevabile organicamente perché la sua origine (e questa ipotesi avrà aprendo alle scienze sociali degli sviluppi allora impensabili) non è pre-determinata da un rigido fatalismo che infierisce già dalla nascita nello sviluppo della personalità, ma è da considerarsi come un fenomeno evolutivo-affettivo più problematico, contingente e storico. Lo stato morboso non coincide pertanto con questa o quella nevrosi, questa o quella psicosi perché nevrosi e psicosi non sono sofferenze organiche di un singolo individuo, quanto piuttosto un primo tentativo di guarigione sociale; anzi nel paradosso già sono in un certo senso guarigione, superamento della malattia. Anticipando, anche se da un angolo radicalmente diverso, quanto in tempi più recenti sosterranno il Comportamentismo (l'attività cosciente e morale non è che una somma di riflessi che avvengono nel cervello) e meglio ancora il Cognitivismo. Ma di questo si parlerà in maniera più articolata nelle pagine che seguono.

Detto questo, si capisce perché per Freud nel campo della psiche il medico possa lasciare lo stetoscopio al filosofo come al sociologo, allo studioso delle scienze umane; in una parola allo psicoanalista. Ma lo psicoanalista non è forse un medico che come il collega clinico visita il paziente, pronuncia una diagnosi e prescrive delle cure? E allora in cosa si differenzia dallo scienziato empirista? Apparentemente in nulla, a guardar bene in tutto. Innanzitutto la visita non è una visita, la diagnosi non è una diagnosi e la cura non è una cura. Per lo meno dal punto di vista ortodosso. Lo psicoanalista non visita perché ascolta, formula una diagnosi, non cura però perché il farmaco con cui opera è la parola.

Una nevrosi, e questa è l'ottica corretta per orientarsi nello studio della patologia (il cui valore si comprenderà solo più avanti nella portata storico-culturale), è da considerarsi come un segno o un gioco linguistico il cui significato è da ricercarsi in una distorsione ottica e semantica della verità (e in quanto tale heideggerianamente dell'essere e del nulla), del sacro che è come una specie di chiaroscuro tra l'Io cosciente e l'Eros rimosso. E nella ricerca della verità è (per dirla con Gadamer) più utile il filosofo, quando non proprio l'antropologo o il letterato di un clinico anatomista. Ecco perché il punto di vista dal quale è inquadrato questo studio sulla nevrosi è quello fenomenologico (il problema è di indagare lo scheletro della malattia nel suo sfondo morale) ed ha come punto di riferimento Heidegger e la sua conferenza **Dell'essenza della verità**.

E' noto a tutti che più di un fenomenologo (i quali pure molto hanno dato alla psicoanalisi, per lo meno in termini di concettualizzazione) Heidegger era e voleva essere un ontologo, uno studioso dell'essere prima che dell'uomo; ma come spesso accade nella filosofia la sua ricerca, pur dai limbi lontani della teoria, ha saputo guardare anche altrove, incontrare l'epoché al di là di una legge morale che si presentava inaccettabile come principio di ragione, sprofondando fino all'ultimo dei rimandi e delle cause finali: dalla questione della verità a quella della libertà, dal linguaggio comune alla poesia. In un cammino antropo-ontologico che come quello dell'analizzante e dell'analizzato ha condotto nell'unica direzione percorribile, all'architraccia della parola. Il soggetto nevrotico ha un rapporto conflittuale con l'imperativo morale? Ha difficoltà ad integrare il desiderio? E soprattutto ha smarrito il senso della verità? Ebbene il senso è un esistenziale e come tale andrà ricercato nell'archetipo che si apre a quella lingua che tende all'essere e al suo senso, nella profondità del Sé. Ma la parola può davvero essere una medicina, il farmaco che porta alla luce il materiale rimosso? Il linguaggio la via per introdurre nei luoghi nascosti dell'esistenza? Freud doveva anche se in modo velato pensarlo; Heidegger di più ne era certo.

Due paragrafi di questo libro saranno dedicati proprio agli autori che del logos e della parola hanno fatto il centro dell'interesse filosofico: Heidegger e per quanto lontano Socrate, il filosofo che nella maieutica (e quindi in quel continuo interrogare con cui martellava eroticamente l'interlocutore) ha identificato la forza veritativa del linguaggio; in quella parola che per l'ontologo sarà invece più direttamente la casa e la terra dell'essere, lo spazio nel quale si apre il senso delle cose. L'opera di Freud s'inserisce proprio in una logica (ermeneutica-maieutica) di questo tipo, nello sforzo di recuperare la coscienza infelice alla dimensione terapeutica della verità, nel tentativo di fare del l'alterazione nevrotica un'occasione per riappropriarsi dello stato di verginità semantica che sempre è assente nel disturbo mentale. E il malato è difatti tale, nel senso che è là che si incista il suo stato angoscioso, perché ha perduto il significante primario e in esso la struttura esistenziale (antropo-ontico-ontologica, pilastro teoretico dell'edificio trascendentale kantiano) della libertà.

Allora: Socrate, Kant e Heidegger sono questi gli autori più vicini, pur nelle differenze alle convinzioni freudiane, e tra le convinzioni in cima a tutte la sfera erotica come qualcosa di autonomo dalla volontà, tutto quello che concerne l'Es e le sue pulsioni. La nevrosi è infatti propriamente per la psicoanalisi (per Freud certamente più che per Jung o Adler) la manifestazione di un conflitto morale, una perversione al negativo che solo nel sintomo riesce a trovare il modo di superarsi.

Al di là dei notevoli contributi dati da Freud (che ha anche cercato di dare un'ossatura a quanto era stato fino ad allora scritto nel campo delle scienze umane; Nietzsche per esempio) alla letteratura filosofica (problema significativo, basta pensare all'erotica all'interno della dialettica platonica) non sembra tuttavia che il padre della psicoanalisi, contrariamente a quanto fece Jung, abbia dato il giusto riconoscimento all'estetica (intesa come insieme delle forme simboliche che strutturano il modo di vedere il mondo) nella pratica terapeutica. L'analisi dell'inconscio può infatti essere condotta non solo seguendo la traccia di un linguaggio che si muove tornando al Sé, ma (una volta spogliato dalle sovrastrutture semantiche, anche attraverso l'epoché fenomenologica), anche nel simbolismo mitologico che assorbe l'impronta della storia e della cultura (Jung); rintracciando parole che conservano la memoria di una lingua originaria-istitutiva e che sono nella sostanza gli archetipi che organizzano i fatti umani. Pura forma, l'a priori di ogni imperativo morale. Il farmaco capace di guarire non solo chi ha raggiunto o superato i limiti dell'alienazione, ma lo stesso vivere nelle diverse articolazioni sociali. Si deve curare la sofferenza, certo, ma in essa l'istituzione di un'educazione di massa sempre più incapace di togliere e superare nel medesimo processo storico la differenza tra soggetto e predicato (Hegel), recuperare alla coscienza collettiva una generazione che ha nevrotizzato il senso progettuale della platonica idea del bene. Lo psicoanalista (il filosofo-psicoanalista) inserisce allora propriamente la tecnica manipolatoria della sua scienza (maieutica, medica, apotropaica) in un contesto culturale più ampio, cercando di svincolare il soggetto dalla barbarie di un'epoca che ha nell'essere-per-la-morte (quale ultima sublimazione della produzione, dell'accumulo e del consumo) la fonte dell'alienazione. Ma come questo possa accadere cercheremo per quanto sarà possibile di spiegarlo nelle pagine che seguono.

Un ultimo argomento, quello forse di maggior interesse filosofico, è come si è detto la centralità dell'eros e dell'erotica (concetto che Jung, dando alla libido un significato più diluito di quello grettamente sessuale, sostituisce con la nozione di **energia psichica**) all'interno della dinamica della malattia. La nevrosi è non a caso concepita come il risultato di un conflitto angoscioso tra il desiderio e la censura, la pulsione e la repulsione e in definitiva tra la repulsione (che è una pulsione respinta) e la repressione. La pulsione erotica ha nelle sue distorsioni un ruolo patogeno essenziale, capace com'è di superare i limiti del sacro; perché l'eros è così: violento e distruttivo, anche mortale. Altre può però rivelarsi come la chiave per aprire la prigione, il ritiro dal mondo in cui rinchiude la malattia per condurre finalmente fuori dalla caverna, nell'aperto della libertà.

In conclusione: questo studio è strutturato attorno a Freud (più che ad altri, Jung ad esempio) ma solo perché il suo pensiero (topico, dinamico, economico) gravita attorno a quella mitologia erotica che è il fondamento di ogni filosofia dopo quella platonica. In quell'amore per l'assoluto che di vetta in vetta e di cima in cima trascina nel solo sentiero consentito della conoscenza; tra le tortuosità di una radura dialettica tortuosa e selvaggia che ricorda davvero il percorso impraticabile della psicoanalisi.

Milano -'97, G. Buonofiglio

La struttura del testo è divisa in due parti; i primi sei capitoli delineano la teoria psicoanalitica in maniera ortodossa e sono una propedeutica agli ultimi sei, vero oggetto della discussione, che presentano invece un approccio più tecnicamente filosofico. In fondo al volume è stato aggiunto posteriormente un articolo sul concetto di volontà datato giugno - 2000

PARTE PRIMA

CAPITOLO I

PSICOLOGIA E PSICOANALISI

Un cenno storico alle scuole fondamentali

La psicoanalisi è uno dei fenomeni di maggior interesse nel campo psicologico; si presenta infatti non solo quale teoria generale dell'attività mentale, ma come un complesso sistema di tecniche che hanno il compito di curare (anche quando si vede costretta a formulare svariate teorie il problema rimane la cura) i molteplici disturbi della vita psichica e sociale. Benché sia vecchia come la nostra storia (da Socrate, Platone Aristotele, Cartesio, Locke, Hume, Kant, a J. S. Mill, agli Ideologi e Herbart, fino alla psicofisica di Fechner), di scienza psicologica vera e propria si comincia a parlare solo dal 1873, quando Wilhem Wundt pubblica l'opera Fondamenti di psicologia fisiologica. Ispirate all'insegnamento del maestro di Lipsia che aveva là fondato non solo la rivista ufficiale di psicologia (Philosophische Studien) ma il primo laboratorio sperimentale (1879), nascevano in quegli anni due scuole che avrebbero gettato le basi della scienza psicologica. Lo Strutturalismo creato da E.B. Titchener (la cui opera massima A Texbook of Psichology risale al 1910) e il Funzionalismo che, ispirato al filosofo W. James (il cui Principles of Psychology del 1890 fu più volte riedito), seppe includere tra gli altri nelle sue file J.Dewey, R.Angel e H.Carr, studiosi che si riconoscevano in quella che fu chiamata la Scuola di Chicago.

In Russia due sono invece i grandi fenomeni, la Riflessiologia di Bechterev, Pavlov e Secenov e la Scuola storico culturale che si riconosceva in Vygotskij, Kornilov, Leontjev e Lurija; al seguito di quel materialismo culturale (i processi psichici intesi come processi fisiologici: l'arco riflesso, la secrezione psichica, il riflesso condizionato) che aveva cercato di adeguare le acquisizioni scientifiche alle nuove esigenze rivoluzionarie leniniste e marxiste.

Contemporaneamente a quanto accadeva in Russia, in Europa prima e in America dopo, fioriva sull'opera kantiana la risposta tedesca all'elementismo wundtiano, la Gestalt (o Gestaltpsychologie), a partire dall'anno 1912 quando Wertheimer pubblicò uno studio sul movimento stroboscopico. Mentre infatti per lo strutturalismo la mente è la somma dei processi psichici che avvengono nella vita di un individuo (e la coscienza una specie di mosaico fatto da molteplici elementi sempre scomponibili), per Kohler, Koffka Lewin (che nel 1921 si raccolsero attorno alla rivista Psychologische Forschung) e gli altri esponenti della Gestalt (ma anche Meinong, Benussi e la scuola di Graz) il tutto è sempre più della somma delle parti; nel senso che il singolo elemento di un insieme non è mai sufficiente a spiegarne l'unità, la cui realizzazione è il risultato di dinamiche che concorrono autonomamente al risultato ultimativo. Sul piano sociale tale fenomeno comporta che tutti gli individui di uno stesso complesso non siano solo gli elementi della generale struttura della comunità, quanto piuttosto delle forze che tendono alla costruzione di uno stesso organismo (e dunque le persone come un universo di sub-regioni connesse e interdipendenti con l'ambiente); su quello filosofico che ai processi astratti (pensiero, memoria, emozioni) corrisponda isomorficamente un fondamento materiale, un'identità strutturale tra il piano dell'esperienza e quello dei processi fisiologici ad esso sottostanti; su quello della percezione che tutti gli elementi di uno stesso campo tendano alla formazione dell'unico risultato fenomenico. Come le forze di un qualsiasi evento si organizzano dinamicamente all'interno di uno stesso campo percettivo, così pure i comportamenti si muovono all'interno di un campo psicologico (simile al campo fisico maxwelliano). Di grande attualità, la psicologia della Gestalt ancora oggi nella vastità delle discipline di cui si occupa (dalla percezione, all'arte, alle scienze sociali) non manca di affiliare nuovi e sempre più interessati studiosi.

Il **Comportamentismo** si presenta invece, abbiamo detto, come il più importante capovolgimento di quanto si era edificato in psicologia. Nata nel 1913, anno di pubblicazione dell'articolo programmatico di Watson Psichology as the Behaviorist Views, la nuova scuola elaborò una serie di teorie fondate sul principio che concepisce il comportamento (unico oggetto sottoponibile all'indagine scientifica, verificabile intersoggettivamente) come adattamento all'ambiente, (a cominciare dalla legge dell'effetto di Thorndike, per la quale l'apprendimento consiste nel graduale stabilizzarsi di tentativi e errori, e l'intelligenza in qualcosa di utilitaristico sottoposta alla legge della ricompensa: "Un'azione seguita da uno stato di soddisfazione tenderà a ripresentarsi più spesso, un'azione seguita da uno stato di insoddisfazione tenderà a ripresentarsi meno spesso"), e dunque la coscienza (o l'Io) come il modo di equilibrare gli impulsi interni con quelli più ampi del mondo circostante (um-welt). La personalità è per il comportamentista il prodotto di apprendimenti (inquadrabile nella relazione stimolo-risposta) piuttosto che la conseguenza di una materia geneticamente programmata. Di questa convinzione che vuole l'Io, la personalità, l'essere-se-stessi, l'irripetibilità della coscienza come l'insieme più funzionale di una costellazione di comportamenti (il prodotto emozionale delle esperienze vissute) Miller e Dollard faranno il centro della propria dottrina. Non la maturazione di una sostanza che deve necessariamente attuarsi, ma la possibilità continua di assumere infinite forme. Per la dottrina comportamentista l'Io, la coscienza del Sé, la volontà sono infatti qualcosa di instabile e contingente, un prodotto culturale. Atteggiamento che avvicina fortemente la scuola (Sears, ad esempio) alla psicoanalisi (e oggi se lo studio della dottrina è saldamente in mano al cognitivismo, la cura e la clinica sono gestite sempre più proprio da queste due correnti di pensiero), soprattutto per quanto concerne la relazione kendleriana che lega l'uomo all'ambiente: stimolo (l'impatto che l'ambiente ha sull'uomo), risposta (la reazione che ha verso l'ambiente) e rinforzo (gli effetti di quell'azione che è in grado di determinare le successive reazioni, la gratificazione che porta all'applicazione).

Pur nella brevità delle considerazioni esposte, si capisce forse allora di quale portata speculativa sia stata l'intenzione (che pure Freud avrebbe in parte condiviso) del sottrarre l'Io dall'innatismo che l'aveva contraddistinto per millenni, e la conseguente possibilità di manipolare nel comportamento umano, l'essere stesso. Tra gli esponenti più illustri del comportamentismo è doveroso ricordare Tolman (che propose accanto a un'interpretazione finalistica del comportamento basandosi sullo studio dei topi da laboratorio, anche l'ipotesi avanguardista di una mappa cognitiva), Hull (che elaborò tra le altre una teoria logico-matematica dell'apprendimento), Skinner (che propose una tecnologia del comportamento); ma anche Meyer, Hunter, Lashley e Eysenck.

Non rimane ora che da accennare alla Scuola di Ginevra (Piaget in primo luogo) e al Cognitivismo.

L'opera di **Piaget** (1896-1980), studioso eclettico e filosofo di tutto rispetto, si è sviluppata attorno al principio di una continuità storica tra i sistemi psicologici e quelli biologici. All'evoluzione del mondo corrisponde lo sviluppo cognitivo dell'uomo secondo un medesimo divenire psico-fisico che ha nella logica il punto di massima attuazione quale finalità ultima dell'individuo, la dimensione della coscienza che consente di concepire secondo necessità quello che altrimenti si presenterebbe come accidentale, mera possibilità. E' in questo ordine di cose che Piaget inquadra, a volte polemicamente con la scuola storico-culturale, lo sviluppo del fanciullo in tre stadi (a- senso-motorio, b- pre-operatorio e delle operazioni concrete, c- delle operazioni formali) che si compiono con la capacità di ragionare per mezzo di ipotesi, così dominando (quasi magicamente: perché la logica e la corrispettiva induzione rispondono proprio al bisogno di controllare con proiezioni virtuali l'angoscia che suscita l'incognito) la dimensione del possibile ("Invece di coordinare solo fatti relativi al mondo reale, il ragionamento ipotetico-deduttivo mette in evidenza le implicazioni di asserzioni possibili e così dà origine a una sintesi unica del possibile e del necessario"), per controllare l'incontrollabile e rassicurare la precarietà del pensiero. Analisi che Piaget (ad esempio in Introduzione all'epistemologia genetica, Logica e conoscenza scientifica, Biologia e conoscenza, Logica e psicologia, Epistemologia delle scienze dell'uomo, Saggezza e illusioni della filosofia) ha saputo estendere anche al linguaggio, alla memoria e alla percezione visiva con un metodo che verrà detto psico-genetico, proprio in virtù di questo ripercorrere onto-geneticamente gli stadi evolutivi dall'infanzia all'età adulta. Metodo che la Scuola di Ginevra (gli psicologi dell'istituto Rousseau) ha assunto come criterio di lavoro e di ricerca.

Di **Cognitivismo** si comincia invece a parlare solo dal 1967, quando U. Neisser pubblicò Cognitive Psycology, ma le sue radici affondano già nelle scuole precedenti tanto che gli stessi cognitivisti fino ad allora avevano continuato a ritenersi per lo più psicologi comportamentisti. Behaviorismo (l'impossibilità di indagare scientificamente le categorie mentali),

Operazionismo (i concetti come il risultato di operazioni misurabili) e Neopositivismo (soprattutto l'Empirismo logico di Carnap) sono i tre rami attorno a cui ruota il nuovo pensiero. L'aspetto assolutamente originale apportato in campo scientifico dal cognitivismo fu di considerare l'uomo come un elaboratore elettronico (una struttura di tipo cibernetico), con la conseguente possibilità di assimilare la natura umana a quella della macchina, estendendo ai più svariati ambiti dello scibile (come accadde per la psicolinguistica di Chomsky) tutte le considerazioni che si potevano ricavare dall'analisi cibernetica dei fenomeni. La mente e l'Io (e dunque la rivalutazione dell'introspezionismo) come un servomeccanismo completamente associabile al computer, un modello dell'organismo assimilabile ad un complesso sistema in grado di elaborare informazioni. Gli esponenti di maggior spicco della scuola (che pure scuola non era) provenivano prevalentemente da Cambridge, ed erano, tra gli altri, Craik (il quale dimostrò che la mente umana è capace di autocorrezione a intervalli di 500ms.), Broadbent (che enunciò la teoria del filtro, la capacità cioè della mente di selezionare precisamente le informazioni in arrivo), Miller (che insieme a Galanter e Pribram sostituì la relazione stimolo-risposta con il TOTE, un'ipotesi di ricerca che parte dalla premessa secondo la quale ognuno interagisce con l'ambiente non solo limitandosi a recepirne passivamente gli impulsi ma verificando continuamente la congruenza tra il proprio comportamento e le condizioni generali), Welford e Rabbit che avrebbero dominato la scena scientifica per un decennio, fino a quel Cognition and Reality (1976) di Neisser che segnò la crisi del movimento e la formazione di nuove prospettive; da quella ecologica, fino al Connessionismo e al Modularismo. Una svolta che sembrava configurarsi allora come necessaria. Tornando finalmente l'uomo, e non più l'hardware, ad essere il vero oggetto di una scienza che aveva forse perduto, con quel simulare artificioso i processi mentali, almeno in parte la ragione stessa delle proprie speculazioni.

Ed è proprio dall'uomo e per l'uomo che Freud, giovane medico, era partito per un viaggio che l'avrebbe condotto a fondare non solo una teoria tra le teorie, ma una disciplina che era destinata a cambiare il corso dell'antropologia. Padre indiscusso della psicoanalisi, pochi furono i maestri (Jung più che Adler) in grado di confrontarsi con le sue scoperte, molti gli allievi (da Ferenczi a Abraham, da Melanie Klein a J. Lacan fino a F. Alexander), e moltissimi gli studiosi (V. Benussi, L. Bianchini, E. Weiss, C. Musatti, E. Servadio, N. Perrotti) che nel suo nome ancora oggi riconoscono la guida e la fonte inesauribile a cui ispirarsi.

- **S. FREUD** (Freiberg 6 mar. 1856 - Londra 23 set. 1939) -[1]

Nato nella Moravia e di origini ebraiche, a Vienna si iscrive alla facoltà di scienze prima e poi (nel 1873) a quella di medicina. Modesto di famiglia (il padre era un

---

[1] A causa della vastità del materiale da riportare, la dottrina di Freud e Jung non viene accennata in questo capitolo; verrà invece discussa (soprattutto il pensiero freudiano) più o meno dettagliatamente nel corso di tutto il trattato.

mercante) ma fiero di carattere, non mancò già nei primissimi anni dell'università di manifestare il dissenso verso la cultura accademica (neo-positivistica soprattutto), preferendo al meccanicismo deterministico delle scienze ufficiali (la fisiologia di Bruke, il darwinismo) la meno materialistica fenomenologia di Franz Brentano, quando non direttamente la psicologia di J.F.Herbart che rivendicava (il testo chiave è del 1824, Psychologieals Wissenschaft) la priorità ontologica dello spirito sulla materia. Di formazione classica (si laurea nel 1881) e neuro-patologo per convenienza (ottiene la libera docenza in neuro-patologia nel 1885), non tardò ad abbandonare i fondamenti teorici della disciplina, per rivolgersi ai più innovativi studi sull'ipnosi che la Salpetrière di Charcot (nella quale prestava servizio anche un medico di fama come P. Janet) conduceva sulla cura dell'isteria. Viaggiò quindi a Parigi frequentando (dal 1885) lo studio del brillante neurologo (che Freud dovette sempre considerare un maestro, il solo che avesse criticato il metodo bio-genetico della malattia mentale, considerandola non più come la manifestazione di una degenerazione organica neuro-celebrale, ma il risultato di una dinamica psichica ed emotiva) e a Nancy dove Bernheim, rifiutando la brutalità della terapia elettrica e insulinica, praticava quella ipno-suggestiva. Nel 1886, esauriti i pochi fondi della borsa di studio che pure gli avevano consentito un'attività di ricerca invidiabile, tornò a Vienna e per quasi un decennio (fino al 1894) collaborò con J. Breuer (insieme pubblicheranno nel 1895 Studien uber Histerie), lo scienziato che della catarsi aveva fatto la più avanguardista delle terapie, allo studio dell'isteria; una frequentazione che Freud avrebbe presto rotto convinto com'era della necessità di un metodo di cura che potesse mantenere i suoi benefici ben oltre la durata delle sedute. La catarsi infatti (come pure la suggestione ipnotica), con quel rievocare abreagente gli eventi traumatici, nel rivivere i ricordi dell'infanzia (famoso è il caso di Anna O., che Breuer ebbe in cura dal 1880 al 1882), può solo temporaneamente ammorbidire il sintomo nevrotico. Limite inaccettabile dalla psicoanalisi e dalle altre psicologie del profondo. Forse anche a causa della delusione di aspettative che andavano oltre i risultati ottenuti, Freud proprio in quell'anno, nel 1895, sperimentò su di sé un nuovo e sconosciuto farmaco, l'autoanalisi, una cura che protratta nell'arco di cinque anni gli avrebbe svelato (dalla morte del padre avvenuta nel 1896) nuovi e impensati orizzonti di ricerca. Sono proprio di questo periodo le opere di maggior interesse, L'interpretazione dei sogni (1899) Psicopatologia della vita quotidiana (1901) Tre saggi sulla sessualità (1905) Casi clinici (1901-1914); un decennio intenso anche dal punto di vista delle conferme accademiche. Nel 1902 ottenne infatti a Vienna la cattedra di professore straordinario (ma solo nel '20 quella di professore ordinario) e lavorò alla costituzione del primo gruppo di studi sulla patogenesi e la cura delle malattie mentali; associazione che più tardi culminerà (nel 1908) a Salisburgo nel I congresso di psicoanalisi, e in quello meglio organizzato di Norimberga (1910). Accanto ai riconoscimenti internazionali cresceva però anche la richiesta delle sue consulenze; nel 1907 al Burgholzli è a Zurigo nella clinica nella quale operavano Bleuer e gli assistenti Jung e Eitington, dalla cui collaborazione sfociò la rivista Jahrbuck fur Psychologie und Psychopathologie.

Chiamato in America (1909) per tenere una serie di conferenze (Cinque conferenze sulla psicoanalisi) alla Clark university di Boston (Worcester) la nuova dottrina diventava così oggetto d'interesse anche oltre oceano; nonché in quella Germania che a Weimar prima (1911) e a Monaco poi (1913) ospitò i più importanti simposi della psicoanalisi, congressi che sancirono però anche la rottura definitiva con Adler e Jung. Nel 1913 scrisse Totem e Tabù, la Metapsicologia (1915-1917, che rappresenta la sistemazione teorica del suo pensiero), Al di là del principio di piacere (nel 1920) e nel 1923 Io e Es. Vecchio e malato, sempre comunque attivo nelle sue speculazioni (si dedicò tra l'altro alla composizione dell'Introduzione alla psicoanalisi, L'avvenire di un'illusione 1927, Il disagio della civiltà 1929, L'uomo Mosè e la religione monoteistica 1934-1938, Analisi terminabile e analisi interminabile 1937 e ad un'imponente Autobiografia) fu insignito del prestigioso premio Goethe di Francoforte (1930). Luminare della scienza, ebreo ma praticamente intoccabile anche dalla ferocia nazista, si ostinò a rimanere in Austria lavorando con tenacia fino all'ultimo, quando l'Anschluss (1938) lo costrinse all'esilio londinese, a morire l'anno successivo accudito dalla figlia Anna.

- **C. G. JUNG** (Kesswil 1875 - Kusnacht 1961) -

Spirito religioso e quasi mistico, alimentato da una famiglia di lunga tradizione protestante, benché laureato in medicina (all'università di Basilea nel 1900) non accantonò mai gli interessi della giovinezza, la passione per l'archeologia culturale che tanta importanza avrebbe avuto nella sua attività scientifica.

Assistente a Zurigo al Burgholzli di Bleuer e allievo di Janet alla Salpetrière di Parigi, già nei primi anni del nuovo secolo appena trentenne pubblicò i resoconti delle sue ricerche (Studi sull'associazione diagnostica nel 1906, La psicologia della dementia praecocx nel 1907, Il contenuto delle psicosi) che gli consentirono di conseguire la libera docenza in psichiatria (1905), e di assumere l'importante compito di primario alla clinica psichiatrica di Zurigo. Lasciato l'incarico universitario (1909), entrò dapprima come membro e come presidente poi dell'Associazione Psicoanalitica, ricoprendo anche le responsabilità dello Jahrbuch fur Psychologische; impegni che lo assorbirono fino al 1913 quando decise di dedicarsi esclusivamente agli studi ed alla psicoterapia. E' del 1912 l'opera che avrebbe segnato la rottura definitiva con Freud (Libido, simboli e trasformazioni). L'anno seguente sancì infatti con la creazione della Psicologia Analitica il distacco definitivo dalla dottrina "pansessualista" del maestro viennese (due sono le opere fondamentali di questi anni, La psicologia dei processi inconsci del 1917 e Tipi psicologici del 1921). Il desiderio di una scienza che si fondasse essenzialmente nella storia, nelle stratificazioni culturali dei popoli, lo condusse a compiere una serie di lunghi viaggi nella ricerca delle origini della civiltà. Nel 1921 è in Africa settentrionale (Algeri, Tunisi, nel Sahara), nell'Arizona e nel Nuovo Messico tra il 1924 e il 1925, per visitare nel 1926 il Kenya e l'Uganda. Dall'immenso materiale (ed anche grazie alla frequentazione dell'indianista H. Zimmer e del mitologo K. Kerényi) che riuscì a raccogliere, sfociarono le opere più intimistiche quando non apertamente spiritualistiche (con il sinologo R. Wilhelm collaborò infatti alla pubblicazione nel 1929 di un antico libro di alchimia taoista, Il mistero del fiore d'oro, in cui Jung metteva in luce l'identità tra il significato del testo cinese e la descrizione del Sé quale fondo dell'esistenza e della personalità; un parallelismo tra le figure dei mandala e quelle dei sogni. Solo nel 1948, nell'introduzione al King, elaborò il concetto mistico-filosofico di sincronicità). Ripresa sul finire degli anni venti l'attività didattica, nel 1928 diede alle stampe L'Io e l'inconscio e nel 1931 Il problema dell'inconscio nella psicologia moderna. Presidente della Società tedesca di psicoterapia (1930) e della Società internazionale (1933) fu anche direttore dello Zentralblatt fur Psychotherapie. Ripresi nel 1938 i viaggi, visita l'India britannica. Nel 1944 tornò quindi tra gli onori a Basilea dove assunse la cattedra di Psicologia medica e a Zurigo per inaugurare il C.G. Jung Institut che la clinica universitaria gli aveva intitolato. Autorità indiscussa, poté in vecchiaia dedicarsi con serenità alle esigenze religiose, filosofiche e spirituali che avevano sempre motivato il suo pensiero (le opere più originali del decennio 1940-1950 sono Il simbolismo alchemico e quello religioso, Psicologia e alchimia, Psicologia del transfert, Psicologia e religione, Risposta a Giobbe). Scrittore instancabile (si contano oltre cento pubblicazioni) e autore di successo (vanta un curriculum pieno di riconoscimenti e lauree ad honorem), fu il solo teorico della mente in grado di competere con Freud per la guida del movimento psicoanalitico.

- **A. ADLER** (Vienna 1870 - Aberden 1937) -

Di salute cagionevole (affetto tra l'altro da rachitismo e crampi alla glottide), sperimentò di persona quel complesso di inferiorità dell'organo su cui avrebbe sperimentato le proprie teorie. Fedele a Freud per un breve periodo, già nel 1912 si dimette dal consiglio di redazione del Zen tralblatt fur psychoanalyse, fondando lo stesso anno la Società per la psicologia individuale. Le opere principali rimangono Prassi e teoria della psicologia individuale (1918) e Il temperamento nevrotico (1919).

La sua tesi sul complesso di inferiorità, e del conseguente concetto di pulsione aggressiva quale principio di energia psichica viene annunciata in Studie uber die minderwertigkeit (1907). Le nevrosi, come peraltro tutte le alterazioni psico affettive, sono per Adler una sovracompensazione ad una inadeguatezza esistenziale ed organica; l'invidia del pene una protesta della femmina sulla supremazia storico-culturale del maschio; la nevrosi maschile una protesta virile contro l'ambiente e l'autorità. Trovato il nucleo della malattia non rimaneva allora che smascherare lo stile di vita in cui i nevrotici sono capaci di trascinarsi inautenticamente, uniformandosi ad un'esistenza idealizzata (il complesso di superiorità e la volontà di dominio). L'insorgere del complesso di inferiorità, manifesto come incapacità ad affrontare i problemi della vita (spirito sociale, professione, amore e matrimonio), deve secondo Adler essere cercato nella deficienza dell'organo, nell'educazione viziata, nell'educazione trascurata. Nel primo caso un organo soggetto ad una lesione congenita o accidentale è predisposto a presentare disturbi somatici e a crearne di psichici, nel secondo un'educazione che non preveda l'inserimento del fanciullo nel gruppo sociale rimane un viatico per la malattia, nel terzo è evidente che i trascurati, gli idioti, gli indesiderati, i reietti, i poveri e i disgraziati siano gli individui più predisposti alla malattia nervosa.

La terapia dovrà quindi consistere nello stabilire in primo luogo quel contatto affettivo col paziente che sembra non essersi mai potuto attuare, nello scoprire gli errori del suo stile di vita, nell'aiutarlo a sviluppare uno spirito sociale. Personalità di rilievo, Adler fu dapprima osteggiato dai freudiani finché gli indiscussi successi della sua terapia non gli aprirono le porte dei riconoscimenti accademici. Aprì allora al volksheim di Vienna un centro orientativo per bambini e adolescenti, a cui seguì nel 1929 l'istituzione di una clinica adleriana. Socio onorario di più Società di Psicoanalisi e cittadino illustre di quella Vienna che finalmente lo accoglieva con gli onori, viene oggi considerato per le sue aperture ai fenomeni storici e culturali il precursore delle revisioni politiche e marxiste della psicoanalisi.

- J. LACAN (Parigi 1901 - Parigi 1981) -

La vita di J. Lacan, il suo anticonformismo letterario, la sua insofferenza per le istituzioni accademiche, l'opposizione ad ogni forma di umanesimo e la polemica con la tradizione soggettivistica, storicistica e empiristica ne fanno insieme a Lévi-Strauss, Althusser e Foucault uno dei più attivi e acuti esponenti dello Strutturalismo.

Allievo di Kretschmer, di Kraepelin e di Clérambault, discusse nel 1932 la sua tesi di laurea in psichiatria dal titolo La psicosi paranoica nei suoi rapporti con la personalità. Al 1936 risale la prima comunicazione dello stadio dello specchio, a cui seguì la versione ampliata nel 1949 (Stadio dello specchio come formatore della funzione dell'Io). Nel 1952 si dimette dall'Associazione internazionale di psicoanalisi e l'anno successivo fonda la Société francaise de psychanalyse, a cui seguì nel 1964 l'Ecole freudienne de Paris che verrà sciolta poco prima della sua morte. La sua opera è pressoché interamente raccolta in una monumentale antologia ermetica, gli Ecrits, pubblicata nel 1966 e a parere dello stesso autore per lo più illeggibile e comunque di difficile interpretazione.

- <u>Ritorno a Freud.</u> In aperta polemica con la tendenza del tempo, soprattutto accademica, a sperimentare altre vie terapeutiche Lacan promuove un ritorno a Freud, o quanto meno una lettura inedita capace di aprire gli scritti freudiani ad un'ottica diversa, in grado di rivelare nuovi orizzonti alla psicoanalisi.

- <u>L'ordine simbolico</u>. Anche per Lacan rimane valido l'assunto dualistico tra inconscio e coscienza, un dualismo non però assolutamente conflittuale e irrisolvibile perché l'inconscio (l'altra scena) rimane strutturato come un linguaggio (**ça parle**) che nel suo parlare si rivolge costantemente alla coscienza. In questo perpetuo dialogo con l'Io (in seno al quale il discorso si svolge sul piano esclusivamente immaginario), nel desiderio dell'Altro, fatto di lapsus, sogni e sintomi, si colloca l'ordine simbolico già individuato dallo strutturalismo in linguistica e in antropologia. Sulle orme della linguistica saussurriana, Lacan spiega infatti come il soggetto (che non può essere solo autocoscienza) si costituisca a partire da significanti, essendo i significanti ciò che, pur entrando a costituirne il senso, ad esso non si riducono. L'inconscio (parola di cui Freud si serve solo raramente in favore di termini meno compromessi come "la cosa"), per il quale non funzionano le leggi logiche e temporali del discorso cosciente, si presenta strutturato come un linguaggio ("ça parla, e proprio dove non ce lo aspetteremmo, là dove ça soffre") fatto di metafore e metonimie (condensazione e spostamento freudiani), e ciò che parla e che sfugge alla coscienza può nell'analisi della mente organizzarsi come un discorso, la cui struttura è simbolizzabile in algoritmi. Per questo sostiene Lacan che lo psicoanalista debba concentrarsi prevalentemente nell'ascolto dei significanti piuttosto che sui contenuti, al come si racconta piuttosto che a quello che si dice; ed è sempre per la stessa ragione che, servendo le interpretazioni non altro che a sottolineare e ripercorrere la strada dei significanti, la durata della seduta lacaniana quanto pure la scansione della terapia non è mai possibile stabilirla in anticipo.

- <u>Forclusione del simbolico</u>. E' il meccanismo responsabile delle psicosi. Consiste nel rigetto primario (reiezione freudiana) del soggetto di un significante fondamentale ma intollerabile alla coscienza. Diversamente dalla rimozione, nella forclusione i significanti (ad esempio il fallo) vengono espulsi all'esterno piuttosto che introiettati nell'inconscio, nell'ambiente da cui ritornano (come nel ritorno del rimosso) solo successivamente al soggetto nella forma di allucinazione.

- Lo <u>stadio dello specchio</u>. Nel 1936, al Congresso internazionale di psicoanalisi, Lacan legge la sua prima comunicazione sullo stadio dello specchio, poi sistemata e ampliata nel 1949 al Congresso di Zurigo, col titolo Lo stadio dello specchio e la formazione della funzione dell'Io.

Secondo la tesi dello psichiatra parigino non è l'uomo a dominare l'ordine significante, ma è piuttosto tale ordine a costituirlo in quanto uomo ("Lo stadio dello specchio dà la regola di ripartizione tra immaginario e simbolico"). Ne deriva che l'Io è de-centrato rispetto al mondo, determinato dall'ordine significante che domina le strutture inconsce. Lo stadio dello specchio rappresenta per Lacan la conquista evolutiva di un'immagine del corpo unitaria e completa prima ancora che il soggetto sia entrato nella dialettica dell'identificazione con l'Altro attraverso la mediazione costruttiva del linguaggio. È cioè un vero e proprio dramma in cui l'immagine del corpo come totalità si sostituisce all'angoscia del corpo disgregato, all'immagine frantumata di Sé che il bambino conserva fino intorno ai diciotto mesi, e che si mantiene invece inalterata nelle psicosi gravi come la schizofrenia. Diviso a sua volte in tre tappe evolutive, questo stadio rappresenta la conquista dell'identità (Io-ideale) attraverso l'immagine anticipata e totale del proprio corpo, assumendo la percezione visiva un valore di anticipazione funzionale e strutturante dell'Io e della personalità. L'identificazione con questa primaria e archetipica immagine costituisce il nodo dell'immaginario (posteriore dunque a quella dell'identificazione) che la psicoanalisi ritrova nel narcisismo. La forma data dal corpo si delinea quindi come una gestalt, principio sempre assente nella destrutturazione che si realizza nel processo psicotico, nella frantumazione di un corpo risolto nel significante.

- Le psicosi infantili. Il complesso edipico non scompare senza lasciare tracce. Se nella dialettica di costituzione dell'Io si insinua una fessura emotivo-percettiva, essa resterà aperta fino nelle alterazioni gravi della mente a smagliarsi completamente. Il bambino nella sua fase di identificazione apprende, come si è detto, in anticipo la forma completa del proprio corpo come un'immagine esterna; e questa immagine rimarrà sempre il suo principale referente. Se però in questo riconoscimento di Sé avviene, in conseguenza di un turbamento intervenuto nel rapporto tra il bambino e il proprio corpo, una rottura sul piano dell'immaginario (nel senso che è la funzione simbolica ad agire come regolatrice dell'immaginario), ricompare il fantasma del corpo disgregato proprio dell'aggressività psicotica, dando luogo ad un conflitto che sarà capace di evocare le rappresentazioni più arcaiche e dolorose. La conseguenza di maggiore interesse di questo processo è che non avviene nelle psicosi l'identificazione col padre e col fallo, essendo la malattia determinata dall'incapacità di superare il livello dello stadio dello specchio e di accedere all'ordine simbolico dell'Io, nell'impossibilità ossia di integrare l'Io nel simbolico (il nevrotico può invece accedere all'ordine del simbolico, può compiere una scelta ed investire libidicamente l'oggetto).

- L'<u>ordine simbolico</u>. Se la costituzione dell'Io è mediata dall'immagine del corpo, questo significa che esso si realizza attraverso un'esperienza primordiale in cui entrano come determinanti il simbolico e l'immaginario. In questa dialettica si assiste però ad una predominanza del simbolo sull'immagine, che porterà l'immaginario a diventare comunicabile solo una volta che riesca ad inserirsi nella catena del significante. E' la fase dello specchio a fornire il criterio discriminante tra l'immaginario e il simbolico, mostrando in che misura dietro la scena immaginaria dello specchio si delinei la catena simbolica. L'uomo si illude di essere l'artefice di questo ordine, mentre è solo dal suo parteciparsi del simbolico che riesce a determinarsi come essere umano e ad entrare nella catena radicale della parola. Lacan interpreta non a caso la relazione che intercorre tra il Sé e l'Altro inserendola in uno schema che rivela l'Altro come assoluto.

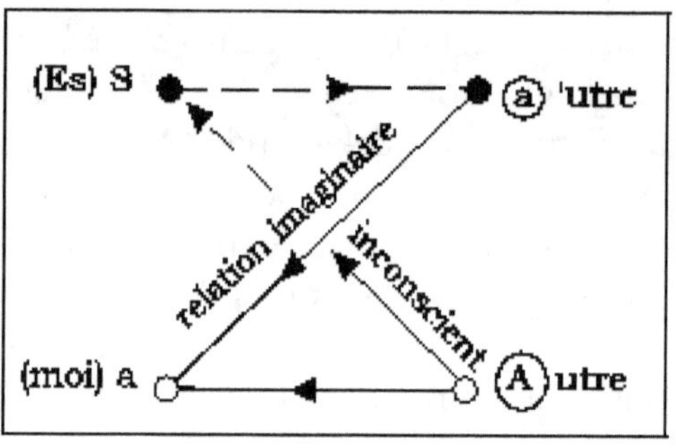

- Il rapporto speculare con l'Altro può ricondurre nel proprio campo il fantasma che viene in luce nell'esperienza analitica; ma questo si verifica solo intervenendo tra l'al di qua del soggetto e l'al di là dell'Altro, dove si inserisce la parola (e dunque è implicita la supremazia della parola sul significato) e la struttura del linguaggio.

- Supremazia di parola e significante. Il testo fondamentale di Lacan per comprendere il senso di questa frase rimane Il seminario sulla lettera rubata. Preso come espediente letterario un racconto di A. Poe (tradotto da Baudelaire con La lettre volée) Lacan spiega cosa Freud intendesse con "automatismo della ripetizione". Nel paradosso di un'improbabile scena cortigiana l'attore principale è una misteriosa lettera attorno alla quale tutti i protagonisti del racconto ruotano comicamente, venendo per diverse ragioni ingannati dalla stessa. La metafora non è complessa: la lettera rappresenta la verità, o meglio la verità è determinata dai gesti che i personaggi compiono nell'ignorarne il contenuto e la collocazione. Un artificio letterario per sottolineare che la verità affiora e si nasconde, che heideggerianamente accieca con il suo costante palesarsi (è in un'altra scena), che è sotto gli occhi di tutti senza che nessuno riesca a percepirla. In questo chiaroscuro della coscienza viene alla luce il rapporto tra significante (la lettera rubata) e significato, nel senso che sarà il primo ad assumere la funzione di soggetto, lo spostamento del significante a determinare (facendoli agire) i soggetti come tali, dando ad essi quel senso che diversamente non avrebbero. La verità dell'inconscio comunica che l'uomo è abitato e trasformato dal significante, vissuto da una grammatica che si svolge tutta nella sua sintassi; ed è solo nella misura in cui s'inserisce nell'ordine simbolico che l'uomo riesce ad esistere veramente (il conscio può anche dimenticarsi del significante, l'inconscio mai), a qualificarsi come tale.

- La catena dei significanti. L'insieme dei significanti è capace di legare tutti quei meccanismi descritti da Freud come la rimozione, l'espulsione, la negazione e lo spostamento. L'uomo parla perché è il simbolo che lo ha fatto uomo, e il rimosso cerca di emergere attraverso sogni, sintomi, lapsus, atti mancati e fenomeni somatici che sono tutti significanti capaci di formare la trama dell'inconscio, di quel sottosuolo dell'Io che è strutturato come un linguaggio (il linguaggio è il desiderio dell'Altro). Il significante è infatti la pura trascendenza, traccia della morte, un'assenza presente dal principio come la risolutezza precorritrice di Heidegger.

- La <u>parola</u>. Il testo fondamentale di Lacan rimane Funzione e campo della parola e del linguaggio in psicoanalisi (1953). In questa conferenza è annunciato il significato della psicoanalisi; le malattie parlano e l'analisi è l'ascolto della parola (ogni atto mancato è per Lacan un discorso riuscito). L'analisi è una terapia di parole, in cui è però il simbolo stesso a costituire il soggetto in quanto essere parlante; una cura di parole che non manca nei silenzi, nelle pause, nelle assenze della verbalizzazione. E se l'analista è l'artefice che libera il linguaggio restituendo alla parola il suo aspetto di desiderio, il sintomo nevrotico non può non configurarsi come il significante di un significato rimosso alla coscienza che proprio nell'ermeneutica trova la massima risoluzione.

L'istanza della lettera dell'inconscio. L'inconscio dopo il travaglio dell'analisi ritrova la struttura del linguaggio; per specificare il rapporto che sussiste tra significante e significato Lacan si serve di un algoritmo mutuato dalla linguistica saussurriana S/s (significante/significato). Con questo espediente dimostra che gli elementi essenziali dei meccanismi descritti da Freud costituiscono una vera e propria lingua inconscia (il significante fondamentale dell'inconscio rimane il fallo, la ragione del desiderio e l'anello ultimo della catena dei significanti), e in cui riesce ad isolare la metafora e la metonimia, speculari alla rimozione e allo spostamento. Nel lavoro onirico il significato scivola invece direttamente nel significante.

- L'inconscio. L'inconscio è strutturato come un linguaggio, è il discorso dell'Altro. Nella psicosi è propriamente l'Es a parlare, l'altra scena (eine andere schauplatz) freudiana. Lacan si serve di uno schema per spiegare il rapporto che sussiste tra il soggetto e l'Altro

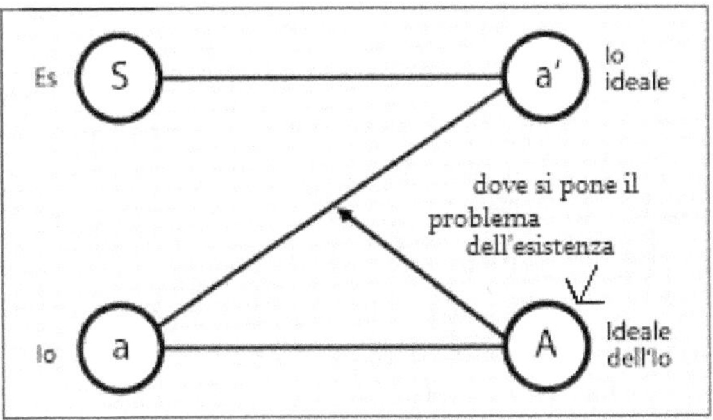

La condizione del soggetto S (nevrosi o psicosi) dipende da ciò che si svolge nell'Altro A, da ciò che si svolge e si articola come un discorso la cui sintassi è composta da sogni, sintomi e lapsus che sono il fenomeno di un desiderio che non ha mai smesso di dialogare con l'Altro.

La condizione per l'insorgenza delle psicosi consiste nell'assenza del significante fondamentale dell'inconscio (il padre portatore della legge, l'autorità significata dal fallo); e il segno di questa mancanza è detto da Lacan preclusione, o se si vuole l'espulsione e il rifiuto, un vero e proprio incidente nel registro simbolico (= l'assenza del fallo). Nella psicosi si verifica con il rigetto del significante della castrazione l'assenza di qualsiasi giudizio sull'esistenza, nella nevrosi invece, concentrata com'è attorno alla rimozione, l'elemento da rimuovere è riconosciuto come esistente.

- **M. KLEIN** (Vienna 1882 - Londra 1960) -

Freudiana di formazione, allieva di Ferenczi e Abraham, Melanie Klein operò soprattutto nell'analisi dei bambini. Il suo metodo consiste nel sostituire alla libertà delle parole o delle associazioni il libero gioco (disegno, attività, creatività). Sostanzialmente insofferente ad ogni vuoto teorizzare, la sua opera è in primo luogo attività e clinica; le stesse nozioni teoretiche che pure si trovò a formulare altro non furono che il prodotto empirico della cura. Il concetto di fantasma, che è centrale nel suo pensiero, non è infatti nulla di speculativo o intellettuale quanto piuttosto un fenomeno che l'autrice ha potuto verificare nel corso della sua attività. E questo dimostra la fedeltà al metodo empirico-deduttivo che è proprio della scienza. Il fantasma (il neonato che nell'atto di addormentarsi fa ad esempio dei movimenti con la bocca richiamando fantasticamente alla memoria la suzione della mammella) dimostra che la pulsione è sempre accompagnata da una fantasia che può per lo meno in via virtuale soddisfarla (ed un oggetto è buono o cattivo non tanto per la gratificazione che si ottiene dal suo possesso, quanto invece in relazione alle fantasie che si proiettano su di esso). Il complesso di Edipo che in Freud si verifica dai quattro ai cinque anni, è invece individuato in uno stadio più precoce (dai sei mesi ad un anno e con una struttura non differenziata) e con delle modalità molto particolari, concentrandosi in quella parzialità, in quello specifico del mondo (seno, pene, feci) che al bambino si presenta (una pulsione è parziale in quanto sceglie una determinata parte del corpo); parzialità che viene in seguito sostituita dall'oggetto totale (il corpo della madre). Lo sviluppo è allora individuato nella predominanza pulsionale secondo posizioni genetiche che ricordano quelle arcaiche dei paranoici (prima del quarto mese paranoica, dopo il quarto depressiva). La posizione paranoide (caratterizzata da un'angoscia persecutoria), manifesta come separazione dell'oggetto dall'Io, è la vera causa del richiamare fantasmaticamente a Sé l'oggetto del desiderio, con una dialettica che ha il significato del buono-cattivo (il seno è buono perché appaga la fame, è cattivo quando si nega diventando qualcosa di ostile), e la dinamica psicologica è allora quella di cercare di assumere in Sé l'oggetto buono e di dominare quello cattivo. La frustazione non è quindi per Melanie Klein il risultato di un evento esterno, ma dipende esclusivamente dall'aggressività che il bimbo proietta fuori di Sé (in questa logica s'inserisce anche il principio di immaturità del bambino, un Edipo precoce che pone il soggetto immaturo in un'angoscia persecutoria). All'avanguardia nella clinica pediatrica del tempo ebbe come allievi S. Isaacs, D.W.Winnicott, W.R.Bion. Tra le sue opere si possono ricordare Lo sviluppo di un bambino (1923), La psicoanalisi dei bambini (1923), Invidia e gratitudine (1957).

Degni di nota infine sono anche alcune scuole (come quella di Francoforte di cui Fromm è una delle voci più autorevoli) e alcuni studiosi il cui contributo alla psicoanalisi è stato determinante; tra questi O. Rank, W. Reich, E. Weiss, V. Benussi, C. Musatti, N. Perrotti, U. Galimberti. Tra le terapie non analitiche che hanno ottenuto dei risultati apprezzabili è anche doveroso ricordare la Logoterapia di Frankl, le tecniche comportamentistiche, la psicoterapia gestaltica, la psicoterapia della famiglia e i gruppi Balint.

CAPITOLO II

IO, ES, SUPER-IO

Dinamiche economiche e sociali

Voi magari mi direte che non vale neppure la pena di stabilire un rapporto con me; ma in tal caso posso rispondervi la stessa cosa. Le mie riflessioni sono serie, ma se non volete prestarmi la vostra attenzione, non sarò io a pregarvi. Io ho il sottosuolo.
F. Dostoevskij

a) LE RAGIONI DELL' IO

La psicoanalisi edifica il proprio edificio teorico sul concetto fondamentale dell'inconscio. Le terapie (quella freudiana, junghiana e adleriana) vengono dette del profondo proprio perché tendono all'analisi e dunque, con particolari modalità, alla cura del sottosuolo della coscienza che è la parte significativa dell'esistenza (e in Jung della cultura e della storia). Che l'uomo avesse un lato sconosciuto e insondabile non era cosa nuova, ma che lo studio di questa parte misteriosa potesse elevarsi a sistema e farsi scienza era impensabile fino al secolo scorso, quando un brillante medico, Freud, indirizzò le ricerche nel campo inesplorato della psiche e della malattia mentale, superando il tabù umanistico che aveva fatto dell'uomo più una divinità da venerare che un ente (tra gli enti) da sottoporre alle misurazioni empiriche. Misurare l'uomo significa manipolarlo, oggettivarlo, spostarlo dal luogo nel quale lo aveva posto la teleologia aristotelica; trasformare il pregiudizio teologico della sua centralità in una antropologia che fatica a riconoscere in un Dio la finalità e il destino dell'umanità. Sottoposto all'indagine scientifica l'uomo perdeva l'aurea divina; mentre la scienza cominciava a configurarsi come un'attività realmente rigenerante, aprendo il mondo a significanti ancora da esplorare. Da Socrate ("L'anima ci ordina di conoscere e ci ammonisce"), a Platone ("Ogni anima ... vedendo finalmente ciò che è ... e dopo che ha parimenti contemplato tutti gli esseri reali e di essi si è saziata, scende di nuovo all'interno del cielo e torna a casa"), ad Aristotele ("Ogni arte e ogni ricerca e similmente ogni azione e ogni proposito sembrano mirare a qualche bene; perciò a ragione il bene è stato definito: ciò a cui ogni cosa tende"), a Nietzsche ("Quel che è grande nell'uomo e che egli è un ponte e non una meta; quel che si può amare nell'uomo è che egli è transizione e tramonto") la ricerca e la tecnica (della psiché, del logos, dell'anima) si sono sempre delineate come qualcosa di profondamente eversivo. In questo clima culturale la psicoanalisi infierì il colpo decisivo. Da qualcosa di ipotetico a teoria scientifica l'inconscio rivelava due fondamentali acquisizioni. La prima sottraeva l'uomo alla deificazione (la volontà come sede dell'anima), quando ancora si concepiva come l'ente attorno al quale le cose ruotano come alla loro causa finale; la seconda, che la coscienza, l'Io, la percezione continua che ognuno ha di sé (l'identità), il bisogno di concepirsi quale sostanza non più sostantivabile (l'Io come l'ultima definitiva attuazione di un processo storico-evolutivo teleologico), non è il centro attorno al quale muovono tutte le altre attività, ma l'equilibrio di dinamiche che sfuggono al controllo della volontà.

L'Io è per Freud (contrariamente a Jung) un concetto statico, una struttura che si fonda in una rigidità che però consegue ad un complesso processo ordinante delle energie (pulsioni) che nella coscienza hanno trovato la massima funzionalità, il punto di minore dispersione entropica. Venuta meno la dimensione del principio di ragione (così posto: la ragione ha la causa in se stessa, ma questa causa non può essere che nel Dio), e svincolata la coscienza dalla necessità, la psicoanalisi con la dottrina dell'inconscio consegna il soggetto nelle mani del possibile, in quella casualità (una casualità che risente però del mondo circostante nel quale è immerso) che è il non dover più essere, per la quale ciò che si è dipende dalla risposta allo stimolo dell'ambiente. Dal punto di vista strutturale a queste intuizioni Freud nella Metapsicologia avrebbe dato il carattere organico del sistema.

Io, Es e Super-Io sono i tre settori in cui si articola la psiche; il primo è ciò in cui riconosciamo la nostra identità, gli ultimi (l'Es direttamente, il Super-Io di riflesso) quello che abbiamo attribuito alla sfera dell'inconscio (in primo luogo l'Es). Più che essere delle sotto-strutture rigide di uno stesso (meta-) fenomeno si rivelano come il centro di funzioni che reagiscono per vie diverse e con differenti modalità al materiale ontogenetico (interno-esterno) che lo alimenta; all'esterno con una dinamica che si inserisce nel più vasto processo sociale come reazione adattiva (principio di realtà) degli stati emozionali (autoplasticamente e alloplasticamente) e all'interno cercando di soddisfare il primitivo desiderio erotico (principio di piacere). La nostra convinzione è che le strutture psichiche a cui si è accennato altro non siano che i termini (ontici) di una tensione (ontologica) erotica (costruttiva-distruttiva) più articolata rispetto a quella biologica o meta-genetica; l'effetto e non la causa di un conflitto pulsionale metastorico che precede ordinandola la formazione della personalità. Il principio di un piacere generale capace di attrarre (attrazione) le forze altrimenti dispersive che in esso, concentrandosi come gli elettroni attorno al nucleo, trovano la maniera di condensarsi nel principio della realtà (repulsione) assicurando l'appagamento sessuale. Non è allora il principio di piacere a seguire ontogeneticamente la strutturazione del complesso psichico Io-Es (causa ultima), perché è quest'ultimo ad autorganizzarsi attorno alla pulsione come alla sua causa prima. L'Io è un concetto astratto definibile più per privazione (secondo cioè le funzioni che lo caratterizzano come tale) che per costruzione concettuale, assimilabile più al risultato di un'operazione che ai fattori che lo compongono; e tuttavia in quanto ordinatore si presenta come la sedimentazione del principio di realtà e il regolatore del vissuto emotivo, necessario ad una buona interazione (intra-sociale) che coincide con il corretto/funzionale sviluppo della psiche. E' evidente che chiamando in causa il problema della dialettica desessualizzante di principi (che in Jung sono Io-Ombra, Persona-Funzione animica, Maschile-Femminile) che solo apparentemente si presentano come antitetici, e conseguentemente l'archetipo in quanto momento di più alta concentrazione dello sviluppo culturale e biologico dell'umanità e quindi dell'inconscio individuale come un frammento di quello collettivo, il passo verso la più articolata produzione scientifica junghiana si accorcia a tutto detrimento di quella freudiana. Le cose sono però più complicate di quello che sembrano; Jung sta a Freud come la metafisica sta alla fisica, nel senso che il primo è anche un ontologo laddove l'ultimo insiste invece sulla priorità della clinica; una clinica che è stata però capace (come del resto spesso accade alle teorie scientifiche) di fluire nella pura filosofia. La libido come energia psichica non qualificata è qualcosa di generale ("L'insieme di tutte le manifestazioni vitali sul piano fisico", come la definisce Jung nel 1928 in **Energetica psichica**) in cui s'inserisce il fenomeno particolare del desiderio (meta-) individuale, di cui è come un frammento che porta con sé il significato dei simboli. Il punto di vista freudiano, meno speculativo e rigorosamente individualista, è certamente quello meglio digeribile alle scienze empiriche; se non fosse però che ogni singolo uomo rappresenta e in qualche maniera racchiude l'intera storia dell'umanità, le sue evoluzioni, le aberrazioni. Non si riduce a questo solo, ma il singolo è anche determinato dal suo contesto (la sua dimensione sociale, la sua storia, la sua cultura) perché unico è l'essere costituente, come uno solo è il ceppo genetico della specie.

La sessualità, il cui ruolo vitale e produttivo è indiscutibile, è una parte di una più complessa struttura energetica generale; l'inconscio individuale un frammento di quello collettivo. Fermo restando che il processo scientifico non possa però svolgersi che induttivamente a ritroso: l'interesse del clinico rimane il singolo, che poi nell'uno si giunga a toccare la dimensione generale è una questione medica di rilevanza marginale. Il problema è la libido e la sua priorità ontogenetica; se eziologicamente la sua sintassi s'inserisca o meno nel significato complessivo dell'ontologia è un dato che non può però riguardare la psicanalisi, meno che mai la scienza.

L'eros concentra in sé, distribuendola energeticamente, l'intera personalità dell'individuo; è la forza che nell'articolazione pulsione-repulsione riesce nel compito della generazione dell'Io e della coscienza. Il suo senso è quindi sostanzialmente biologico e (meta-) psichico, individuale (come individuale e irripetibile è ogni essere vivente); soprattutto se retrospettivamente guardiamo all'essenza delle sue funzioni. Probabilmente la diatriba Jung-Freud deve essere stata dettata più da ragioni culturali, quando non più apertamente da un conflitto di vanità e comprensibili interessi, che da un profondo dissenso sui principi della scienza. L'uno si trovava a voler competere con una teoria che era stata capace di cimentarsi con tutti gli aspetti della personalità; l'altro a dover difendere ricerche e studi che lo avevano reso celebre. Jung è stato l'allievo forse più genuino del maestro, come Aristotele lo era di Platone. Vero è che l'Io è un frammento del tutto, ma non meno vero è che il tutto sia determinato da una moltitudine di Io; due possibilità sole si schiudono allora all'analisi dei fenomeni: l'indagine metafisica che ricerca la dimensione dell'universale (teleologica delle cause e dei principi primi) e quella fisico-empiristica induttiva che è propria del procedere scientifico. Portato alla luce l'intero campo dei significanti che formano l'inconscio (e quindi la psiche in profondità), non rimaneva a Jung di sviluppare le intuizioni freudiane. Aristotele, è noto, seppe riedificare l'intero edificio metafisico, ma per farlo fu costretto a servirsi di quegli stessi mattoni che Platone aveva preparato. Un mattone, come tutti sanno, Freud l'avrebbe tirato volentieri sull'allievo indisciplinato, il quale però è stato tanto agile da sottrarsi al colpo, costruendo con quello stesso, se non proprio le fondamenta, dei muri solidi e per certi aspetti più stimolanti.

La definizione più completa dell'Io è stata da Freud formulata solo tardi nel 1923 in **Io e Es**

Vediamo nell'Io l'istanza fisica che esercita un controllo su tutti i pro-cessi parziali, che si assopisce la notte e che, pur dormendo, esercita un diritto sulla censura dei sogni. È ancora dall'Io che partiranno le rimozioni, in virtù delle quali alcune tendenze psichiche vengono non solo eliminate dalla coscienza, ma messe nell'impossibilità di manifestarsi o di esprimersi in qualunque modo

con la funzione di ristabilire l'armonia tra le diverse forze e influenze; e in **Psicoanalisi laica** del 1925

L'Io sostituisce il principio di piacere... con il principio detto della realtà, che certamente segue lo stesso fine, ma tenendo conto delle condizioni imposte dal mondo esteriore per darsi ragione del meccanismo col quale insorge la malattia. All'interno dell'apparato psichico, che come sostiene Jung è un sistema relativamente chiuso, nel senso che pur tendendo a conservarsi dal pericolo entropico presenta una serie di aperture che servono a equilibrare gli scambi osmotici, l'Io ha il compito di mantenere l'energia mentale al livello più basso; bilanciando la dinamica dell'investimento (nozione che compare nella letteratura psicologica già nel 1895 in **Studi sull'isteria** e **Progetto per una psicologia scientifica**, dapprima con un significato essenzialmente neurologico e poi dal 1920 in **Al di là del principio di piacere** come ipotesi puramente psichica, ed allude alla concentrazione pulsionale di una certa quantità di energia verso un oggetto scelto come referente) e del controinvestimento da parte dello stesso Io per impedire (come accade ad esempio nella rimozione) la liberazione dei desideri inconsci. La priorità spetta dunque alla tensione tra la pulsione e la repulsione, tra quello che si vuole e quello che si deve volere (bisogno difensivo), alla dialettica tra il desiderio e la censura da cui solo in un secondo tempo si genera, e come conseguenza di forze che (sempre come vuole Jung) sono storiche e culturali (ontologiche), quell'organo astratto e concettuale che è l'Io; un processo che ha la sola funzione di organizzare la psiche, e in essa la sua dilatazione sociale. E' una defezione quantitativa dell'Es; una parte dell'energia proietta la dinamica autoerotica dell'identificazione e assume la funzione distruttiva, l'oggetto di un desiderio che vuole e non può essere appagato (così soddisfacendo almeno in parte l'autoinvestimento dell'Es). In termini junghiani questo significa che l'energia erotica cercando di soddisfare il desiderio si sdoppia. Proprio - per dirla in termini strettamente filosofici - come accade nella processione di Plotino in cui ogni ipostasi, nel dilatarsi creativo, genera l'altra come necessaria conseguenza dell'avere visto

L'azione, pertanto, sussiste per Amore di una contemplazione e di una visione; tant'è vero che, anche per coloro che agiscono, la finalità è la contemplazione... come se essi, impotenti a raggiungere qualche cosa per diritta via, cerchino poi di conquistarla con un giro smarrito. Giacché, del resto, quando pure essi abbiano raggiunto l'oggetto a cui aspirano, qual finalità mai bramarono di raggiungere? Non certo quella di non conoscere, ma quella invece di conoscere quel dato oggetto, di contemplarlo presente nell'anima, appunto perché evidentemente esso vi giace dentro, pronto alla visione.

Ipostatizzando altrove un principio su cui proiettare l'immagine idealizzata del Sé, con lo scopo di trarre dall'autocontemplazione il maggior piacere possibile. Sono allora propriamente la storia e la cultura, il mondo e l'ambiente circostante ad indirizzare l'energia erotica in un verso o nell'altro condensando bisogni che appartengono più all'essere che all'uomo (anche se da un punto di vista strettamente clinico il significato di queste considerazioni, come correttamente sostiene Freud, è destinato a rimanere improduttivo; un senso tuttavia ad una diversa dimensione del transfert Io-analista-storia si può però forse recuperare, per lo meno in via ipotetica, sul piano estetico. Argomento a cui è dedicato il X capitolo di questo libro). Pur essendo vicino alla coscienza l'Io ha perciò (costituito com'è da inconscio e preconscio) le sue radici nella parte più nascosta della mente e le sue funzioni nel bisogno di controllare istinti e pulsioni, di adattare sublimandolo l'erotismo alla realtà, il comportamento alle esigenze dell'ambiente. Freud stesso aveva scritto che l'Io ideale (ma non idealizzato come quello sottoposto alla tirannia del Super-Io) o Io piacere purificato è preceduto da un Io reale originario che si sviluppa quando ancora i sogni non hanno il carattere dell'appagamento di un desiderio; periodo della vita psichica che non è soggetto al dominio del principio di piacere. L'Io-piacere è infatti quel particolare stadio evolutivo dell'Io che considera come non-Io tutto quanto viene esperito nella sofferenza e nel dispiacere, quando cioè la tensione endogena non può integrarsi nel processo più alto dell'amore primario (stadio della continuità dell'essere). Nella dialettica tra l'Io e il mondo (a cominciare dal binomio madre-figlio) s'inseriscono delle sottostrutture che appartengono all'esperienza del mondo e fanno in modo che si possa contrapporre all'Io corporeo un Io sociale (Io reale o di difesa), affermandosi in quella dimensione che è preposta allo sviluppo dell'individuale nel collettivo. Al culmine dell'opus evolutivo si costituisce infine (dopo l'Io orale) l'Io globale, che nella funzione adattiva assume lo statuto di Io reale, capace cioè di rielaborare il vissuto emotivo in modo secondario (di concettualizzare e di esprimere a parole). Il tutto nel più rigido meccanicismo.

In relazione all'Io, Jung avrebbe invece cercato di recuperare su un piano meno deterministico il concetto di volontà

L'Io è dotato di un potere, di una forza creatrice - conquista tardiva dell'umanità - che chiamiamo volontà (**L'homme à la découverte...**)

intesa come il centro dell'auto-coscienza, la sede dell'identità (o principio di individuazione) e della percezione continua e inalterata di sé; un centro però che solo marginalmente si presenta con un carattere rigido e sempre più come una forza che si oppone all'irruzione dei complessi di cui esso stesso fa parte. Una posizione, questa junghiana, che è a guardare bene ambigua e che non si concilia del tutto con la libertà del desiderare e del pensare. Ammessa infatti la certezza della volontà nulla vieta di considerarla come l'adeguazione e l'adattamento ad uno stato di cose a cui non può non conformarsi. O, nella misura in cui il concetto di libertà coincide (e in che modo sarà discusso più avanti) con quello di verità (= ciò che possiede in sé il massimo delle possibilità funzionali e che consente il più alto dilatamento energetico senza tuttavia subire alcuna dispersione), è facile pensare come il libero volere sia portato a delinearsi quale parte di un più ampio progetto che rappresenta la sua stessa possibilità di esistenza. Che gli uomini tutti abbiano un certo margine di movimento è evidente, ma che la salute o la malattia (e dunque il fatto di porsi o non porsi nella verità) dipendano dalla pulsione erotica (ovvero dall'adeguarsi o meno al principio di realtà) è la grande acquisizione della ricerca freudiana. Se poi a questo movimento costruttivo dell'Io si voglia dare il nome di volontà ben venga, a patto naturalmente che ad essa non vengano attribuiti significati metafisici che non hanno mai soddisfatto le leggi empiriche della scienza.

b) LE RAGIONI DELL'ES

Dopo quanto è stato detto non stupirà forse la rivelazione che l'Es (termine che Freud desume da G. Groddek e che in tedesco specifica il pronome neutro accostabile all'Id latino) sia una parte dell'Io, la dimensione tracciante che non deve salire alla coscienza. Pena la compromissione dell'equilibrio (l'Io, gli altri, la comunità) e con esso il funzionamento delle dinamiche intra-sociali. L'Es è infatti l'energia biologico-sessuale (si presenta come il suono contratto di "eros"), sede dell'inconscio (con cui non coincide però completamente), massimamente produttiva preposta all'autostrutturarsi della personalità che si cristallizza attorno in una forma compatibile con le esigenze morali della comunità. E' la parte "vera", ma come sempre accade quando si tratta della verità è anche quella meno sopportabile. Per quanto riguarda la critica, benché sia l'Es il terreno di frattura, l'oggetto della contesa tra le scuole freudiane e quelle junghiane, nel **Compendio di psicanalisi** la definizione datane da Freud si rivela singolare e persino sconcertante nelle aperture concesse alle convinzioni collettive e archetipiche di Jung

Chiamiamo Es la primissima di queste zone o istanze psichiche; **il suo contenuto è tutto ciò che è stato ereditato...** soprattutto quindi le pulsioni che originano dall'organizzazione corporea specificandolo come il ricettacolo delle pulsioni ereditato da mondi lontani. L'archetipo degli archetipi potremmo anche azzardare proseguendo nella direzione appena enunciata, la forza vitale, il sostrato preposto a formare l'intera impalcatura psichica. Naturalmente l'Es di Freud non coincide con l'Ombra primitiva di Jung (non è cioè propriamente un archetipo, un contenuto che appartiene all'inconscio collettivo), l'altra faccia dell'Io, ma piuttosto il primordiale che entra in conflitto con il divieto, il tabù, il rimosso (così nella prima topica, in cui l'inconscio viene identificato col rimosso e solo successivamente invece come non completamente costituito dagli elementi della rimozione) collocato tra corpo e psiche, l'eccedente della ragione che si deve portare alla coscienza in una forma sublimata

Il fattore economico e quantitativo, intimamente legato al principio di piacere (che) domina tutti questi processi.

Alla luce di questa affermazione la posizione rigidamente empirista professata dai freudiani ortodossi, può allora essere attenuata rispetto alla manualistica più inflessibile, che ragiona in termini manichei sui due principi pulsionali primordiali (istinto di Vita e istinto di Morte) e individuali che da esso si originano. E' vero che l'inconscio non è per l'empirista riconducibile ad esperienze meta-storiche che coinvolgono un'intera comunità, quasi che fosse un frammento alla ricerca di una propria individualità; ma il fatto di considerare l'inconscio come la sedimentazione di ciò che è stato ereditato legittima forse a formulare alcune ipotesi (non più che ipotesi) palesemente antifreudiane o post-freudiane riguardo al significato di questa ereditarietà. Gli psicoanalisti freudiani, tutti freudiani al limite del parossismo (è ben noto l'apologo delle ciliege con cui Jung polemizzava con gli antagonisti di Vienna), ritenevano assolutamente inaccettabile una posizione come quella junghiana che apriva a contenuti universali al di là della mera individualità biologico-ambientale considerata come la sintesi di un complesso sistema sincronico; sviluppata attraverso le sedimentazioni della storia e della cultura e nondimeno in grado di predisporre il soggetto (preso nella sua irripetibilità, come un'impalcatura mentale archetipica) a dialogare con un passato ancestrale, con culture lontane accomunate però da un'identica tara simbolica. Quasi l'a priori trascendentale kantiano

L'archetipo... indica un'immagine originaria esistente nell'inconscio. L'archetipo è anche un tipo di complesso; ma al contrario di quelli finora studiati, non è più il frutto dell'esperienza personale; è un complesso innato. L'archetipo è un centro carico di energia (Jung, **L'homme à la découverte de son ame**, 1950)

il terreno del senso e dove il senso può aprirsi alla significatività globale. Facendo riferimento all'esempio espresso da Jung sul comportamento individuale, accade nell'archetipo qualcosa di simile al volatile che costruisce il nido in autonomia, senza cioè che abbia appreso la tecnica da nessuno, perché quella tramandata nella specie è un'azione istintiva, un bisogno produttivo innato. Non una rappresentazione mentale quindi, ma lo schema ordinatore e categorico che permette alla rappresentazione mentale di organizzarsi. Ma non è certo una novità nel panorama di una cultura che muovendo da Aristotele a Kant giunge fino allo Strutturalismo. La mente è infatti stata per lo più concepita attorno a principi e categorie che sono l'imperativo del pensiero, propriamente ciò da cui è possibile formulare un pensiero, come nel trascendentale dell'analitica kantiana. Se teniamo per buona questa intuizione archeologica della psiche il principio dei principi, la categoria delle categorie potrebbe forse allora postularsi nell'erotica produttrice (molto di più di un'astratta energia psichica) che è il fondamento dei fondamenti, l'ultimo dei rimandi. Spingendosi magari ad affermare che tutti gli archetipi, o le categorie del pensiero simbolico, non siano altro che un prodotto delle sue trasformazioni, il modo a priori di funzionare dell'intelletto (categorie che ruotano sinteticamente attorno all'Io o Appercezione trascendentale; la quale non è l'Io individuale di ogni soggetto empirico, ma la struttura del pensare comune a tutti gli uomini, indifferentemente dalle culture o dalle geografie)

È l'unità sintetica (l'Io penso) dell'appercezione il punto più alto, al quale si deve tutto l'uso dell'intelletto, tutta la logica stessa, e dopo questa la filosofia trascendentale, anzi questa facoltà è lo stesso intelletto (Kant, **Critica della ragion pura**).

Posto in questi termini il significato dell'Es non è più quindi riducibile alla dialettica freudiana che lo concepiva come il centro catalizzatore della dinamica investimento-controinvestimento, configurandosi piuttosto come il nucleo attorno al quale l'edificio psichico prende forma (così come gli elettroni fanno ruotando attorno al nucleo). Si presenta con una possibilità di azione comune a tutti gli individui e come il centro di un ordine ereditato del passato; di difficile percezione, ma comunque riscontrabile nei suoi percorsi e sedimentazioni. Non l'archetipo, dunque, ma qualche cosa di fortemente individuale che segue le leggi evolutive e biologiche dello specifico, leggi che sono una necessità storica e meta-storica, retaggio di dinamiche culturali che hanno assunto le forme che oggi presentano e che sono il fondo comune di ogni processo vitale, di ogni organismo. Come l'atomo di idrogeno (due per la precisione) una volta a contatto con uno di ossigeno non può, in virtù della sua disposizione originaria, che essere attratto a formare una più stabile molecola d'acqua, così pure la meccanica della psiche è spinta sotto l'impulso dell'Es ad autostrutturarsi in forme che assicurino l'equilibrio; secondo l'economia energetica e che rappresenta la condizione di possibilità per sviluppare uno scambio osmotico (senza il quale la struttura mentale più che ad un bilanciamento ossidativo tenderebbe ad una progressiva dispersione entropica). Se la psiche è un sistema relativamente chiuso significa che essa, pur non essendo totalmente aperta, è in una costante comunicazione col mondo da cui trae alimento per il proprio metabolismo, attuando uno scambio perpetuo e rinnovato di quell'energia che nell'esercizio erotico è capace di muovere alla formazione della personalità adattandosi all'ambiente. L'archetipo è infatti il motore di un ingranaggio ben più profondo, l'a priori che muove verso l'unica legge generale e universale. Pur essendo quindi l'inconscio empiricamente individuale, nello stratificarsi attorno al nucleo pulsionale è capace di andare al di là della semplice specificazione del conflitto desidero-censura, rivelandosi la cellula specifica che è non solo una parte, ma il rimosso stesso della collettività. Questo non vuol dire che il singolo non abbia la dignità per essere considerato e analizzato come tale e dunque anche curato nella sua specificità, anzi. Significa semplicemente che nella sua singolarità esso rappresenta in qualche maniera un insieme più generale che si deve riconoscere quando si parla della funzionalità della mente. Secondo Freud l'inconscio è individuale, o per lo meno lo deve essere per la clinica, ma l'individualità non esclude che non possa significare ad un tempo una collettività, il cui primo denominatore è da ricercarsi nella funzione sociale. Quando questa funzionalità abbia subito una certa deviazione o addirittura un impedimento a compiersi, bisogna allora tenere presente che, nonostante l'insieme sociale sia costituito dallo specifico degli individui, l'individuo (anche quello che presenta un minore adattamento all'ambiente) rimane portatore di significanti che esondano dalla sua individualità. Aveva allora ragione Freud o Jung, considerando anche che il problema coinvolge almeno in parte la diatriba tra empiristi e metafisici? Lo sforzo finora compiuto è stato quello di sistemare la posizione appena espressa nel mezzo della diatriba; la terapia psicoanalitica non può che avere come oggetto la cura e la salute del singolo, che poi il senso di questo inconscio privato sia una questione che implica quello più vasto della collettività è qualcosa che appartiene più alla metafisica che alla scienza. Detto questo, si deve anche aggiungere che dal fatto che la scienza empirica non riesca a dimostrare l'esistenza di quello che sembra non potersi misurare, non si può comunque escludere a priori che quello che non è misurabile o che non è stato finora conosciuto non debba in qualche maniera anche esistere, rendersi accessibile. Attualmente, per quanto non si abbiano elementi per dimostrare l'esistenza di un inconscio collettivo (la cui presenza non può avere che un valore marginale nella pratica medica) una legge generale nelle dinamiche sociali (consce e inconsce) e che secondo il modello fisico si comporti come quella aggregante dell'elettronegatività, è come si è detto possibile trovarla nella disposizione costruttiva (delle singole personalità, della forma sociale di una comunità) di quello specifico desiderio erotico che ha il nome di wille zur macht. Un desiderio, il più delle volte condensato sotto forma di un simbolo, che è la sintesi trascendentale della storia culturale di un popolo

Il simbolo non è un segno che cela qualcosa che tutti conoscono. Non è questo il suo significato; al contrario, esso rappresenta un tentativo di rendere comprensibili, mediante l'analogia, qualcosa che appartiene ancora completamente al dominio dell'inconscio o qualcosa che è ancora in formazione (Jung)

di cui l'Io non è che il complesso dei fenomeni che, una volta sprofondato nel Sé, agisce da catalizzatore trasformando e canalizzando la libido nella progettualità sociale.

In sintesi, il passaggio appena esposto dall'energia erotica a quella culturale non preclude la concezione freudiana dell'Es, nel senso che l'inconscio pur essendo qualcosa che appartiene al singolo è anche il nucleo in cui si concentra la storia e la cultura di una società. Collettivo o non collettivo l'uno non esclude l'altro (in questo la polemica tra Jung e Freud non manca ancora di stupire), considerando che le aperture junghiane si sono rivelate un sicuro apporto ad una teoria che ha potuto finalmente misurarsi con processi che superano il vissuto individuale. Del resto la dimensione del senso rimane una dimensione storica, e il fatto di recuperare la propria collocazione esistenziale può anche essere un passo decisivo all'interno della rinascita dell'Io, dando così finalmente un senso se non proprio alla vita e all'esistenza comunque alla malattia.

L'Es, composto e strutturato da un continuo scambio di energia erotica, che in Freud si configura come l'energia di attivazione o motore primo della personalità, e che non è perciò assoggettabile ad alcuna forma di censura morale, in Jung assume invece dei caratteri più diluiti e meno grettamente sessuali. Simile al dionisiaco della coscienza, in quanto riserva delle pulsioni può anche infatti partecipandosi dell'Io (evento secondario), coinvolgendolo nelle proprie attività, muovere la personalità in una progettualità che è possibile convogliare a soddisfare le pulsioni sessuali di autoconservazione (pulsione di vita), o erotico-distruttive (pulsione di morte). Il desiderio (processo psichico primario) nella forma di spostamento e condensazione è il fenomeno più visibile di questo turbamento; muove e modella nelle pulsioni le strutture della mente dando loro il modo di sublimare la tensione emotiva. Come lo stesso Freud scrive nell'**Interpretazione dei sogni**

Nulla al di fuori del desiderio è in grado di mettere in moto l'apparato (psichico)

con parole moderate e caute che ricordano quelle più esplicite e drammatiche di Nietzsche

"L'uomo è cattivo" così mi dicevano per confortarmi tutti i più saggi. Ah, se fosse vero ancora oggi! Poiché la cattiveria è l'energia migliore dell'uomo (**Also sprach Zarathustra**).

Di che natura sia questa cattiveria lo si vedrà immediatamente.

C) LE RAGIONI DEL SUPER-IO

Nella seconda topica il Super-Io si annuncia come quella parte dell'Io parzialmente inconscia che si ottiene dalla sua differenziazione. Il termine compare in Freud a cominciare da **Io e Es** (1923) e con una connotazione negativa. Con aggettivi come "positivo" o "negativo" s'intende naturalmente in psicoanalisi non un giudizio qualitativo sulla natura di questa come di tutte le altre strutture psichiche, ma piuttosto una considerazione finalizzata a valutare il funzionamento dei processi della mente; in Freud, i cui scritti solo molto raramente si lasciano trasportare dall'empatia per tutto ciò che riguarda la natura umana, si avverte tuttavia una specie di fastidio verso una morale che sentiva ambigua e contraddittoria. Oggetto principale della diffidenza, quando non proprio di un vero sarcasmo del maestro viennese verso la società del suo tempo è stata la struttura psichica del Super-Io.

Nella ontogenesi della psiche esso si forma evolutivamente a partire dal quinto anno di vita (così in Freud anche se non tutti gli studiosi concordano; per M. Klein ad esempio è molto più precoce ed è riscontrabile già dalla fase orale) e più che essere la sede della coscienza morale, con cui non coincide completamente, si presenta come quella del senso di colpa. Artefice della inquietudine che nasce dall'interiorizzazione dell'autorità morale, del padre più che della madre, si concepisce come Io idealizzato, cristallizzato cioè nelle norme che il nucleo familiare e sociale ha adottato nell'adattamento. Pur nascendo dunque, nel corso di un processo volto essenzialmente al superamento della fase edipica, per contrastarlo il Super-Io è la massima espressione della pulsione erotica, l'alterità speculare all'Es

I suoi investimenti libidinosi vengono abbandonati, desessualizzati e in parte sublimati, i suoi oggetti incorporati nell'Io, dove formano il nucleo del Super-Io e conferiscono proprietà caratteristiche a questa nuova formazione (Freud, **Alcune conseguenze psichiche della differenza tra i sessi**, 1925) intesa quale introiezione di una repressione manifesta come angoscia da castrazione, chiusura dei canali preposti a detonare nello scambio la tensione energetica

Il Super-Io è quel gruppo di funzioni psichiche che hanno a che fare con ideali, aspirazioni, leggi e divieti morali (Arlow).

Come tutte le strutture della psiche, anche il Super-Io non è un blocco monolitico privo al suo interno di elementi, ma si compone di più parti o substrutture che appartengono alla storia evolutiva e personale dell'individuo (tra queste l'ideale dell'Io che diventa presto l'organo della rimozione) e che spingono, aderendo al comune sentire (principio di realtà e di non contraddizione), allo sviluppo di un'autodeterminazione necessaria al contesto sociale (decentramento). Come conseguenza di questa importante limitazione delle energie erotiche (che una volta isolate si accumulano all'interno della mente), avviene in essa una specie di frattura tra le pulsioni libidinose e violente, causa a volte di vere e proprie persecuzioni autodistruttive, e quelle più moderate (come l'ideale dell'Io) che cercano invece come referente un oggetto d'amore in grado di assorbire la spinta pulsionale. La cosa interessante è che anche il Super-Io, come accade del resto per tutto quello che riguarda la psiche, è proprio dall'Es che trae la propria energia, la cui espressione massima è la dialettica del devo / non devo, ben rappresentata dalla coazione a ripetere che preclude la strada allo scambio libidico.

Una precisazione sembra ora però dovuta. Il Super-Io, in quanto morale introiettata, presuppone a priori una serie di tabù culturali che devono averne preceduto la nascita preparandogli il terreno per una decisiva affermazione. Non è infatti difficile capire che se il Super-Io si genera durante la fase edipica nel tentativo di superare e censurare il desiderio incestuoso, è evidente che esso è qualche cosa di posteriore rispetto a delle strutture (bisogni, desideri, necessità) che hanno fatto in modo che il problema morale (o tabù all'incesto) per lo meno si ponesse, magari anche solo sotto forma di angoscia. Se la coscienza morale nasce insomma col Super-Io, da dove viene e di che natura è la spinta angosciosa che porta al suo sviluppo? Non è forse già morale anch'essa? E se così stanno le cose, se la morale non si genera col Super-Io ma da altre sotto/strutture che hanno potuto costituirlo, non è allora pensabile che le medesime sotto/strutture ne presuppongano altre ancora e così all'infinito? La nascita della morale (o meglio del senso di colpa, di cui è una dilatazione ottica) non si deve allora identificare semplicemente, come spesso i freudiani fanno, con quella del Super-Io, ma deve farsi risalire a qualche cosa di diverso e lontano nel tempo. Procedendo infatti per causazione non è teoreticamente lecito andare di causa in causa e di rimando in rimando all'infinito senza raggiungere una causa finale; per questo motivo è per lo meno postulabile una dimensione morale già all'interno di quella più antica dell'Es, da intendersi come l'alterità dialettica in cui si muove l'energia erotica, l'eros propriamente detto che nel tentativo di equilibrio si rivolta anche contro se stesso. Il Super-Io potrebbe essere già una parte integrante dell'Es (prima come desiderio narcisistico-auterotico e poi come desiderio incestuoso), anzi l'Es stesso nella sua componente distruttiva, piuttosto che il prodotto di un processo evolutivo (necessitando un tale processo volto alla generazione del sentimento morale, di una situazione a priori capace di determinarlo, di costituirlo). Ancora una volta si ripropone il problema Jung-Freud (metafisica-empirismo) nella nozione dell'archetipo e in quella più generale dell'innatismo. Il primo infatti, cadendo su posizioni kantiane, sembra aver avallato la tesi appena enunciata. Come è nato infatti il Super-Io se all'origine non esisteva una qualche stratificazione che ha potuto in esso determinarsi, trovare la propria collocazione? E' insomma possibile pensare ad una forma di coscienza morale che in qualche maniera abbia preceduto la sedimentazione della medesima magari proprio in virtù della sua sola forma, ipotizzare un formalismo a priori che consente alla morale di organizzarsi delineandosi come tale? Una risposta può forse essere cercata in Kant e nel rigore formale delle sue speculazioni, per le quali la legge morale non dipendeva dal suo contenuto bensì proprio in un categorico a priori che coincide con la forma della legge, una forma che organizza l'imperativo come legge della morale stessa

Un essere razionale, o non può in nessun modo pensare i suoi principi soggettivamente pratici, cioè le proprie massime, al tempo stesso come leggi universali, o deve ammettere che la semplice forma, per cui esse si adattano ad una legislazione universale, ne faccia, di per sé sola, leggi pratiche (Kant, **Critica della ragion pratica**) come se, parafrasando il filosofo di KÖnigsberg, il Super-Io derivasse dall'adeguazione della volontà alla forma della legge, adesione incondizionata ad una legge innata (innata come predisposizione naturale a sviluppare determinati principi) a cui non è concesso che di adeguarsi sviluppandola nei modi imposti dall'ambiente, dalla storia, dalla cultura. Una volontà quindi, quella sui cui si costruisce ogni possibile morale, che non si presenta però libera essendo la libertà non una condizione individuale, ma l'a priori dello spirito di un popolo. Dalla libertà la volontà può essere quindi determinata a priori oggettivamente, ed ha come unico imperativo categorico quello di volere secondo la pura forma della legge, in virtù di un principio comune nella sua universalità. Il Sé junghiano che è la dimensione innata che tende verso l'unico principio del bene (l'a priori della coscienza, capace di fare della coscienza e della volontà ciò che sono), in cui è possibile che una qualche morale venga a collocarsi

L'Io è soltanto... un complesso tra altri complessi. Distinguo quindi tra l'Io e il Sé, in quanto l'Io è solo il soggetto della mia coscienza, mentre il Sé è il soggetto della mia psiche totale, quindi anche di quella inconscia (Jung, **Tipi psicologici**, vol. VI).

Non è infatti un caso che Jung concepisse le funzioni nelle quali si dispiega il Super-Io in quelle dell'archetipo, come il primordiale che è da sempre presente in qualità di Anima (o Animus) e Sé. Il primo archetipo deriva dall'amplificazione dell'imago materna e paterna, con la differenza però che rispetto al Super-Io, l'Anima (o l'Animus) non limita l'azione a una rigida morale, ma oscilla dall'erotico allo spirituale fino a confluire quasi nella mistica. Per quanto concerne invece il Sé, il cui rapporto con la più antica struttura freudiana non era sfuggita allo stesso Jung

Il Super-Io è un surrogato necessario e inevitabile per l'esperienza del Sé

si qualifica non solo come la proiezione di un qualche codice morale ma in quanto a priori **numinoso** che apre al significato e al senso quel medesimo codice. Ciò che la distingue da quella freudiana, e che fu oggetto di aspri dissensi, è che la coscienza morale ha per Jung un carattere essenzialmente innato (come poco velatamente scrive nel 1958 in **Das Gewissen in psychologischer Sicht**), nel senso che come archetipo è qualche cosa che rende possibile, la condizione di possibilità per usare ancora una terminologia kantiana, una qualche morale, l'apertura (l'aperto) in cui si colloca il senso nonché la ragione teleologica delle cose, la funzione trascendentale che rende il bene bene morale e il male, male morale. Diversamente dalle macchinazioni del Super-Io, il Sé è il principio fondante che organizza la personalità, presente al centro dell'inconscio collettivo. Le differenze non sono tuttavia inconciliabili; come il Super-Io è anche ad un tempo il principio di massima funzionalità e ordine, l'apollineo che muove l'Io allo stato di individuazione, la guida che regola, governa e influenza tutta la personalità, così il Sé è prima di tutto un simbolo unificatore (l'a priori, come l'Io penso di Kant, è sempre una dimensione sintetica) e in quanto tale appartiene all'umanità al completo (in Jung all'inconscio collettivo); ben diverso quindi da quella caricatura morale che è la Persona, e che secondo Adler è comunque assimilabile all'immagine archetipica di un Dio. E Adler una qualche ragione pure la aveva; le strutture messe in luce da Jung e Freud hanno veramente in comune il fatto di presentarsi come la personificazione dell'autorità (Dio, il padre, la legge) introiettata. L'ipotesi non era naturalmente ignorata da Jung (**Bene e male in psicoterapia**, 1959) che, pur accettandone la natura mistica respingeva comunque la muta adesione ad un innatismo che cercasse di varcare la soglia critica della predisposizione naturale. Del resto una specie di disposizione naturale (innata) è evidente anche in Freud, almeno per quello che concerne l'imperativo del Super-Io; anche quando ostinatamente si concepisce nei termini rigorosi individualistici, essendo sempre e comunque un precursore della personalità, un modo archetipico e tappa fondamentale del processo evolutivo. Al di là dei contenuti il problema della morale rimane quindi in entrambi immutato, considerando però che Jung è stato capace di spingersi dove il suo maestro si era caparbiamente fermato. E' una questione di misura che, chi come Freud ha saputo sondare tanto profondamente la natura umana, non può assumere come regola e metodo di ricerca. Freud non era un filantropo, i pazienti nelle sue sedute si erano aperti con una tale chiarezza da non lasciare dubbi sul carattere brutale e violento dell'umanità. Perversione che se nelle nevrosi si manifesta in maniera accentuata è sempre presente e mai definitivamente risolta anche nell'individuo sano

Un conflitto patogeno... ha luogo solo quando la libido cerca di seguire sentieri e scopi che l'Io (in qualità di Super-Io) ha già da tempo superato e condannato ed ha quindi proibito per sempre; e questo la libido lo fa solo se è privata della possibilità di un appagamento ideale egosintonico. Di qui la privazione, ovvero la frustrazione di un appagamento reale, è la condizione per la generazione di una nevrosi... (Freud, **Alcuni tipi di carattere**..., 1916).

Ecco perché il Super-Io non sfugge al giudizio delle sue valutazioni; è possibile che per Freud fosse anche qualche cosa di diverso e non è certo pensabile che il suo acume non arrivasse a concepire il valore degli studi junghiani, ma questa diversa possibilità di vedute doveva lasciarlo indifferente rispetto alla gravità dei contenuti. L'uomo deve essere superato, qualunque sia la sua condizione, questa era la regola che con Nietzsche avrebbe mosso il nuovo ambito scientifico e in esso il secolo che si apriva; nella teoria di Freud vincere le imposizioni morali del Super-Io poteva allora anche assumere il significato di un superamento totale e definitivo di un umanesimo che aveva ridotto le persone ad uno stato di impotente inattività creativa. Sacrificando alla comunità una libertà che se nella fenomenologia ha il nome di angoscia, in clinica può anche assumere quello più spaventoso e problematico di nevrosi.

CAPITOLO III

NEVROSI (E PSICOSI)

Necessità storica di una pulsione deviata

Alla fine, signori, meglio non fare niente. Meglio una cosciente inerzia. Pertanto evviva il sottosuolo! Ho detto, è vero, che invidio l'uomo normale fino a farmi scoppiare il fegato, ma le circostanze in cui lo vedo sono tali, che non voglio essere lui ... No, no, il sottosuolo è comunque più vantaggioso!
F. Dostoevskij

In questo capitolo si discuterà l'argomento delle nevrosi (a) e in relazione ad esso, seppure marginalmente, quello delle psicosi (b). Lo schema freudiano delle malattie mentali in maniera forse eccessivamente rigida identificava infatti l'una per antagonismo dell'altra, i sintomi nevrotici come incomparabili se non per privazione di quelli psicotici. Tra tutte un solo genere di persone non rischia per Freud di cadere in balia di una psicosi ed è l'individuo affetto da nevrosi (primariamente ossessiva), da quell'insieme cioè di processi emotivi-adattivi che, benché deviati, per le ragioni che si vedranno preservano immunizzando dalla follia. La clinica tuttavia, come sempre accade alle scienze empiriche che sono spesso capaci di una visione più articolata della realtà, in questa rigida separazione concettuale ha saputo trovare una serie di stati morbosi che si collocano sulla linea di separazione, o Borderline (c), e che implicano elementi di entrambe le patologie. Attenendoci in buona misura a Freud, la cui ricerca non viene certo sminuita ma semmai arricchita dall'esperienza terapeutica, e alla nosografia contemporanea che nella sua opera ha ancora motivo di riferimento, si può allora introdurre immediatamente il primo argomento della discussione.

La nozione di nevrosi non è affatto recente (già dal secolo XVIII il termine, a cominciare dall'opera di W. Cullen, veniva usato in maniera generica per identificare le non ben precisate malattie funzionali del sistema nervoso; oggi dal DSM al DSM IV e seg. tende invece a scomparire dalla manualistica psichiatrica) ed è più articolata di come spesso viene presentata. Nervosismo, stress, ansia, insicurezza, senso di inferiorità, esaurimento e depressione sono parole che entrate prepotentemente nel linguaggio quotidiano non danno la misura né tanto meno la portata storica di un fenomeno, sempre più in espansione, che si può definire drammatico. Si è scelta proprio la nevrosi quale materia principale di tutto il trattato perché riteniamo che essa sia un problema rilevante (anche numericamente), tanto per l'individuo che ne è affetto quanto per la comunità che viene sottratta di forze che sarebbero altrimenti impiegabili nella produttività generale. Se immaginiamo quale possa essere lo stato d'animo di una persona che conduce un'esistenza ben

al di sotto delle proprie possibilità e che viene
fortemente limitata nella capacità di amare e di lavorare
avremo la misura e il significato di una nevrosi. Queste
pagine si rivolgono allora tanto al profano al quale si
cercherà di spiegare quale sia il vero senso di stati
d'animo e di comportamenti che troppo spesso
vengono sottovalutati, o comunque non considerati
con le dovute precauzioni (se un uomo raggiunta l'età
della maturità manifesta non poche difficoltà, non
riuscendo a lasciare la famiglia d'origine o magari anche
come in genere accade ad affermarsi in un lavoro
soddisfacente o a costruire una relazione, è probabile
che sia vittima di un non corretto sviluppo emotivo
piuttosto che di un deficit morale), quanto a tutti i
clinici che si ostinano ad escludere dalla malattia ogni
possibile significato economico-culturale e che ancora
affrontano il problema esclusivamente sul piano
individuale, prescrivendo farmaci a volte inutili e
dannosi. Non si ristabilisce la salute se non si inserisce
la nevrosi nel contesto sociale di cui è una pantomima,
e meno che mai uno stato di equilibrio e benessere
fintanto che il sintomo, tutti i sintomi morbosi non
riescano a defluire in una dimensione storica e sociale.
Se dalla nevrosi non si guarisce, come Jung sosteneva,
l'unica possibilità di controllo sulla stessa rimane allora
se non di accettarla passivamente, almeno di utilizzarla
nelle diverse espressioni, di servirsi delle menomazioni
che possono, aprendo al senso e alla significatività,
talvolta anche rivelarsi come una zattera in un mare
minaccioso e impraticabile ai nuotatori non esperti.

a) **La NEVROSI** è un 1) meccanismo di difesa (un compromesso tra la pulsione e la difesa), il tentativo di riorganizzare nella malattia un contesto sociale che ha smarrito il senso e il significato, l'espediente cioè per ristabilire su un altro piano quello scambio che sembra non altrimenti possibile e dunque in esso anche un primo disperato esperimento di guarigione; 2) si attua nella rimozione; 3) si esprime fenomenologicamente nel sintomo. Prima di cominciare ad esporre il significato dei punti sopra evidenziati è però necessario chiarire che cosa s'intende con il concetto di pulsione.

Il significato di pulsione

La pulsione (termine usato da Freud a partire dai **Tre saggi sulla teoria della sessualità**, 1905) è una forza che si origina da una causa pulsionale somatica; che pur nascendo da uno stato di tensione interna all'organismo si rappresenta psichicamente; che tende nella ricerca di un oggetto in cui soddisfarsi eroticamente o autoeroticamente fino all'eliminazione dello stato di eccitamento, e dunque all'attenuazione dell'energia non diversamente canalizzabile. Non assimilabile né all'istinto e né allo stimolo, che sono sempre il risultato di un complesso meccanismo fisiologico ereditario, la pulsione si trova a metà strada tra l'organo e la mente; per Freud è il rappresentante psichico degli stimoli meta-biologici che si originano dall'Es

Per fonte di una pulsione si intende il processo somatico che si svolge in un organo o parte del corpo, e il cui stimolo è rappresentato nella vita psichica da una pulsione (Freud, **Pulsioni e loro vicissitudini**, 1915)

giungendo alla mente dalle vie preposte. Tra quelle fondamentali si devono ricordare:

- le pulsioni sessuali

- le pulsioni di autoconservazione

- le pulsioni di vita e di morte

Le <u>pulsioni sessuali</u> sono quelle più conosciute dalla clinica e ben visibili nei conflitti nevrotici, a cominciare da quello isterico tra il desiderio inconscio e la censura cosciente. Neutralizzazione è il nome che prende l'energia nel suo adeguarsi alle esigenze dell'Io, quando rinuncia cioè al deflusso immediato della pulsione per imporsi mete e scopi che non le appartengono. Il significato che le pulsioni sessuali assumono all'interno del processo patologico lo si vedrà più avanti (cap. IV-V).

Le <u>pulsioni di autoconservazione</u> sono dette anche pulsioni dell'Io perché nel tentativo difensivo è ad esse che l'Io ricorre cercando, come avviene nelle tendenze alla sopraffazione o nelle aspirazioni di dominio, di realizzarsi in quel rigore compulsivo (o re-pulsione) che protegge dalla dispersione entropica, e corrispondono grosso modo alle funzioni organiche quali la nutrizione o l'attività muscolare.

Le pulsioni di vita e pulsioni di morte compaiono in Freud nella forma più schematica a partire da **Al di là del principio di piacere**; sono l'ultima riduzione a cui è riconducibile l'intera gamma delle manifestazioni pulsionali, l'estrema scomposizione di tutti i processi vitali non ulteriormente divisibile. La prima (l'Eros), a metà tra quella sessuale e di autoconservazione, è una pulsione costruttiva e sintetica (pulsione di vita) nel tentativo di aggregare le parti (in quanto autoconservazione-conservazione e amore dell'Io-amore oggettuale) in un'unità vivente. La seconda è la personificazione oscura del risvolto erotico, l'Eros visto dall'altra parte che cerca di condurre allo stato inorganico tutto quello che è dotato di vita; si manifesta quindi con tendenze all'autodistruzione (Destrudo) come nella melanconia o nella coazione a ripetere, ed è sempre presente nelle varie forme della nevrosi ossessiva.

1) **Il concetto di meccanismo di difesa**

Il concetto di difesa è da intendersi in psicoanalisi come l'artificio inconscio che l'Io mette in moto sotto forma di controinvestimento per mantenere il più stabile possibile la resistenza che esso stesso oppone ai desideri. Tra i molteplici meccanismi di difesa si possono includere la rimozione, l'isolamento e naturalmente la proiezione (che ha una meccanica speculare, "io lo odio, dunque egli mi odia", trasferisce cioè nell'uno sentimenti che invece appartengono esclusivamente all'altro), ma tutti si organizzano intorno all'unica nozione del controinvestimento. Investimento e controinvestimento sono i due poli principali della dialettica economica freudiana che concepisce l'intera struttura psichica come l'insieme dei processi dinamici che scaturiscono dall'energia erotica; il primo è un fluire aderendovi di una certa quantità di energia pulsionale trasformata, associata alla libido, verso un oggetto esterno all'Io; il secondo è l'investimento che, operato dall'Io sul medesimo oggetto per impedire l'irrompere dei desideri proibiti alla coscienza, riesce in questo modo a soddisfarsi libidicamente anche se su un piano meno gratificante. Una forma di difesa molto particolare è la compensazione che deriva da un complesso di inferiorità (un bimbo umiliato per lungo tempo è facile che sviluppi il desiderio e la convinzione di essere superiore agli altri, in seguito ogni difficoltà e ogni errore assumeranno i toni della sconfitta e della disperazione, coverà sentimenti di rancore e di disprezzo per i colleghi che non gli riconoscono il giusto valore, per la moglie che non lo idolatra) e si manifesta in genere con la tendenza all'autoritarismo e all'aggressività, con un disperato bisogno di dominare.

La difesa è perciò propriamente sempre una maschera, un modo di mascherare, ad esempio con manifestazioni di affetto, quel lato oscuro (quando sia un soggetto nevrotico a manifestare un'esagerata generosità o compassione, il sospetto sull'autenticità del sentimento sarà sempre giustificato dal fatto che il disturbo nasconde sotto forma di enfatici slanci affettuosi un'aridità emotiva il più delle volte assoluta) della personalità che solo un'ipocrita considerazione di sé riesce ancora ad alimentare.

2) **Il concetto di rimozione**

È il più importante meccanismo di difesa dell'Io che, perpetuandosi in un continuo contrasto con le rappresentazioni che vengono investite dalla libido, si oppone al loro affiorare alla coscienza operando un controinvestimento

La rimozione quindi non sorge nei casi in cui la tensione prodotta dalla mancanza di appagamento di un impulso pulsionale raggiunge un grado insopportabile... (la sua) essenza consiste... nell'allontanare qualcosa dal conscio e tenervelo a una certa distanza (Freud, **La rimozione**, 1915).

La rimozione è il completo e assoluto impedimento della pulsione di salire al preconscio e dal preconscio alla coscienza; primaria è la rimozione che si oppone ad ogni possibile comunicazione tra lo stato inconscio e quello cosciente (e la conseguenza di questo controinvestimento originario è in primo luogo una fissazione o una regressione della libido ad uno stadio evolutivo infantile e autoerotico). Secondaria è invece quella che sottrae alle varie rappresentazioni pulsionali non ancora inconsce gli investimenti primari attraverso un ingranaggio che, agendo nel desiderio per manipolarlo come inconscio (questo naturalmente secondo la più inflessibile ortodossia freudiana), fa di esse qualcosa di nascosto ma di attivo fornendo all'attività del pensiero secondario una maggiore funzionalità. Naturalmente inconscio e coscienza pur nella loro conflittualità non finiscono in assoluto per non comunicare, perché l'inconscio è già in sé una forma di linguaggio (**ça parle**, dice Lacan, **dove ça**

soffre) e di espressione che parla incessantemente, anche se in maniera non sistematica, e si fa sentire defluendo in tutte le parti della personalità. A volte riesce persino ad irrompervi (come avviene ad esempio nella terapia analitica) per il canale filosofale della parola, instaurando con essa un rapporto qualitativo di scambio che è sempre qualcosa di positivo all'interno dell'economia della mente; anche se a rigore una certa parte di oscurità l'inconscio comunque la mantiene, una zona d'ombra sconosciuta che non viene meno neanche quando l'Io riesca a realizzare un compromesso tra le pulsioni dell'Es e le esigenze (pure pulsionali) del Super-Io. Ma questo è forse in fondo il suo fascino, l'oro alchemico di una lingua antica tutta ancora da imparare e da interpretare.

Se per rimozione s'intende allora genericamente un desiderio che non viene riconosciuto dalle altre istanze della psiche, ma che è possibile in una certa misura portare ad uno stato cosciente, per rimozione totale la distruzione invece definitiva di ogni spinta pulsionale (prima tra tutte quella edipica) che neutralizzandosi non viene più investita da nessuna energia, rendendosi così inaccessibile a ogni intervento del linguaggio.

3) **Il concetto di sintomo**

il sintomo è il fenomeno più significativo, il linguaggio di una sofferenza che non trova altri modi di espressione; è un'azione sostitutiva e adattiva (enunciabile nella relazione stimolo-risposta) fortemente erotizzata che tende a un appagamento pulsionale non diversamente realizzabile. E' però anche un compromesso funzionale allo scambio sociale; spesso l'unica risposta possibile alle richieste patologiche dell'ambiente (non di rado dietro ai sintomi di un nevrotico è possibile trovare una latente situazione psicotica familiare). Tra l'angoscia ("io odio mio padre") e il senso di colpa ("mi disprezzo perché odio mio padre") esso è il modo più economico che la psiche trova per allentare una tensione interna (formazione sostitutiva) che, a causa di un Super-Io che ha perduto la permeabilità e ogni interesse per il mondo, non riesce a dominare l'ansia lasciandola così libera di defluire

Non è la rimozione in sé che produce le formazioni sostitutive ed i sintomi, ma... questi ultimi sono indicazioni del ritorno del rimosso (Freud, **La rimozione**).

Il sintomo è allora propriamente un meccanismo di difesa, l'ultimo tentativo di ristabilire un ordine interno ma anche esterno, una richiesta d'amore che con una pantomima può ancora sperare di soddisfare

I sintomi derivano da tendenze sessuali dirette, rimosse ma rimaste attive. Si può completare la formula aggiungendo che questi sintomi possono derivare anche da tendenze inibite, ma inibite in modo incompleto o tale da rendere possibile il ritorno allo scopo sessuale rimosso (Freud, **Psicologia collettiva e analisi dell'Io**, 1921).

Come la malattia nella sua globalità anche il sintomo non è solo la reazione ad un impulso intollerabile dalla morale (punto di fissazione infantile), ma soprattutto un'impronta che traccia la storia dell'individuo e ancora di più della cultura e del nucleo sociale (stadio preliminare di difesa); un folle per l'appunto esperimento di guarigione, il tentativo di far funzionare nella malattia le dinamiche sociali e culturali. Il malato può infatti, come in genere avviene, anche essere una necessità all'interno della sua struttura relazionale (un padre psicotico, una madre affetta da una grave nevrosi) che si serve proprio del suo disturbo, alimentandolo (è il caso della madre depressivogena), per far confluire in esso la stabilità del gruppo/famiglia non altrimenti realizzabile (e allora tra il padre e la madre si ristabilisce ad esempio un terreno comune di comunicazione). Il sacrificio di un individuo è infatti spesso la risposta alla richiesta di una vittima in cui immolare il desiderio di distruzione che caratterizza da sempre la nostra civiltà, prima ancora che da parte di un ristretto nucleo familiare.

E' evidente che i concetti fin qua introdotti, difesa, rimozione e sintomo, possano postularsi solo in conseguenza di un fenomeno più antico e radicato che è stato identificato da Freud con quello del conflitto. La nevrosi, tutte le nevrosi sono il risultato di un conflitto non risolto e comunque non rielaborato dall'Io. L'Io difatti è una struttura psichica che per quanto necessaria non è determinante; necessaria a regolare le esigenze dell'Es con quelle di una morale condivisa in una comunità, il cui compromesso è sempre però precario e instabile. Non è una struttura determinante perché in quanto defezione dall'Es non è altro che l'aspetto massimamente economizzato di un'energia indifferenziata e indefinita. Non solo quindi quello tra l'Es e l'Io è un conflitto che riguarda il rapporto morale con il mondo, ma primariamente, essendo quest'ultimo la proiezione di un disagio interiore, si rivela in primo luogo come un mancato assestamento pulsionale, l'impossibilità di conciliare la libido con una struttura mentale incapace di dare luogo a creazioni immaginarie (in grado cioè di sublimare l'energia nelle attività che soddisfano lo scambio). Un conflitto che è già interno all'Es stesso e che è espresso, ma talvolta anche superato, nel sogno.

Il significato del sogno

La concezione freudiana del sogno è a tutti nota come l'appagamento di un desiderio, di un bisogno sessuale insoddisfatto. Come sempre categorico, anche nei sogni Freud riesce a distinguere tre fondamentali tipologie:

- sogni pienamente intelligibili e totalmente dispiegati nel loro significato;

- sogni che pur essendo facilmente interpretabili non sembrano riconducibili all'esperienza di chi sogna;

- sogni che sono pressoché indecifrabili quanto a significato e a senso (sono questi il vero oggetto della curiosità psicoanalitica che non a caso si specifica come "ermeneutica del sogno").

Essendo il sogno l'appagamento di un desiderio, e non sfuggendo come tutti i fenomeni della psiche alla censura è sempre possibile (freudianamente col metodo delle libere associazioni e junghianamente con quello dell'amplificazione, nonché dell'intervento associativo da parte dell'analista) scavare in esso archeologicamente alla ricerca di un contenuto latente, che si rivela come il linguaggio mitologico delle origini da tradurre e decodificare. Anche il sogno insomma parla, e se nella parola comunica vizi nascosti, non di meno esprime anche il tono di una parola che ha i connotati del simbolico junghiano

Il contenuto del sogno è dato, per così dire, in una scrittura geroglifica, i cui segni vanno tradotti uno per uno, nel linguaggio dei pensieri onirici (Freud, **L'interpretazione dei sogni**)

una meta-scrittura che si nutre del suo significante, l'archetipo. Pur essendo insomma qualcosa di strettamente personale che appartiene alla storia dell'individuo, il sogno si qualifica come la dimensione dell'universale fantastico, il luogo (non dimentichiamo che un uomo dorme mediamente per un terzo della vita) di una meta-storia espressa in significanti formalmente riconducibili ai mandala alchemici, ai processi creativi più profondi. Ridotto il linguaggio onirico alla parola archetipica, il significato da essa rappresentato è traducibile in un'interpretazione metempirica di fenomeni che arrivano a cristallizzarsi in semplici forme primordiali (geometriche come il cerchio, il quadrato e il triangolo). Tensione che nel dilatarsi nelle strutture sociali assume il rigoroso geometrismo di una forma morale. Se infatti è vero che il contenuto del sogno rappresenta un evento onirico primario, inteso come un primo spostamento (ma anche identificazione e proiezione, uno spostamento dell'investimento su delle mete pulsionali tollerabili al sistema dei valori della mente cosciente) del desiderio di investimento erotico nella rappresentazione (allargando quindi lo stato dei singoli desideri in uno mitologico di condensazione), non meno vero è che ad esso seguono altri due fenomeni, la drammatizzazione teatrale e l'elaborazione secondaria, che non lasciano dubbi sulla loro natura simbolica e universale (nel senso dei significanti più che del significato, che è invece fortemente individuale e solo in via metaforica espressione della collettività). Il primo traducendo le rappresentazioni del materiale onirico in una lingua radicale è espressione del mitologico che si organizza scenicamente in un'esasperazione del linguaggio e che in quanto tale sfugge alle regole logiche e causali del parlare secondario

Ciò significa che le leggi logiche non sono più valide nell'inconscio! Il pensiero ricade ad uno stadio di organizzazione più basso, arcaico e infantile (Freud, **Introduzione alla psicanalisi**, 1917)

L'inconscio non conosce rapporti causali, incompatibilità di contrari e nemmeno la dimensione temporale. Assenza di contraddizioni, evento primario (mobilità degli investimenti), assenza di tempo e sostituzione della realtà esterna con quella psichica, sono i caratteri che ci possiamo attendere negli eventi propri del sistema inconscio (Freud, **L'inconscio**, 1915).

È se la logica è l'etica del pensiero, una costruzione mentale che ordina il linguaggio dandogli un senso, la psicoanalisi si configura allora come un lavoro ermeneutico distruttivo che deve sciogliere i legami tra la causa all'effetto, il tempo allo spazio, il significante al significato. Ricompone altri accostamenti dando luogo a diverse associazioni e combinazioni secondo una pre-mitologia (lulliana) delle parole.

Per quanto riguarda l'elaborazione secondaria, essa consiste invece nella traslitterazione semantica delle immagini del sogno nel linguaggio figurativo, e questo implica che il sogno venga sottoposto nuovamente alle categorie del pensiero vigile che sono proprie del conscio e del preconscio. Avviene cioè una rielaborazione che cerca di riorganizzare secondo le leggi del principio di ragione il materiale ancora inespresso, non altrimenti identificabile alla comprensione cosciente; una dinamica di relazioni che, svolgendosi in un prologo, in una rappresentazione e in una conclusione scenica, cercano di dare un codice ai fenomeni onirici. E questa è in fondo l'espressione più evidente delle proprietà sintetiche dell'Io, concentrato com'è nell'opera di riorganizzazione semantica del Sé e del mondo (è il caso ricordare la vicinanza culturale che Freud avvertiva con Schopenhauer, la cui opera **Sulla quadruplice radice del principio di ragion sufficiente**, riassumibile in questo significativo passo

È solo quando l'intelletto entra in attività ed applica la sola ed unica sua forma, la legge di causalità, che ha luogo un'importante trasformazione e la sensazione oggettiva diventa un'intuizione obiettiva. Esso infatti in virtù della forma che gli è propria, e quindi a priori... prende la sensazione organica data come un effetto... il quale deve necessariamente, come tale, avere una causa

tanta influenza ha potuto esercitare nella sua produzione scientifica). Questo significa che tutti gli elementi apparsi sulla scena del sogno vengono ricomposti e ricollegati causalmente e temporalmente in un'unità compatibile con le richieste di significanza dell'Io. Secondo un ordine/architettura morale. L'energia pulsionale investendo le rappresentazioni inconsce delle cose viene così a stimolare il desiderio della loro ripetizione; penetra nel preconscio e si collega alle rappresentazioni verbali immagazzinate raggiungendo un primo deflusso dell'eccitazione. Cosa che si verifica perché durante il sonno l'Io distoglie l'energia investita dalle rappresentazioni verbali difendendosi in questo modo non solo dagli stimoli esterni ma anche e soprattutto da quelli che appartengono alla sua interiorità. L'energia pulsionale non è però facilmente controllabile, tanto che anche nel sonno continua nel suo deflusso verso l'Io; si formano infatti rappresentazioni sceniche che sono lo spostamento dell'appagamento del desiderio nella traccia mnestica. Tali allucinazioni risvegliano allora le esigenze pulsionali che muovono la mente e vengono sottoposte nella proiezione ad una elaborazione secondaria. Se il sogno consente così facendo un certo deflusso della tensione, impedisce però anche ad un tempo che l'apparato psichico venga sottoposto ad una tensione sufficiente a investire il preconscio; processo che, scaricandosi in un'azione motoria, interromperebbe immediatamente la durata del sonno. Il sogno assolve quindi secondariamente anche alla funzione economica di procurare una scarica della tensione che sia in grado di custodire e di conservare il sonno per tutto il tempo necessario al ristabilimento delle energie; conservazione che può verificarsi solo quando l'appagamento del desiderio venga velato e deformato, reso compatibile con la coscienza. Qualora tale deformazione dei significati non avvenisse l'Io sarebbe svegliato da un senso opprimente di angoscia, di sensi di colpa e di frustrazioni. Per quanto concerne l'appagamento del desiderio esso è, come si è detto, ciò che consegue a un conflitto interiore; l'Io spinto dal Super-Io a rimuovere il desiderio viene sottoposto, non diversamente da quanto accade nello stato cosciente, alla censura della critica proiettando altrove desideri latenti e per lo più rimossi, che si possono non solo ricondurre all'infanzia dell'individuo ma anche e soprattutto ad un'epoca mitologica che i sogni pure in qualche modo si sforzano di richiamare. Se però nel primo caso quella che avviene è una forma di deformazione, nel secondo la rappresentazione è più diretta e espressamente simbolica. Cosa che può avvenire nel sonno più che nella veglia perché è principalmente in esso che l'Io, distogliendo l'energia di investimento dal preconscio, diminuisce nella sua azione di vigilanza e dunque del controllo pulsionale. Non ultima come funzione economica, il sogno è anche, nella sua disposizione alla guarigione (o conservazione dello stato attuale delle cose), il modo stesso di superare il conflitto e di sopportare la spinta del desiderio; un compromesso tra il desiderio e la censura che il più delle volte è la personificazione di conflitti (o complessi) che vanno al di là della storia personale del singolo individuo. L'analisi del quale (ridotto alla sua essenza simbolica per Jung il sogno non rappresenta altro che se stesso) permette di individuare il soggetto nell'inconscio collettivo, una volta per tutte nell'ambiente storico e culturale in cui è immerso.

La differenza per quel che concerne il sogno tra il pensiero di Freud e quello di Jung è più che altro una differenza di metodo; l'uno voleva che il sogno parlasse e nella parola potesse portare al fondo erotico dei significati, l'altro si lasciava invece trasportare dalla parola facendo della medesima non il mezzo per giungere alla significatività globale, ma la strada per liberare il linguaggio dalle sue stesse limitazioni, riportandolo in quella dimensione mitologica, letteraria e primordiale che è capace di produrre non solo il pensiero ma di organizzare il vissuto e riorganizzare la stessa esistenza. Ecco perché Jung non si stanca di ripetere polemicamente che in un sogno una locomotiva può essere anche solo una locomotiva e nient'altro che una locomotiva

Questa affermazione determina una differenza tra la mia concezione dei sogni e quella di Freud... Il sogno è quello che è, interamente quello che è; non una facciata, né qualcosa di fatto o preparato, un qualsiasi inganno, ma una costruzione compiuta (Jung, **L'homme à la découverte de son ame**, 1950).

Restringendo insomma i contorni del significato non rimane che il significante, il puro segno (parola che si differenzia da "sogno" per una sola vocale) e nel segno l'attività onirica finisce per aprirsi in un senso che ricompone con le leggi del linguaggio i fenomeni (anche quelli patologici) che l'interpretazione freudiana è stata capace di mettere in luce inserendoli nel contesto culturale dell'universale, nelle profondità della parola. In quella dimensione parlata che, da Vico a Lévi-Strauss, ha nel mito il significante trascendentale-formale, la mitologia archetipica della coscienza in cui la mente si autostruttura ordinando e classificando i fenomeni; quella stessa che diventa pensiero quando, sottoposta al rigore della coscienza, si organizza in un sistema finalizzato, in ultima analisi, ad attenuare il fondo angoscioso dell'esistenza

Queste immagini archetipiche hanno una portata che è loro esclusiva: esse servono a ricomprendere in un quadro generale e sovraindividuale il caso personale che sembra unico e insolubile, e mostrano nel contempo che la sofferenza di ognuno è anche la sofferenza di tutti.... Appunto perciò gli antichi sacerdoti-medici ricorrevano a queste immagini archetipiche come strumento di guarigione (Jung, **L'homme...**).

E tra tutti non è forse quello di Edipo, simbolo reale e sempre rilevabile nelle nevrosi e nei sogni, il complesso (nozione che Freud desume proprio da Jung) primordiale, nonché la più antica ed essenziale formulazione del trascendentale che sta a fondamento di tutti i processi mentali superiori?

Tassonomia delle nevrosi

Come tutte le malattie anche quelle mentali si adattano come possono all'organismo che vanno a parassitare. Nel caso della nevrosi si arriva ad un fenomeno addirittura camaleontico; è facile infatti che il disturbo nella persona a bassa scolarizzazione si presenti come una superstizione infantile o con la coazione a compiere atti e cerimoniali carichi di rituali magici, mentre nell'individuo più evoluto culturalmente prenda la forma di un'isteria da conversione o di una nevrosi d'angoscia fortemente somatizzata o anche il carattere della depressione (nevrotica). Laddove la mente sia protetta da processi spirituali superiori uno stato morboso, essendo un compromesso di difesa che l'Io ha messo in atto tra le pretese pulsionali dell'Es e quelle castranti del Super-Io, non può che agire nella direzione che appare più vulnerabile e meno tutelata dallo stato di vigilanza. A guardar bene, esiste nella nevrosi qualcosa di misterioso che ricorda la <u>possessione demoniaca</u> della più antica letteratura teologica e che nelle metamorfosi di cui è capace, di rendersi cioè disponibile con un repertorio infinito di artifici e di astuzie finalizzate a soddisfare le articolazioni di ogni specifica personalità, è ben raccontata dalle parole che il Mefistofele di Goethe rivolgeva all'alchimista[2].

---

[2] Goethe, Faust: "Io mi impegno a servirti quaggiù/a un tuo cenno, sempre e subito. /Quando di là noi ci ritroveremo/dovrai

Una classificazione degli stati morbosi si rende dunque necessaria ma solo nella misura in cui è una necessità terapeutica l'identificazione junghiana della tipologia degli individui. Dal tipo di nevrosi (che pure rimane unica e monolitica nel suo significato) non è infatti difficile risalire alla natura delle persone, e da questa al senso dei sintomi che è così possibile interpretare e decodificare. Tra le forme nevrotiche più comuni, ricordando che tutte possono però ridursi all'unica nozione di nevrosi d'angoscia (che in Freud ha invece una precisa collocazione nosografica) essendo quest'ultima sempre presente negli stati nervosi, si analizzeranno in questo capitolo:

- l'isteria di conversione

- la nevrosi fobica

- la nevrosi ossessiva

- la nevrosi del carattere

- la nevrosi nevrastenica

- <u>L'isteria da conversione</u> come tutte le nevrosi, anche l'isteria si origina dalla frustrazione esterna della libido che non trovando motivo di un superiore appagamento regredisce ad un livello di fissazione erotica infantile, accompagnato da un'accentuazione (spesso l'intensità delle fantasie cresce ad un punto tale

---

fare altrettanto con me .../Ti piacerò. Ti darò ciò che nessuno/ha mai veduto ancora".

da assorbire quasi totalmente le attività dell'Io, che si lascia così travolgere dalle fantasie da non riuscire ad assolvere ai compiti quotidiani) della vita fantastica che soddisfa i primitivi bisogni narcisistici che il principio di realtà non sembra in grado di assicurare. Ma la fantasia è anch'essa già una trasformazione in qualche maniera sublimata del desiderio, la forma che il desiderio assume nel suo imporsi alla coscienza, il risultato di una pulsione la cui intensità è direttamente proporzionale a quella dell'energia erotica accumulata nella psiche, e che solo nel sintomo riesce (nel caso dell'isteria somatizzandosi) a scaricarsi o a diluirsi quel tanto che basta a mantenere una certa stabilità.

Interpretazione psicodinamica: per quanto riguarda l'isteria i sintomi si organizzano e sono sempre riconducibili all'irrompere della libido genitale. Nel suo percorso patologico la libido regredisce allo stadio fallico fissandosi in quello evolutivo dell'investimento narcisistico in cui ad imporsi nella relazione con l'oggetto amoroso sono ancora l'identificazione e la proiezione. Costruito attorno al complesso di Edipo (o di Elettra) e a quello conseguente di castrazione, il sintomo isterico ha prima di ogni altra cosa il significato di un senso di colpa fortemente accentuato a cui, sotto le tendenze autopunitive e distruttive del Super-Io, l'Io cerca di sottrarsi attraverso i meccanismi di difesa di cui si è detto e che ha potuto sperimentare, traendone motivo di giovamento. Dalla rimozione allo spostamento della libido su altre parti del corpo piuttosto che sui genitali, le fantasie erotiche si condensano allora su organi bersaglio (conversione) che vengono genitalizzati e in cui è a volte anche possibile portare alla luce il significato essenziale del conflitto nevrotico. La quantità enorme di energia che in essi viene a concentrarsi dà luogo all'attrito pulsione-repulsione rappresentato (ad esempio nell'attacco convulsivo isterico che riproduce seppure in maniera deformata gli aspetti più cruenti del coito) scenicamente con una pantomima espressa ai limiti del paradosso. Senza che si rilevi alcuna causa anatomico-organica, tra i sintomi più comuni di origine psichica è facile all'indagine clinica constatare: paralisi, anestesie, astasie e abasie, afonie, disfonie, diplopie, ambliopie, amaurosi, disfagie, vomito, aerofagie, stipsi, coliche, cefalee, frigidità, impotenza, vaginismo, ma anche disturbi della locomozione e dell'apparato cardiocircolatorio, iperestesie visive e uditive, dolori muscolari e spinali, crampi, vomito psicogeno, cefalee, eruzioni cutanee (e sospettiamo degenerazioni più gravi come si osserverà nel capitolo dedicato alla psicosomatica). Al di là dello specifico disturbo, il sintomo isterico è sempre la risposta ad un meccanismo di erotizzazione che l'organo istituito a sintomo subisce sostituendola la funzione del genitale. Quello da conversione assolve proprio alla funzione di soddisfazione sessuale e in essa a quello di controllo su una pulsione tendenzialmente distruttiva che non è capace di esprimersi in altri modi; rappresenta cioè un compromesso inconscio che soddisfa le esigenze non solo del Super-Io ma anche dell'Es e dell'Io. L'Es perché nel sintomo diluisce autoeroticamente la tensione pulsionale; il Super-Io in quanto viene appagato nell'impulso autopunitivo; e l'Io, che impegnandosi incessantemente nell'opera di controinvestimento energetico, accontentandosi ossia di una rimozione (scotomizzazioni e amnesie) che consuma quantità enormi di energia non più utilizzabili in altri scopi, distoglie la propria attenzione dall'Ombra.

Nella somatizzazione isterica si ha dunque una scarica tutta quanta somatica che preserva l'Io dall'autocoscienza capace di portare all'annullamento della follia, ma che proprio come sempre avviene nella follia ha il suo significato nella rappresentazione teatrale del coito (maschio e femmina ad un tempo, o rappresentazione multipla e androgina come la chiama Freud), la mimica dell'amplesso

Lo studio della storia dell'infanzia dei pazienti isterici dimostra che l'attacco isterico è destinato a sostituire una soddisfazione auotoerotica che veniva praticata precedentemente ed è poi stata abbandonata. In moltissimi casi questo tipo di soddisfazione (masturbazione per mezzo del contatto o della pressione delle cosce, oppure anche per mezzo di movimenti della lingua, e così via...) si ripresenta durante l'attacco, mentre la coscienza del paziente è assopita... la fantasia può (dunque) ripristinare il tipo di soddisfazione che le è propria e che apparentemente era stato abbandonato. Questo è un ciclo tipico dell'attività sessuale infanti-le: rimozione, fallimento della rimozione, ritorno di ciò che era stato rimosso (Freud, **Osservazioni generali sull'attacco isterico**, 1909).

Il sintomo è allora nella nevrosi isterica quasi totalmente corporeo, ma è proprio grazie a questo suo spostamento somatico che l'Io beneficia di una sopportabilità maggiore, arrivando a convivere in esso con una indifferenza che ha più l'aria di un messaggio in codice grottesco che quella di una grave malattia funzionale.

- <u>La nevrosi fobica</u> come quella isterica è uno dei modi più comuni di presentarsi della malattia. Dove però l'isteria protegge col sintomo somatico l'Io dal pericolo che in esso irrompa un'incontrollabile quantità di angoscia, nella fobia è invece sempre presente una dose molto elevata e diffusa di ansia (fenomeno concettuale diluito rispetto a quello più ampio e profondo dell'angoscia) che per attenuarsi sceglie altri sistemi da quelli messi in atto dalla conversione; tra i quali l'aspetto principale rimane la proiezione sotto forma di una qualche paura (zoofobia, agorafobia, claustrofobia, acrofobia, dromofobia, nosofobia, tanatofobia) di un'angoscia tutta quanta interna a una personalità di base astenica e anancastica, portata al dubbio e all'ipervigilanza.

Interpretazione psicodinamica: anche nella fobia la libido si trova ad uno stadio di fissazione fallico-narcisistico con una forte tendenza all'impulso sadico (il pauroso, in quanto individuo che proietta altrove la propria aggressività è in senso largo un immorale, uno che ha compiuto il salto della legge e che pertanto si trascina in un martirio senza fine) che si oppone a quella genitale libidinosa. Come avviene infatti per l'isteria anche in essa il fenomeno più marcatamente patogeno rimane la rimozione; se però nel primo caso l'individuo riesce a soddisfarsi autoeroticamente somatizzando il sintomo, simulando ossia nel sintomo la brutalità dell'amplesso, nel secondo le pretese pulsionali rimangono invece essenzialmente rivolte al mondo esterno; le energie vengono cioè trasferite proiettivamente anziché sul proprio corpo su oggetti e simulacri circostanti che permettono un maggiore controllo della situazione. Anche nella fobia il referente del desiderio infantile è rimosso ma, a differenza di quanto avviene nell'isteria, il processo primario (spostamento o conversione) della pulsione viene deformato tanto da costringere a legarsi ad un sostituto esterno, facendo accedere anche se in via traslata alla coscienza il desiderio inconscio che nella paura non si è riusciti del tutto a detonare.

Il problema della nevrosi è nella sostanza un problema temporale. Il nevrotico, l'individuo cioè che costruisce ed elabora adattivamente la propria personalità e la vita nella malattia, non vive nella dimensione emotiva che è a tutti comune ma in un tempo lontano, infantile che uno specifico oggetto o una determinata situazione (una piazza è solo una piazza, ma può anche rappresentare un preciso evento che richiama alla coscienza un ritorno del rimosso, così determinando forme sociopatiche di evitamento. Celebre è il caso del piccolo Hans che fu vittima di una zoofobia analizzata da Freud nel 1909 in **Analisi della fobia di un bambino di cinque anni**) possono rievocare alla memoria. La paura è solo una forma antropologizzata (deietta sul piano del mondo) dell'angoscia primordiale, un artefatto con cui il tempo dilatato della psiche si proietta in quello limitato del vissuto emozionale, un allarme simbolico contro un archetipico pericolo interno, un congegno di difesa del Super-Io che cerca in tutti i modi di evitare l'accesso alla coscienza del conflitto nevrotico. E' una forma magica di protezione e liberazione dal Sé messa in moto per liberarsi dalla minaccia di un pericolo reale che attraverso lo spostamento proiettivo consente nella fuga di sottrarsi a qualcosa che non si vuole riconoscere (la paura che in un bambino si manifesta eccessiva, come nel pavor nocturnis, può anche derivare da un forte sentimento di odio verso la madre, pulsione distruttiva che non deve diventare cosciente, che non può evidentemente essere assorbita come tale da chi nella madre ha il principale referente affettivo; l'attacco di panico che si prova nel mezzo di una piazza una reazione alla pulsione sessuale; il terrore ipocondriaco delle altezze o delle malattie una ripulsa dello stimolo suicida; il timore che una giovane donna prova nelle strade un desiderio incontrollabile di subire una violenza). Concependo l'allarme interno, soprattutto nella forma di angoscia da castrazione, come un effettivo pericolo esterno, in cui si ritrovano delle corrispondenze simboliche di associazione formali-significanti dell'affettività più profonde di quelle ordinarie, l'Io ha a disposizione elementi e schermi mentali che servono a proteggerlo (schermo antistimolo). Una difesa che non solo rimane sommariamente abbozzata come quella isterica, ma che impone all'Io una costante regressione infantile (ad esempio nel caso della fobia fallico-narcisistica). La fuga, tutte le forme di evitamento sociale che costringono a vivere ai margini, contrariamente a quanto accade nel sintomo da conversione non riesce infatti mai completamente nel processo di difesa e di rimozione trovandosi costretta ad imporre sempre nuovi controinvestimenti e per spostamento anche nuovi sostituti che talvolta possono crescere fino a limitare lo spazio vitale in una prigionia esistenziale. All'interno del disturbo si possono perciò differenziare anche forme fobicoossessive caratterizzate da vere e proprie coazioni di evitamento.

- La <u>nevrosi ossessiva</u>: si è visto che se nell'isteria il conflitto nevrotico trova un bilanciamento emotivo nel cosiddetto tornaconto primario della malattia, nella fobia l'Es riesce invece a procurarsi solo un minimo deflusso tensionale, mentre il masochismo del Super-Io viene parzialmente appagato dalla punizione che emerge dalle forme di evitamento, e l'Io è costantemente turbato dai segnali d'angoscia. Le cose sono però più articolate per quel che concerne l'ossessione.

Interpretazione psicodinamica: nella nevrosi ossessiva l'Io cosciente ha molte meno possibilità di tutelarsi dalla tensione distruttiva Es-Super-Io. L'inasprimento del conflitto nevrotico nella nevrosi ossessiva deriva infatti dal ritorno alla seconda fase dell'organizzazione sadico-anale e sadico-masochistica, e dunque dalla rinuncia al genitale come organo sessuale. Le forze pulsionali si liberano da quelle genitali ed assumono un carattere sempre più critico soprattutto verso gli impulsi libidinosi che si organizzano attorno al complesso di Edipo. Il Super-Io si oppone con molta più severità alle tendenze sadico-anali piuttosto che alle esigenze genitali e incestuose o fallico-narcisistiche, soddisfacendo con le imposizioni il bisogno autopunitivo (angoscia morale che maschera quella da castrazione) che porta inevitabilmente allo sviluppo di coazioni, quando non proprio ad un'ascesi morale. Si tratta di una personalità solo marginalmente integrata (mai profondamente) in un'epoca in cui la regola economico-produttiva ha assunto un significato esplicitamente religioso (vedi M. Weber, **L'etica protestante e lo spirito del capitalismo**, 1905) e non sempre riconoscibile come patologica. Il nevrotico ossessivo, una personalità generalmente inadeguata (o troppo adeguata) ai ritmi della modernità, astenica o psicastenica come la chiama Janet, desidera infatti - come quel personaggio di Dostoevskij che in un attimo di lucidità confessava

Io non ho mai smesso di considerarmi più intelligente di tutti e, qualche volta, credetemi, me ne sono sentito un po' imbarazzato... io non ho mai potuto guardare la gente diritto negli occhi (**Memorie dal sottosuolo**)

identificarsi con un lavoratore instancabile, il migliore tra i padri; in mano sua l'elemosina non è solidarietà ma la massima espressione del rigore etico, il giudizio morale assume il carattere lapidario del giudizio divino, il perdono diventa generosità mariana e il castigo giustizia apocalittica. Il nevrotico ossessivo, a cui tutto questo appare normale, cerca nel bisogno di redenzione di assimilarsi al Dio, combatte anzi con la divinità per una supremazia assoluta che non può che consumarlo in un'esistenza faustiana destinata al fallimento. Tra tutte le forme di nevrosi quella ossessiva è pertanto la più intollerabile e pedante.

Il sadismo del Super-Io è chiamato non a caso da Freud sadismo morale (altro dal masochismo erogeno e da quello femminile)

Il masochismo morale è espressione della sessualizzazione sado-masochistica del rapporto tra Io e Super-Io E' il risultato di una rianimazione regressiva del conflitto edipico e del complesso di castrazione (**Il problema economico del masochismo**, 1924)

nell'autoritarismo che impone all'Io la più rigorosa difesa nei confronti delle pretese pulsionali. Nella formazione dell'ossessione infatti la libido regredisce e l'Io nonostante lo sviluppo intellettivo torna ad uno stadio evolutivo inferiore, viene quindi investito narcisisticamente da una enorme quantità di energia pulsionale che, non più rivolta eroticamente all'oggetto, gli conferisce un senso magico di onnipotenza sul proprio corpo e sul mondo intero. Cortesia e affetto esagerati, un'esasperata empatia affettiva, timidezza o una grottesca mania dell'ordine e dell'accumulo coatto di cose (carattere anale) mascherano nell'ossessione nevrotica un bisogno tutt'altro che umanitario, essendo formazioni reattive messe in atto dall'Io per contrastare le spinte sadiche. Il Super-Io può anche però non accontentarsi delle formazioni reattive costringendo l'Io a reagire con forza maggiore alle pulsioni che in quella forma si sono ripresentate. Quando il compromesso tra la forza e la reazione si assesta nascono il cerimoniale e le azioni ossessive (coazione a lavarsi e a vigilare, ripetizioni come un continuo bisogno di contare o di rimuginare mentalmente, sono tutti rituali che servono a contenere diluendola l'ansia) per lo più stereotipate e reiterate, che rappresentano l'arma più potente rivolta nei confronti del conflitto nevrotico (un padre che ogni sera per ore si accosta al letto del proprio bambino avendo cura di proteggerlo può anche nascondere il desiderio inconscio della morte del piccolo).

La coazione a lavare (le mani in primo luogo, con un evidente richiamo alla pulizia della pulsione sessuale) può anche impegnare gran parte della giornata provocando lesioni al corpo che soddisfano le istanze sadomasochistiche. Specificamente questa della pulizia è una coazione rivolta contro le pulsioni erotico-anali (e masturbatorie) che si identificano con il piacere per la sporcizia. Nel suo aspetto autolesionista tale tendenza del Super-Io a rivolgersi distruttivamente contro di Sé è riscontrabile in tutte le nevrosi. Esistono infatti individui che sembrano essere votati agli incidenti e predisposti alle sciagure più disparate, fatto che (come nel ferirsi spesso con il coltello da cucina, nel pungersi ripetutamente il dito con l'ago, nell'attraversare la strada distrattamente, nel guidare l'automobile in maniera sconsiderata) quando si ripeta con una certa frequenza non può che allarmare.

La coazione a controllare (di avere spento il gas, chiuso i rubinetti, inserito l'allarme) è in genere opposta contro le tendenze sadomasochistiche da esorcizzare (l'ansia che porta a controllare di continuo le serrature di una porta può raccontare il desiderio di una violenza sessuale).

La coazione di pensare e di dubitare ha spesso la funzione di impedire alla mente di rivolgersi al desiderio, trattando i fenomeni della mente come una meta pulsionale erotizzata.

Un'altra forma di ossessione nevrotica molto comune è l'isolamento, il cui rapporto con l'angoscia del contatto genitale è pressoché stabile in quasi tutti i soggetti ossessivi che in questo modo si difendono per spostamento contro la pulsione onanistica.

Nella nevrosi ossessiva (che insieme alla fobia e all'isteria di conversione si inserisce nelle nevrosi da transfert classiche) la lotta contro le pretese dell'Es non ha insomma mai termine; l'Io non riesce a trovare pace ma è costretto a sempre nuove misure di difesa, essendo il tornaconto primario della malattia qualcosa che sfugge all'esercizio della ragione e che deve essere ogni volta riaffermata. Ma è forse proprio in questa continua affannosa rincorsa all'equilibrio che è rinchiuso il germe che immunizza dalla follia.

- La <u>nevrosi del carattere</u>: Il sintomo nevrotico è il tentativo primario di risolvere il conflitto rimosso tra l'Es e il Super-Io il cui risultato è però la malattia. Se i conflitti sono presenti nella vita di ognuno, diventano invece morbosi quando l'Io non si sente più in grado di assicurare all'Es un minimo necessario deflusso dell'energia. Quando questo accade il sintomo nevrotico non è l'unico mezzo per superare il conflitto; possono infatti anche verificarsi variazioni abnormi del carattere, malattie psicosomatiche, degenerazioni psicotiche.

Per carattere s'intende il rapporto relativamente costante che l'Io ha con l'Es e il Super-Io nei limiti di un perimetro affettivo, estetico, giuridico che definiamo realtà e che si delinea già dall'infanzia definendosi entro il termine della pubertà. Compiuta evolutivamente la separazione tra sé e il mondo l'Io al principio trova nell'identificazione con la madre l'identità sessuale (o superamento dello stadio edipico) e morale; seguono quindi le formazioni reattive contro le pretese pulsionali di cui un'esasperazione è rappresentata dal carattere anale. Le inibizioni che vengono a formarsi sono espressione delle limitazioni funzionali dell'Io e si rivelano quando una funzione dell'Io viene sessualizzata, posta ossia al servizio di energie pulsionali non neutralizzate e censurate dal Super-Io. Nella nevrosi del carattere l'Io anziché deviare verso l'esterno per trasformare il mondo in base alle proprie esigenze, muta autoplasticamente se stesso alla ricerca continua di equilibrio e di stabilità. Si verificano allora il piacere di opprimere e di dominare (il tiranno domestico). Non rara è l'esperienza in clinica di un carattere che si struttura attorno all'angoscia di una mortificazione narcisistica di sé, di cui un esempio tipico è quella dell'Io che rinuncia ad ogni possibilità di azione incerta nell'esito per svincolarsi da una eventuale sconfitta che richiama alla mente l'esperienza di un primo abbandono.

Detto questo, è forse doveroso precisare che il confine tra il carattere normale e quello patologico è tutt'altro che definibile con un confine certo (la norma è un concetto astratto, una specie di ideale stabilito per privazione dei segni morbosi, una tonalità che si configura come assenza del sintomo) ed è misurabile in termini di godimento (la capacità di provare piacere) e di facoltà di azione (se l'Io sia in grado di sopportare le situazioni traumatiche senza che subisca un danno duraturo o che regredisca a un grado di soddisfacimento infantile). Il carattere è l'aspetto della personalità più funzionale delle dinamiche sociali e ambientali, lo stadio di adattamento al mondo a cui l'Io giunge nelle continue metamorfosi. Risente perciò fortemente degli equilibri o degli sbilanciamenti emozionali di quelle parentele (la madre, il padre) che per prime ha potuto introiettare, nonché successivamente delle dinamiche relazionali della comunità di appartenenza. Il carattere è in primo luogo una risposta, il modo che l'Io ha di reagire adeguandosi ad uno stato di cose che sono parte del proprio vissuto. Siamo e in qualche maniera anche non siamo come afferma il più noto frammento eracliteo

Noi scendiamo e non scendiamo nello stesso fiume, noi stessi siamo e non siamo (**Diels-Kranz**, 22 B 49a).

Pensieri, desideri, bisogni e identità non sono che la misura di un desiderio erotico più antico, di un originario principio produttivo. L'identità, la percezione lineare e continuativa che ognuno ha di sé e che corrisponde alle esigenze morali poste dall'ideale (ideale che si forma in base alle aspirazioni culturali che la condizione sociale consente di introiettare) dell'Io, non è altro che il riconoscere come parte di sé le norme dell'ambiente assumendole come perimetro della propria coscienza. Se siamo ma anche non siamo è allora evidente che quando le formazioni primarie in cui la personalità strutturantesi viene a trovarsi (è un problema di conservazione energetica all'interno della generale economia della mente) non funzionano, quando non sono in grado di consentire un passaggio osmotico di energie pulsionali, la componente emotiva sarà ossessivamente impegnata nella ricerca di un equilibrio mai completamente realizzabile. Noi siamo e non siamo, il fatto di essere determina l'individualità come specifica ed unica, ma in quanto non siamo l'individualità è definita soprattutto da tutte le altre singolarità; e questo perché siamo l'Io che non siamo, l'identità che non abbiamo, i pensieri che censuriamo e le parole che non diciamo. La personalità è un accidente, necessario però alla funzionalità di un organismo complesso e articolato, qualcosa di instabile nelle mani di un contesto sociale affettivo che si serve dell'individualità per realizzare progetti metastorici e sovraculturali. Il problema ontologico è che la natura dell'Io consista in fondo nella memoria che ha di sé; mentre il sonno (il confine più esterno dell'Io) da parte sua si configura come un continuo inevitabile irrompere del non essere nell'Io, del nulla nella coscienza.

- La <u>nevrosi nevrastenica</u> (e Ipocondriaca) si delinea come una continua tensione ansiosa caratterizzata dall'allarme nevrastenico, dall'ipocondria e dalla personalità di base astenica. Da non confondere con la sindrome nevrasteniforme tipica del sorgere della schizofrenia o con i sintomi della depressione endogena, essa si presenta fondamentalmente come una riduzione delle facoltà vitali e una carenza di progettualità. La personalità è dominata per intero dall'ansia che nelle forme ipocondriache si manifesta come vigilanza sulle proprie condizioni fisiche; le cenestopatie sono infatti d'obbligo: cefalee, rachialgie, dispepsie, sensazioni vertiginose e incertezze nella deambulazione, disturbi della sfera sessuale, affaticabilità, astenia fisica e mentale, disturbi del sonno. Per quanto concerne l'ipocondria il nevrastenico lamenta una tendenza coatta all'autosservazione che conduce al circolo vizioso allarme-ipocondria-cenestopatie-allarme che coinvolge quasi totalmente la personalità, restringendo il campo vitale alla preoccupazione ansiosa sulla propria salute. Il quadro umorale è portato al pessimismo e alla continua incertezza con esacerbazioni di debolezza e irritabilità che toccano il livello della depressione nevrotica. Fondamentale per Freud nell'eziologia della malattia è il ruolo che la sessualità (ma questo lo si vedrà in maniera articolata nei due capitoli che seguono) gioca all'interno della dinamica patologica. Come tutti i soggetti nevrotici anche il nevrastenico, vittima di un'impotenza che si costruisce attorno al complesso di inferiorità, si adatta ad una esistenza che per quanto sofferta viene preferita ad una verità ritenuta ancora più intollerabile. Socialmente inesistente, spesso cerca rifugio in una donna che personifichi la madre (o il padre) e in un matrimonio di comodo che si rivela il più delle volte fallimentare. Immaturo e incapace di emozioni adulte assiste da spettatore passivo al trascorrere di una vita priva di motivazione, come se non gli appartenesse e non fosse sua.

Psicoanalisi e malattia

Freud, nel 1917, in Una difficoltà della psicoanalisi chiarisce la finalità della terapia "nel sottoporre a una revisione il processo di rimozione e nel portare il conflitto a una soluzione migliore, compatibile con la salute". Revisione che significa rendere aperte alla critica cosciente, sottoponendoli al processo secondario dell'organizzazione psichica, i conflitti infantili che agiscono nel sottosuolo dell'Io. Come però l'Io possa subentrare dov'era l'Es lo si vedrà nella seconda parte del libro. Per ora ci limiteremo a qualche considerazione sul concetto fondamentale di transfert che, elaborato gradualmente da Freud, a partire dal 1912 (**La dinamica del transfert**) si configura nella sua opera con una determinazione sempre maggiore.

Il **transfert** (o traslazione) è il fulcro attorno a cui ruota e dipende l'esito del trattamento analitico. Si configura come l'atteggiamento emotivo (positivo o negativo) che lega il paziente al medico (ma anche l'allievo al maestro), il modo con il quale il paziente proietta nel medico il proprio vissuto attribuendogli il significato del padre, della madre, di un'autorità. Grazie alla sua mediazione si trasferisce sull'analista tutta la gamma affettiva degli oggetti infantili (desideri, conflitti, aspirazioni, angosce) che nell'analisi possono essere rivissuti e trasformati, sublimati e risignificati. Quando questo accade e via via che gli stati morbosi vengono alla coscienza, le resistenze ripropongono lo sviluppo di sintomi sostitutivi (nevrosi di transfert); a questo punto solo l'amore che si è proiettato sull'analista può, rinunciando al transfert negativo che mira invece a conservare lo stato morboso, finalmente aprire il guscio nevrotico. Nel procedere dell'analisi può talvolta però accadere che il soggetto nevrotico metta in atto una serie di resistenze alla terapia (saltare le sedute, arrivare all'appuntamento con in mente un discorso) che hanno come fine il tornaconto (secondario e non più primario come avveniva nella rimozione) di uno o più sintomi in grado di assicurargli il massimo dell'attenzione da parte dei membri del nucleo affettivo (è evidente che chi lamenta un vomito psicogeno o una forte cefalea goda di considerazioni e privilegi che lo preservano dall'affrontare i problemi quotidiani). Un modo tipico che ha la resistenza di opporsi al trattamento è anche la coazione a ripetere, l'artificio forse più usato dalla libido per cercare di non abbandonare le fissazioni infantili.

Il travaglio della terapia è non dissimile da quello in atto nel conflitto nevrotico; alla parte sana dell'Io che cerca nell'alleanza col terapeuta il modo per superare la sofferenza e per sopportare l'Ombra, il confronto con la parte di Sé primitiva, si oppone quella infantile che agisce in piena autonomia e quasi con l'indifferenza di chi tratta con un'altra persona. E' allora che il transfert deve rivelare la propria efficacia (soprattutto nel senso junghiano della partecipazione diretta e attiva dell'analista) assumendo nell'Io il significato di un amore originario di cui può riappropriarsi come una luce capace di aprire un varco nel buio della nevrosi.

b) Le **PSICOSI** si è detto sono le antagoniste delle nevrosi, da cui vengono identificate per contrasto e privazione. Il termine compare nella letteratura psichiatrica a partire dalla metà del secolo XIX con il significato di una grave malattia mentale o pazzia. Anche le psicosi come le nevrosi, da cui si differenziano quantitativamente e qualitativamente, sono il punto massimo e il fenomeno di una situazione deviata di partenza (Jung arrivava persino a curare non tanto il bimbo psicotico quanto piuttosto il padre e la madre estendendo la terapia all'intero ambiente del fanciullo), piuttosto che di una deficienza neuro-biologica che solo nella malattia trova l'occasione di funzionare.

La psicosi è un linguaggio brutale che ripropone nel sintomo la stessa incomunicabilità, o incapacità allo scambio affettivo, a cui il paziente dovette essere sottoposto dall'infanzia; abbandonato già dai primissimi tempi dell'esistenza alla simbolica originaria del linguaggio prima ancora che avesse potuto introiettare la via del significante, aderire al proprio contesto culturale attraverso lo sviluppo di quella capacità di significazione raziocinante che, operando nelle parole, è in fondo la condizione stessa della possibilità del pensare. Nel bambino il sole è il misterioso dispensatore di emozioni e la notte luminosa una magica tempesta di sensazioni che solo la primaria esperienza erotica con la madre, nominando (aprendo cioè le immagini al senso e alla ragione), può indirizzare verso una semantizzazione, inserire nel codice dei significati il materiale simbolico che si presenta caotico e frammentato. Se si comprende solo quello che è stato parlato, nel senso che è la parola l'organo capace di ordinare il trascendentale del pensiero (a "fare cosa la cosa" come dice Heidegger), a lasciar essere nel pensiero quello che altrimenti non verrebbe riconosciuto, lo psicotico è un fanciullo che si trova in quello stato primitivo e magico, mitologico dell'evoluzione mentale che precede lo sviluppo della parola e del pensiero; ricognizione logica-strutturante che rimane (ad esempio nelle allucinazioni dello schizofrenico) totalmente immersa in una simbolica embrionale e archetipica, al di qua di ogni possibile formulazione del giudizio (preclusione lacaniana del "nome del padre").

Mentre nella nevrosi è il risultato dinamico di un tessuto psichico sfilacciato che riesce comunque a ricomporsi, nella psicosi l'Io è invece significato proprio dalla falla che si è aperta all'interno della sua trama. La sostanza della malattia coincide quindi non tanto con quello che gli sta attorno quanto piuttosto con il buco, con uno squarcio privo di un limite col mondo; perché nella psicosi è l'Io stesso ad identificarsi e a parteciparsi totalmente, ad essere il mondo. E dunque: se la psicosi è una distruzione progressiva della personalità e se la personalità è cristallizzata dai significati che la parola è stata capace di aprire alla coscienza si può forse dedurre che la psicosi altro non sia che una progressiva distruzione del linguaggio; linguaggio che, come si è detto, non ha completato il cammino verso la significatività adulta. Questa idea semantica della malattia spiega almeno in parte il senso di fenomeni come lo stupore, il delirio o le allucinazioni che Lacan a ragione tutte, anche quelle visive, chiama verbali e che non sono niente di diverso dalla proiezione di un'angoscia libera e fluttuante senza referente simbolico (come invece avviene per le fobie) all'interno della personalità e dunque di un codice. Davanti alla personificazione magica dell'angoscia (angoscia dell'Es) l'Io psicotico si trova non come un attore che recita un copione composto da archetipi, ma come lo spettatore affascinato e meravigliato dal proprio inconscio, stupito da immagini e rappresentazioni fantasmatiche, da segni che sfuggono al senso della comprensione, e che narcisisticamente introietta senza filtri simbolici divenendo esso stesso mitologicamente (mancandogli la buona integrazione tra l'immaginario e il simbolico) Dio, il mondo, la verità (delirio di onnipotenza). L'angoscia, che appare allora fortemente erotizzata come un universo di fantasmi che non si riesce a dominare, rimane il solo terreno possibile di una comunicazione che affonda le radici nell'archetipo che è alla base di ogni linguaggio. Per questo la psicoanalisi non è applicabile alla cura delle psicosi, essendo essa una terapia di parole che non possono essere comprese, e dunque metabolizzate, da chi nella parola è capace di cogliere solo la primaria dimensione del simbolico.

Esposta questa prolusione sulle psicosi è ora possibile introdurre gli elementi evolutivi determinanti allo sviluppo della malattia.

- Il <u>narcisismo primario</u> è identificato col fatto che tutta l'energia della libido è presente nell'Io. Ciò significa che è l'Io infantile e non la madre a venire investito narcisisticamente, con la conseguenza che la libido, venendo a mancare l'investimento di una rappresentanza oggettuale in cui proiettarsi, si ritira concentrandosi in sé. Come questo accada è motivo di accesa discussione, anche se non è impensabile che una sua fissazione possa essere se non prodotta, comunque accentuata dal rifiuto della madre che non accetta le esigenze normalmente narcisistiche del bambino. A questo primo punto di fissazione corrispondono la sindrome autistica e a parere di alcuni autori anche la schizofrenia simplex e l'ebefrenia; stati morbosi accomunati dall'incomunicabilità (introversione silenziosa, disinteresse per il mondo, ritiro autistico).

- Il <u>rapporto tra madre e figlio</u>. Se la madre è in un primo tempo l'oggetto indifferenziato (simbiosi emozionale) che soddisfa i bisogni primari del bambino includendola nel proprio ambiente interno narcisistico, solo in seguito (dai tre mesi) comincia ad instaurarsi tra i due un rapporto affettivo (narcisismo secondario) e armonico duale (o folla a due come la chiama Freud) che dà inizio allo scambio emotivo e libidinoso da parte del piccolo. Quando la madre si sottrae per qualche ragione alle richieste erotiche del figlio e alla sua funzione di referente affettivo, pone le basi per l'ancoraggio e lo sviluppo di una psicosi grave come la schizofrenia.

- Il <u>distacco dalla madre</u>. Il bambino, frustrato nel rapporto con la madre, si adopera in una definitiva separazione duale; gli investimenti non vengono più proiettati su di essa ma si raccolgono esclusivamente in sé, mentre l'energia psichica finora monolitica si differenzia a sua volta sempre di più. L'Io, che si viene formando proprio da questa differenziazione, passa attraverso vari stadi evolutivi che si modellano sulle impressioni e sulle percezioni cinestetiche e diacritiche (rappresentazioni di immagini) che vanno a costituire il suo bagaglio anamnestico. Si formano quindi forze sintetiche che hanno il compito di tenere unita l'organizzazione psichica in via di differenziazione. Sviluppata la funzione percettiva il bambino è capace di distinguere tra interno e esterno, separando l'Io dall'oggetto che se in un primo tempo viene assorbito in seguito diviene però il modello della successiva identificazione e dell'identità (originaria e diversa da quella che porta alla formazione del Super-Io). Fondamentale è una figura che viene a delinearsi in questo processo, l'oggetto di transizione o la rappresentazione simbolica, che è l'immagine, il sostituto di quella sicurezza emotiva che era appannaggio esclusivo della madre, con cui il piccolo mantiene un legame di osmosi affettiva. Ne consegue che l'Es acquisisce un costante oggetto interno d'amore che favorisce la formazione di un Io stabile (lo stadio del "seno buono" della Klein). E' solo a questo punto che può instaurarsi un rapporto maturo caratterizzato da una reciproca partecipazione; mentre l'Io proseguirà nella sua crescita e affermazione (a cui parallelamente corrisponde quella pulsionale) grazie a questa continua introiezione con la madre che gli fornirà motivo di rinforzo. L'assenza della madre (identificata a volte col seno, che è l'oggetto primo dell'investimento pulsionale) protratta per lunghi periodi nell'infanzia può avere un esito negativo sulla personalità nascente (terzo punto di fissazione della schizofrenia) che rimane libera di introiettare qualunque altro oggetto che la rassicuri, creando delle pericolose falle e vuoti (il "buco" lacaniano) nella struttura dell'Io. Quando questo si verifica è facile che le energie pulsionali sessuali non neutralizzate (non canalizzate e sublimate nel principio della realtà, nei simboli e nei miti codificati dal gruppo sociale di appartenenza) si concentrino con forza in esso portandolo alla follia. Se da una parte la frustrazione dei desideri sessuali è comunque inevitabile (contrariamente si avrebbe uno stato di fissazione infantile pre-edipica), la sua accentuazione può avere effetti tanto dannosi quanto duraturi in un individuo che non possiede ancora gli strumenti che consentono una rielaborazione secondaria.

La **personalità schizoide**

È una personalità che ha risentito in maniera considerevole dei disturbi simbolici già dai primi stadi evolutivi. L'Io, soprattutto in seguito ad una situazione deviata che non ha potuto fargli introiettare gli elementi su cui edificare la futura esistenza, non è riuscito ad organizzarsi in maniera stabile ed equilibrata. Non raramente accade che un disturbo della fase evolutiva possa rimanere latente e sedimentare come Io falso opposto all'Io vero (il Sé), dando luogo a delle false personalità (o l'archetipo Persona di Jung) compromesse nel nucleo della loro autoidentificazione (ci si comporta come se si fosse questo oppure quest'altro). Sono questi individui, nell'incapacità di vivere un normale complesso di Edipo, predisposti alla schizofrenia; personalità labili e sociopatiche che non si partecipano dei sentimenti comuni (come conseguenza dell'aridità emotiva parassitano psicologicamente gli altri) e che tendono ad un ritiro quasi ascetico fatto di rancori e frustrazioni. Lo schizofrenico prepsicotico, ancorato ad un rapporto essenzialmente duale (madre-figlio) e non eterogeno, vorrebbe essere una donna e la donna vorrebbe essere un uomo, si identifica ossia narcisisticamente con il genitore del sesso opposto trasferendo l'energia libidica in sé anziché sull'altro (la madre, il padre). In questo tipo di autoidentificazione con il genitore a cui è rivolta la sfera pulsionale, il complesso di Edipo rimane rimosso e non compaiono di conseguenza i vari disturbi nevrotici. È quella schizoide un tipo di personalità fortemente morbosa ma che tuttavia, grazie ad una sintomatologia piuttosto attenuata, non è sempre identificabile come una grave degenerazione che la porta ad un passo dalla schizofrenia.

La **schizofrenia**

È la più importante per significato e sintomatologia delle malattie mentali.

I caratteri tipici della personalità predisposta alla patologia sono:

- punti di fissazione narcisistica nell'unione duale e nel distacco;

- incapacità ad alleviare l'aggressività e a sublimare la libido;

- un Io falso che supplisce alle carenze strutturali della

personalità;

- regressione alla fase evolutiva simbiotica con l'oggetto investito.

I sintomi della schizofrenia (detta anche anticamente demenza precoce) possono essere ricondotti a disturbi della struttura e delle facoltà funzionali dell'Io, anche se la controversia eziologica in merito all'ereditarietà non appare facilmente risolvibile. Se è vero che membri di uno stesso nucleo familiare presentano spesso una stessa forma mentale, non meno vero è che quella stessa forma possa essere stata sviluppata non tanto a causa di una identica tara genetica, quanto piuttosto dal fatto di avere condiviso e di essere stati educati nel medesimo ambiente. Anche quando si riesca a dimostrare, identificando al livello chimico-organico la causa della schizofrenia (come del resto di tutte le malattie della psiche), nulla toglie di poter considerare l'alterazione dell'organo come l'effetto di una serie di processi esclusivamente emotivi (educativi, culturali, sociali) che hanno potuto produrre, e quindi organizzare la chimica neuro-anatomica del cervello in quella e non in un'altra forma. Se pure è sempre riscontrabile nella patologia il danno biologico (e non sempre lo è), non siamo insomma autorizzati a considerare quello stesso danno biologico come la causa della malattia.

Detto questo, la schizofrenia è specificata come una malattia dell'Io che non è più in grado di dominare le spinte pulsionali nate dal complesso di Edipo che invadono totalmente la personalità. Perduto l'ideale narcisistico, il sostituto cioè del primo oggetto affettivo, l'Io ritira il proprio investimento da quella proiezione e lo trasporta dentro di sé caricandolo dei significati distruttivi derivati dalla frustrazione dell'essere stato respinto; non rare sono infatti nello psicotico fantasie che contemplano la fine del mondo (la madre è per il neonato effettivamente la totalità del mondo) o i sogni palingenetici che rappresentano la perdita violenta della libido, immagini che nel sintomo allucinatorio sono destinate a condensarsi e ad animarsi magicamente. Venuta meno con la perdita dell'oggetto d'amore la rimozione, la carica energetica investimento-controinvestimento spinge l'Io ad una regressione infantile (crollo dell'Io che viene così sostituito dalle proprie componenti primitive) che investe a ritroso gli stadi evolutivi arcaici (pubertà e adolescenza, la fase edipica, i tre punti di fissazione infantile) imponendo una indifferenziazione tra l'Io e l'Es, tra il padre o la madre e il Super-Io, tra le emozioni reattive del mondo e quelle conflittuali interiori (a cui si accompagna anche uno spostamento del Super-Io e dell'ideale dell'Io). Avviene allora una scissione della personalità (da cui la patologia prende il nome) che si manifesta con il fenomeno della depersonalizzazione, dell'ecolalia e dell'ecoprassia ma anche con allucinazioni (acustiche, visive, olfattive. ideative) dei propri processi mentali che vengono vissuti angosciamente come estranei; e tuttavia anche come il tentativo disperato di far funzionare l'Io, il cui confine si affievolisce talvolta fino a scomparire, con il mondo oggettuale e le esigenze della realtà. Si verifica quindi il fenomeno dell'inondazione, uno stimolo che parte da una certa zona sensoria trova invece la reazione in un'altra zona, viene meno lo schermo psichico antistimolo facendo dello schizofrenico un individuo indifeso e vulnerabile come un neonato; il pensiero a sua volta viene avvertito come estraneo, come pure non riconosciute sono le sensazioni e la volontà (allucinazioni). Sono queste le manifestazioni di un Io che è divenuto assolutamente permeabile e aperto rispetto ai confini del mondo. Se nell'uomo normale la mente è un sistema relativamente aperto (e relativamente chiuso nel nevrotico), nello psicotico è invece un sistema assolutamente aperto da cui scaturisce il fenomeno deviante delle illusioni sensorie, in quanto personificazione dei desideri rimossi o degli impulsi distruttivi vivificati e animati, delle immagini (che sono in genere e non a caso minacciose) come la proiezione dell'oggetto d'amore cattivo che si è sottratto al soddisfacimento, dell'allucinazione in veste di sostituto attraverso cui scaricare le energie pulsionali.

Come in tutte le malattie mentali, anche nella schizofrenia è sempre l'angoscia (in questo caso da separazione) ad assumere il principale ruolo patogeno che personificandosi compensa la prima decisiva perdita con la fusione simbiotica tra sé e il mondo esterno (schizofrenia paranoide allucinatoria). Alla disintegrazione dell'Io corrisponde una regressione della pulsione ad uno stadio sadico-orale che porta ad uno stato primitivo di aggressività fortemente sessualizzato. Le funzioni dell'Io si riducono quindi al servizio dei processi elementari primari, portando tra l'altro ad una confusione del pensiero che non riesce più ad elaborarsi secondo una dinamica superiore. Il delirio è la conseguenza naturale di tutto questo processo psichico-pulsionale, il modo di ristabilire una certa integrazione nel mondo (delirante e simbolica) che si presenta come realtà. Tra le forme di delirio più comuni si riscontrano il delirio di persecuzione, quello d'amore e quello di grandezza. La nosologia clinica ha individuato diverse forme di sindromi dissociative, tra queste ricordiamo la:

- <u>Schizofrenia simplex</u>: riduzione progressiva e irreversibile della vita affettiva ed emotiva fino quasi ad annullarsi (apatia e abulia); le tendenze alla asocialità portano gli individui affetti dalla malattia ad una vita ritirata e spesso aliena dall'attività lavorativa. Sono assenti i deliri e le allucinazioni, mentre il disturbo del pensiero non è sempre accentuato.

- <u>Schizofrenia ebefrenica</u>: precoce nel suo esordio, in genere di tipo pseudonevrotico, la caratteristica principale è il grave progressivo disturbo del pensiero (difficoltà di concentrazione e di espressione, frequenti ricorsi ai neologismi e ad una costruzione sintattica per lo più incomprensibile e illogica). La persona lamenta spesso una sensazione di furto e blocco della capacità ideativa; originale e bizzarra nel carattere (dall'apatia all'autismo) è per lo più vittima dei deliri persecutori e di grandezza.

- <u>Schizofrenia catatonica</u>: manifesta con una motilità stereotipata e automatica (una forma primitiva di comunicazione in cui i manierismi sostituiscono il linguaggio delle emozioni) che serve ad arginare le energie distruttive al livello del pensiero e della volontà. I sintomi sono lo stupore (immobilità del corpo, fissità dello sguardo e inespressività della mimica, disinteresse con assenza di reazione agli stimoli), il negativismo (la resistenza impassibile ad ogni richiesta), l'automatismo (il paziente lascia che lo si ponga in varie posture), l'ecolalia (ripetizione riflessiva delle parole udite), l'ecoprassia (ripetizione dei gesti), il mutacismo, i manierismi e le stereotipie motorie e verbali.

- <u>Schizofrenia paranoide</u>: insorge dal terzo decennio quando la personalità è già strutturata ed è meno sensibile alla degenerazione sintomatica. Il sintomo fondamentale è il delirio (lucido e ordinato), ma si riscontrano anche talvolta allucinazioni per lo più uditive. I sintomi dissociativi sono inizialmente assenti e compaiono in una fase avanzata, non raro è invece il terrore delirante. Le allucinazioni sono quasi sempre presenti e si caratterizzano con una tale forza da risultare vere e proprie percezioni; possono essere uditive, tattili, olfattive, gustative e visive. Il tema delirante è quello persecutorio.

Esistono anche forme miste e atipiche della schizofrenia, tra queste quelle con confusione mentale e le schizofrenie pseudonevrotiche. Il decorso della malattia è generalmente ingravescente e cronico, considerando che dopo ogni episodio critico permane nella personalità un'alterazione più o meno profonda (difetto schizofrenico).

La terapia è oggetto di un acceso dibattito tra gli specialisti. Dalle lobotomie al coma insulinico fino all'elettroshock, i neurolettici sembrano, nonostante le remore ideologiche e le pesanti conseguenze organiche (crisi dislettiche, ipotensione, insufficienza epatica ...) essere la soluzione più accettabile. Ma le critiche non mancano: se la follia ha una sua dignità ontologica ed è un prodotto storico e sociale non si può gestire il problema con la comodità di un ritrovato chimico, che peraltro è utile a conservare più l'ordine sociale che a curare direttamente la malattia. La psicosi è sempre e solo un sintomo, è già tutta nel sintomo. Se il malato fosse un individuo che non ha avuto l'occasione per sviluppare e crescere (nella cultura, nel benessere, nell'affetto) non pochi problemi verrebbero alla luce nella loro dimensione storica e sociale. C'è una follia anche nel chiudere gli occhi davanti alla verità, nell'ostinata insofferenza da parte della comunità di rielaborare un sistema economico equilibrato. Nella generale dinamica del controllo sociale (quando non proprio della repressione di massa) risulta certo più comoda la somministrazione di un farmaco che sanare le deviazioni della comunità. Non esistono malati se non nella misura in cui il sintomo è l'impronta di quello che il mondo si ostina a non concedere in termini di distribuzione delle risorse e che si serve dei vari contenitori sociali (galere, manicomi, ospedali) per nascondervi degenerazioni e negligenze. Il matto, l'emarginato, il barbone costretto ad una vita di mendacio può alle volte essere un individuo socialmente pericoloso, ma quanti tra quelli che inorridiscono davanti alla follia se fossero vissuti nelle stesse condizioni non mostrerebbero una reazione parimenti morbosa e aggressiva?

La **melanconia**

Anche la melanconia è una risposta a circostanze gravose e deviate tali da essere divenute intollerabili, la conseguenza ad una primaria frustrazione affettiva o delle fantasie di grandezza presenti già dalla prima infanzia. Da Ippocrate ad Aristotele fino alla tradizione rinascimentale la melanconia corrisponde allo stato d'animo creativo del letterato come dell'uomo di scienza, del poeta quanto dell'anacoreta mistico. L'assioma creatività-patologia, visti gli illustri protagonisti che in esso si riconoscono, deve infatti essere considerato alla luce di un problema che troppo spesso viene sottovalutato, e che non si può tradurre nei termini della malattia se non si vuole rischiare di considerare la storia della cultura alla stregua di quella della follia.

La nostra ipotesi riguardo al rapporto melanconia-creatività è la seguente, benché espressa e formulata essenzialmente in qualità di postulato. Tutti quanti abbiamo strutturalmente (come facoltà della specie) una certa capacità creativa o produttiva che potenzialmente può essere da ognuno espressa; tale facoltà cresce e sviluppa in un individuo piuttosto che in un altro nella misura in cui intervengono fattori esterni capaci di far sedimentare e maturare le qualità e i caratteri creativi. Condizioni psico-sociali particolari spingono verso il ritiro solitario, ma esso può diventare il pretesto e l'occasione per mutarsi in altro. Ipotesi questa che lo stesso Freud avrebbe potuto sostenere, per lo meno come conseguenza delle sue considerazioni in merito alla possibilità di esorcizzare gli istinti brutalmente sessuali, e dunque potenzialmente pericolosi, in prodotti creativi capaci di elevare il carattere creativo, dandogli la soddisfazione pulsionale che il contesto sociale non sembra in grado di assicurare. Il problema è come sempre economico (e mai di natura innatistica come troppo spesso si dà da pensare alimentando focolai nevrotici); non trovando soddisfazione fuori di sé l'individuo cerca nella propria interiorità l'appagamento dell'Io e dal continuo movimento autoerotico compie una prima importante concentrazione simbolica. Naturalmente le cose non sono così semplici; quando infatti il processo creativo venga interrotto per le più svariate ragioni, quando cioè l'ambiente circostante (soprattutto familiare) non consente il salto qualitativo dal ritiro all'elaborazione intellettuale è facile che nell'individuo metta radici e sviluppi una nevrosi con tutto il dispiegamento sintomatico. Patologico è sempre principalmente l'ambiente a cui gli individui non possono che rispondere coi mezzi e nei modi che la situazione sociale ha messo loro a disposizione. Qualche volta la risposta è l'arte o la scienza, altre ancora la malattia.

Per quanto riguarda il problema specificamente nosografico (che sarà qui riassunto sommariamente) della melanconia, dobbiamo intenderla come il risultato di un cattivo rapporto tra l'Io e un oggetto scelto come ideale dell'Io che non è stato capace di riflettere la carica affettiva di cui lo aveva investito e che porta come conseguenza a una perdita e a un impoverimento dell'Io medesimo, come i melanconici spesso difatti lamentano. Avviene quindi un'introiezione dell'oggetto in cui l'individuo cerca il proprio soddisfacimento narcisistico ma che nella frustrazione sbocca inevitabile in un senso di inferiorità e di inibizione psichica. La melanconia è perciò una malattia dell'Io che si differenzia però dalla schizofrenia dal fatto che quest'ultima non prevede il meccanismo difensivo dell'introiezione dell'oggetto ideale nell'Io (ovvero è l'Io ad essere investito narcisisticamente). Questo significa che l'oggetto ideale è sempre esistito nella realtà ed è però stato perduto. Da questa perdita il Super-Io a sua volta subisce un rinforzo in senso aggressivo da parte dell'oggetto introiettato (e dunque la melanconia è anche una malattia del Super-Io) e che è ora assunto, ricusato però e odiato, come parte della propria personalità; da cui derivano le frequenti accuse e le svalutazioni nei propri confronti del melanconico che non di rado possono sfociare nel suicidio (= omicidio del sé). Per quanto concerne le pulsioni il problema è invece più complesso. La lotta tra l'Io e l'oggetto introiettato diventa tanto più pericolosa quanto più si verificano degli eventi regressivi nell'ambito delle pulsioni, portando ad una regressione energetica (allo stadio sadico o cannibalesco) e ad una aggressività rimasta a lungo soffocata. Il fenomeno di questo conflitto è clinicamente rilevabile nei dolorosi sensi di vergogna e in quelli del senso di colpa (colpa per la rabbia provocata da una mortificazione narcisistica, colpa per l'odio nei confronti dell'oggetto, colpa della separazione).

La **mania**

È una forma di difesa riguardo ad uno stato depressivo intollerabile che si raggiunge regredendo ad uno stato pulsionale-affettivo infantile. Con il meccanismo dell'elusione vengono a galla le fantasie di onnipotenza della prima infanzia (alla primitiva formazione dell'ideale dell'Io e del sé narcisistico) che non sono riuscite a confluire nel principio di realtà. La mania è perciò una malattia dell'ideale dell'Io, nel senso che l'Io trionfa sull'oggetto introiettato e con esso partecipa alla sua potenza. La libido (tanto importante nella sua trasformazione in principio di piacere da sovrapporsi a quello di realtà), finora investita dall'Io nell'introietto diviene libera, e ne consegue un incremento di forza (manie di grandezza, agitazione psicomotoria, insonnia, iperprassia, logorrea) che alimenta il senso di onnipotenza che porta l'Io a prevalere sull'oggetto assorbito. Come conseguenza della regressione pulsionale (ad uno stadio orale: eccessi alimentari, tabagismo, ubriachezza) si ha l'umore esaltato che oscilla da uno stato di calma o di esagerata allegria euforica ad uno incontenibile di collera (manie di persecuzione), come pure eccitati risultano il lavoro motorio e l'elaborazione del pensiero (ideorrea, accentuazione del processo fantastico e immaginativo che rende impossibile una distinzione certa tra realtà e sogno); nonché la riduzione delle capacità di critica e dell'autoinibizione e la liberazione delle pulsioni istintuali (sensazione di potenza fisica e psichica). Ora collerico e querulo, aggressivo ora gioioso, stravagante e iperattivo, sempre incapace di una qualche concentrazione, il maniaco salta da un pensiero all'altro, da un'idea alla sua opposta con la stessa facilità e la stessa superficialità con cui reagisce allo stimolo ambientale. Praticamente incapace di critica e di qualsiasi controllo emotivo pare in costante balìa delle turbe erotiche e sessuali che ne fanno un individuo potenzialmente pericoloso.

Tra le forme maniacali più comuni si ricordano, oltre la mania semplice e l'ipomania, la:

- <u>mania euforica</u>: festosa e in genere gioiosa come allegra ed esaltata, iperattiva si dimostra la persona che può ballare e cantare, dare una dimostrazione di serenità e apparentemente sentirsi partecipe del mondo;

- <u>mania disforica</u>: il soggetto è per lo più instabile e litigioso, collerico e sprezzante, mordace e arrogante, aggressivo e ingiurioso. Lamenta spesso una sensazione di oppressione (denuncia uno stato persecutorio di nocumento o di avvelenamento) provocata dall'ambiente, e una di costrizione dovuta alla famiglia. Violento, non pare capace di un sentimento di affettività verso i propri simili;

- <u>mania eccitata e furiosa</u>: caratterizzata da un'iperattività inutile e senza finalismo. L'individuo appare eccessivamente intraprendente e può talvolta manifestare una furia aggressiva pericolosa (cade nel turpiloquio, strappa, rompe, percuote, picchia);

- <u>mania confusa</u>: si manifesta con una fuga disordinata e inarrestabile degli atti e dei contenuti del pensiero, dall'incoerenza e dal disordine delle idee che non raramente porta chi ne è affetto ad uno stato di stupore maniacale. Spesso insudicia, lacera, si denuda, sputa, grida;

- <u>mania delirante</u>: la sensazione avvertita da questo tipo di persone è quella di un gradevole senso di gioia e di entusiasmo, di benessere fisico e morale. Esprimono sentimenti megalomani di perfezione, di onnipotenza, di onniscienza, di onnipresenza; tutto è loro possibile comprese le esperienze mistiche e profetiche deliranti;

- la <u>psicosi maniaco depressiva</u> (o distimia ciclica): è caratterizzata dall'alternarsi ciclico e periodico della depressione con l'eccitamento maniacale. La persona può infatti oscillare da uno stato melanconico ad uno di forte eccitamento umorale. La malattia tende a cronicizzare.

La **depressione**

La causa d'insorgenza della depressione (endogena o esogena, reattiva o nevrotica) è stata riscontrata nei disturbi di relazione che si sono instaurati, dall'infanzia, con la persona che si occupa del bambino (madre depressivogena). Un rifiuto inconscio del piccolo o una perdita dell'oggetto d'amore (lunghe assenze della madre, una manifesta insofferenza della medesima verso il figlio) da parte dello stesso sono senza dubbio tra le cause determinanti che non permettono una completa interiorizzazione del referente amoroso, gettando così le basi di una pericolosa differenziazione tra l'ideale dell'Io (l'oggetto buono inteso come suo precursore) e il Super-Io (l'oggetto cattivo come suo precursore) che sviluppa un aspetto autoritario e rigido, autopunitivo. Si manifestano quindi un punto di fissazione nel corso dello sviluppo dell'ideale dell'Io con fantasie di grandezza che sfuggono al controllo dell'Io, un punto di fissazione alla prima immagine oggettuale, un punto di fissazione del Super-Io ad uno stadio di aggressività arcaica, la fissazione della libido allo stadio orale (l'oggetto d'amore viene "cannibalizzato"). Ideale dell'Io e del Super-Io non solo restano indifferenziati ma non si sono anche formati in modo stabile e integrato nell'apparato psichico che tende sbilanciandosi (con sentimenti di colpa e di autoaccusa) quasi esclusivamente e con dipendenza verso l'oggetto idealizzato. I sentimenti del depresso, spesso ansioso e incapace di prendere decisioni, sembrano concentrarsi nella tristezza (disistima e autosvalutazione di sé, idee suicide, ipocondria) e nell'incapacità di provare piacere, con un distacco abulico e un'indifferenza affettiva (perdita degli interessi esistenziali e una diminuita partecipazione alla vita sociale e lavorativa) che può anche toccare il livello dell'anedonia. Il pensiero appare rallentato e inibito, cupo con povertà di idee o anche monoideismo, a cui si accompagna un generale rallentamento dei processi motori e della vita di relazione. Non raro è il fenomeno somatico dello stato depressivo: astenia, insonnia, anoressia, stipsi, abbassamento del tono libidico e delle funzioni mnestiche, cenestopatie, disturbi vegetativi.

Dal punto di vista eziologico la depressione viene distinta nelle forme:

- psicogena: in cui la sofferenza viene ricondotta in un conflitto frustrante ipotizzato tanto sul piano intrapsichico quanto su quello socio-culturale;

- somatogena: in cui la causa viene fatta risalire somaticamente ad affezioni intra- ed extracerebrali;

- endogena: quella forma depressiva che non è possibile ricondurre al piano psicologico e che, pur essendo scatenata da fattori esterni biologici e fisiologici, assume un decorso assolutamente indipendente da quei caratteri che ne hanno preceduto e scatenato l'avvio. E' dunque fortemente indiziata una certa disposizione genetico-familiare.

Sintomatologicamente le forme più comuni sono invece la depressione ansiosa, disforica, paranoidea, e quella nevrastenica.

La terapia si avvale di un'ampia farmacologia (antidepressivi triciclici, MAO-inibitori) che non è sempre da ricusare a priori, tenendo però presente che anche per la depressione vale in linea generale quanto detto per le sindromi nevrotiche.

Paranoia e deliri paranoici

Corrisponde ad un'organizzazione abnorme della personalità in cui è possibile riscontrare elementi della personalità psicopatica fanatica e di quella sensitiva. Il paranoico è caratterizzabile come un individuo che ha perduto la dimensione del reale; nel processo difensivo l'Io proietta nel mondo, nell'altro quell'ostilità e quella distruttività che fanno invece parte della sua natura e che lo portano ad una ipervalutazione di sé e ad un immotivato disprezzo per l'altro. A questo atteggiamento non può che associarsi una inflessibile rigidità del comportamento, e un intollerante autoritarismo che lo conducono ad un'esistenza isolata contornata da diffidenza e sospettosità. Il delirio paranoico, per lo più lucido e privo di allucinazioni, ordinato e espresso con una minuziosità logica che non può non stupire, è proprio l'espressione di questa tendenza a concepire il mondo come ostile e finalizzato alla propria sofferenza e alla propria persecuzione.

Parafrenia

Parafrenie sono detti tutti i sistemi deliranti cronici che insorgono in età avanzata; sono caratterizzati da un contenuto illusorio e fantastico (delirio di grandezza), da un'ambiguità tra il mondo reale, sempre riconosciuto, e quello fantastico che pure può talvolta apparire se non reale comunque verosimile, da una personalità che rimane sufficientemente integra, adattata alla realtà sociale, che la preserva dalla schizofrenia. **Kraepelin** distingue tra una parafrenia

- <u>sistematica</u>: insorge verso il terzo o il quarto decennio dell'esistenza, con una caratterizzazione sempre più persecutoria a cui seguono illusioni (prevalgono temi di grandezza con implicazioni magiche e metafisiche), allucinazioni fino al delirio vero e proprio;

- espansiva (o mania delirante cronica): espressa in tono ipomaniacale ed euforico, il malato mostra iperattività e logorrea con idee deliranti di grandezza fisica, economica e intellettiva;

- confabulatoria: pressoché assenti i fenomeni allucinatori, l'immaginazione è florida e fantasiosa incentrata su tematiche di grandezza che si avvalgono di considerazioni avventurose e mitologiche. Discontinua, si alterna a periodi compatibili con la vita quotidiana;

- fantastica: è la forma più frequente, segnata da un'automazione mentale con allucinazioni ed eco del pensiero, esperienze telepatiche e fittiziamente veggenti. I temi più ricorrenti sono quelli persecutori associati spesso a idee di colpa che risultano però compatibili con il contesto sociale.

c) **BORDERLINE** è come si è detto il nome dei casi limite che si trovano a confine tra le due tipologie di malattia e che non sono completamente identificabili in una rigida schematizzazione nosografica. Il caso limite comprende elementi della nevrosi ed elementi della psicosi e della psicopatia, può presentarsi coi caratteri di una nevrosi accentuata o di una schizofrenia blanda che lascia intatta però la coscienza razionale. Le manifestazioni tipiche sono forme morbose simili al delirio, all'allucinazione e alla depersonalizzazione che vengono riconosciute, a differenza della schizofrenia, come estranei e patologici. I vari livelli del disturbo variano dalle relazioni umane (ad esempio nel grado di empatia emotiva che si riesce a stabilire con gli altri uomini), alla capacità di godere e provare piacere, al progetto dell'esistenza. Ad essere schematici i fenomeni più comuni del borderline si possono così riassumere: tendenza alla visione negativa con una forte ripulsa verso gli altri, tendenza all'isolamento e alla depressione, la coscienza di non aver sviluppato una personalità stabile, la ricerca perenne di una relazione simbiotica con una figura materna.

Psicodinamicamente si assiste nel caso limite ad un disturbo dell'Io assimilabile a quello della schizofrenia seppure in maniera non così accentuata. Gli elementi morbosi risultano essere oltre che l'investimento narcisistico e una indifferenziazione esacerbata tra il sé e l'oggetto d'amore, anche una dipendenza dall'oggetto ideale e un amore infantile alla ricerca di un soddisfacimento passivo. La struttura del Super-Io non è sufficientemente sviluppata e gli ideali dell'Io sono ancorati a quelli infantili e manifestano spesso marcate fantasie di onnipotenza. Le relazioni oggettuali non sono ben strutturate ma aleatorie, il caso limite reagisce infatti alle frustrazioni con la perdita oggettuale. Rispetto a malattie più gravi questo tipo di paziente non abbandona mai del tutto l'investimento degli oggetti anche se l'investimento del sé e dell'oggetto non è separato in maniera ottimale. Ne deriva una forte dipendenza dall'oggetto da parte del borderline che è sempre mortificato narcisisticamente, essendo l'oggetto ideale non mai assimilabile completamente, fatto questo che delude tali individui al punto da diventare pericolosi per sé e per gli altri. La difesa nei confronti dell'angoscia e del senso di colpa avviene secondo il modello della psicosi, senza cioè ricorrere alla rimozione, ma con l'aiuto di misure difensive primitive come l'elusione, lo spostamento, l'identificazione proiettiva e la scissione dell'Io. Ne consegue una sintomatologia simile a quella schizofrenica. Il controinvestimento necessario alla rimozione non può infatti essere prodotto dalla parte psicopatica dell'Io che è disturbata. Le misure difensive psicopatiche, la cui fissazione risale ai precoci disturbi della fase orale e dunque nella relazione madre-figlio, consistono essenzialmente nel mettere in atto i propri conflitti servendosi degli oggetti ed il lasciarsi manipolare passivamente da essi come avviene allo stadio evolutivo infantile. Le parti nevrotiche, che risalgono sempre a disturbi delle ultime fasi evolutive (specie quella fallica e anale) accentrate nel complesso di Edipo, della personalità usano invece le misure difensive proprie delle nevrosi (la rimozione, l'isolamento, la formazione reattiva).

Volendo riassumere, le differenze fondamentali, presenti contraddittoriamente nel caso limite, tra nevrosi e psicosi rimangono:

- il nevrotico presenta un forte investimento oggettuale (gli oggetti vengono cioè investiti di libido), mentre lo psicotico sposta la libido dagli oggetti e la concentra sull'Io (raggiungendo così più che l'investimento oggettuale l'investimento narcisistico del sé);

- nella nevrosi l'Io non è malato primariamente ma solo marginalmente, in quanto costretto a produrre un controinvestimento per i motivi detti. Nella psicosi l'Io è malato primariamente e incapace di misure difensive mature, regredendo agli stadi infantili di fissazione libidica;

- la personalità nevrotica durante la terapia sviluppa una nevrosi da transfert, mentre quella psicotica una psicosi da transfert con una forte tendenza a mettere in atto (acting aut) i conflitti.

Tra i casi limite la manualistica ha identificato i seguenti esempi.

- La perversione che riguarda quasi esclusivamente la sfera sessuale (cosa che è però riscontrabile tanto nelle nevrosi quanto nelle psicosi, anche se si accentua nel borderline) e si specifica come tutta quella serie di azioni che si oppongono al congiungimento dei genitali e ad un sereno compiacimento e godimento della soddisfazione sessuale. L'atto perverso si costruisce allo stesso modo del sintomo nevrotico o anche del sogno con un meccanismo di regressione autoerotica che, rispetto alla nevrosi (la quale non trova soddisfazione che nella fantasia o nel sogno), consente però di raggiungere comunque un certo appagamento (per questo si dice che la nevrosi sia il negativo della perversione). La perversione è insomma un arresto allo stadio della sessualità perversa-polimorfa o anche una regressione a stadi evolutivi preedipici. Tra le perversioni più comuni si può ricordare l'esibizionismo, il feticismo, la zoofilia e la necrofilia. Fenomeni come il travestitismo ma anche l'omosessualità (maschile e femminile che ancora qualche manuale di psichiatria si ostina ad annoverare nella nosografia) meriterebbero invece uno studio a sé per la complessità dell'argomento e per le implicazioni morali, e più spesso moralistiche, con cui la nostra cultura ancora tende a giudicare. Del resto, come si è più volte detto, la malattia è spesso un marchio e un contenitore sociale per gli elementi non integrabili nella generale struttura economica e ideologica della società. Per questo se per i greci l'omosessualità era ad esempio uno stato assolutamente normale, espressione anzi di un animo raffinato, in una società di ispirazione repressiva viene invece collocata e considerata in ambito morale; la stessa scienza, che è sempre espressione della propria cultura storica è riuscita talvolta a trovare quei riscontri oggettivi che fanno dell'omosessualità qualcosa di patologico e deviato. Ma il problema epistemologico non è nuovo, e se Kant lo ha risolto già nella prima Critica, Wittgenstein lo ha ampiamente sviluppato in tempi più recenti. Psicodinamicamente avviene una regressione allo stadio fallico-narcisistico (e dunque l'individuo sarà un omosessuale attivo) o a quello sadico-anale (e perciò l'omosessuale svilupperà una forma passiva nell'atto del coito). Nel primo caso si comporterà verso la madre identificandosi con un ragazzo così come la madre avrebbe dovuto amarlo, nel secondo si identificherà con la madre desiderando di essere amato come essa lo fu dal padre. In quest'ultimo caso l'individuo si sente del tutto donna assumendo caratteri e atteggiamenti femminili (e naturalmente lo stesso vale per il sesso femminile).

- La psicopatia è un disturbo duraturo della struttura della personalità, nonostante l'apparente salute psichica esteriore. A differenza delle psicosi e delle nevrosi i sintomi vengono vissuti in sintonia con l'Io e non come disturbi, manca perciò il carattere della sofferenza. Lo psicopatico, che è un narcisista asociale nella sostanza, può quindi aderire completamente al principio di piacere soddisfacendo i più disparati bisogni pulsionali (soprattutto aggressivi), similmente a quanto avviene nella perversione. Pur non coincidendo del tutto con la psicosi, molti sono gli elementi che avvicinano la psicopatia alle più importanti malattie dell'Io. Tra questi: il blocco della vita pulsionale ad uno stadio infantile (bramosia, invidia, collera, sfoghi), un Io debole e mal strutturato che non è in grado di sopportare il peso delle pulsioni e tanto meno di adeguarle al principio della realtà (mette in atto i propri conflitti), il Super-Io è carente lasciando delle aperture ai moti libidinosi e aggressivi di confluire all'Io, mancanza delle identificazioni primarie e carenza degli ideali, le relazioni oggettuali non sono stabili ma primitive e infantili (forte dipendenza dall'oggetto) e cercano soddisfazioni non intrapsichicamente ma all'esterno servendosi di oggetti e persone utilizzate per i propri bisogni; manca il livello opprimente di angoscia che è sempre riscontrabile nel nevrotico, manca il senso di colpa che presume una qualche maturità dell'Io. Per quel che riguarda le cause dell'insorgenza della malattia, anche in questo caso il nostro orientamento è psico-genetico ed evolutivo, il cui riferimento rimane il contesto economico storico-sociale: genitori deviati e asociali, deficit culturali, problemi finanziari, degenerazioni politiche. In conseguenza di questi presupposti, soprattutto dalla mancanza della primaria relazione anaclitica con la madre, lo psicopatico diviene incapace di un amore oggettuale normale rimanendo fissato ad uno stato narcisistico del carattere che fa di questo soggetto un vero e proprio emarginato.

Criminalità, prostituzione, tossicomania si trovano anch'essi nei manuali di psicopatologia. Nessuno che abbia avuto uno sviluppo corretto, e che sia stato posto nelle condizioni di vivere dignitosamente, sceglie di vendersi sulla strada, di esporsi ai pericoli dell'eroina e di vivere ai margini delle regole a cui è ragionevole un minimo adeguamento. Il problema è ancora quello (giuridico prima che morale) della volontà. Ma essa, lo abbiamo detto, più che una certezza ontologica si rivela come uno strumento utile al controllo sociale. La volontà è un errore teoretico; ma anche tutto sommato il modo più indolore per giustificare e normare la repressione. Nessuno può scegliere liberamente di vivere come il tossicodipendente da strada, e questo perché la volontà è un miraggio culturale, una necessità giuridica prima che una verità dell'esistenza. Ma questo Freud già lo sapeva, per lo meno quando scrive facendo il verso al mito platonico dell'auriga, che il nevrotico è come un cavaliere che, credendo di guidare il suo cavallo, va invece dove è il cavallo stesso a condurlo. La soluzione platonica oggi come allora è la più affascinante (il controllo sul cavallo deriva dall'avere visto o meno la verità) nel significato educativo. E tuttavia fino a quando non si vorrà riconoscere che gli uomini risentono della generale forma economica e politica della comunità, tutte le manifestazioni discordanti dalla morale che si è imposta all'interno della dialettica storica e sociale continueranno a chiamarsi nevrosi o psicosi, malattia.

CAPITOLO IV

PSICOGENESI DELLA MALATTIA

Il fatto è che puoi voltarla come ti pare, ma il colpevole di tutto sei sempre tu: e la cosa più infamatoria che sei colpevole senza colpa, cioè per legge di natura.
F. Dostoevskij

Dopo avere accennato al ruolo assunto dall'educazione (dove il ritaglio familiare prevale su quello sociale, dove gli interessi di parte prevalgono sulla politica è facile che sedimenti una nevrosi) e dall'economia nella dinamica della malattia, si può finalmente discutere in maniera articolata delle cause che la determinano. In questo capitolo il problema verrà affrontato su due fronti, in un primo tempo (a) tratteremo della componente sociale ed ereditario-familiare (soprattutto per quel che concerne il rapporto duale madre-figlio) e successivamente (b) introdurremo al significato della sessualità e dell'erotica le cui eterogenee manifestazioni, dall'erotismo all'autoerotismo, dalla perversione all'inibizione, dall'impotenza al vaginismo e all'anorgasmia sembrano confermarsi di primaria importanza nello sviluppo e nell'organizzazione mentale.

a) Per quanto riguarda la prima questione rimane invariato quanto detto in precedenza; la malattia è una via d'uscita da una situazione generale profondamente compromessa. Le nevrosi come pure le psicosi, pur nell'anomalia della situazione, sono il risultato di processi adattivi, la risposta ad una serie di condizioni storiche degenerate che proprio nella sofferenza trovano il massimo della funzionalità; un primo importante tentativo di guarigione sociale

Egli si ammala in seguito al tentativo di adattarsi alla realtà e di soddisfare le esigenze della realtà, tentativo nel corso del quale viene ad imbattersi in insormontabili ostacoli interni (Freud, **Modi tipici di instaurarsi della nevrosi**, 1912).

Facciamo l'esempio di una famiglia tipo composta da padre madre e figlio. Poniamo il caso che la madre sia una donna autoritaria incapace di amare e il padre un lavoratore instancabile che trascorre lunga parte della giornata lontano da casa, facendo pesare le assenze in termini affettivi. Ebbene, ipotizzata anche l'età del figlio entro il primo decennio abbiamo il quadro e gli elementi predisponenti alla patologia. Sarà infatti facile che per richiamare l'affetto della madre, il bimbo sviluppi prima dei tratti abnormi del carattere e poi una malattia somatica (generalmente l'asma bronchiale o un disturbo gastro-intestinale), e sarà altrettanto facile che la madre, vuoi per dimostrare a se stessa di essere capace di affetto e di amore, vuoi per esorcizzare il sentimento di ostilità che prova per il bambino, alimenti quella malattia che non solo la rassicura emotivamente ("mi prendo cura della sua salute, dunque lo amo") ma che costringe anche il marito ad una più attiva partecipazione. Si capisce allora in che senso la malattia sia divenuta una necessità nella dinamica familiare. Potrà infatti accadere che quando il ragazzo arrivi in fase di crescita, dimostrando come avviene a cominciare dalla pubertà un maggiore bisogno di autonomia, sia la madre stessa a contrarre un imprecisato malessere facendo nascere nel figlio un forte senso di colpa ("tu mi abbandoni e io mi ammalo"), imponendogli con il suo stato una regressione infantile e il riacutizzarsi quindi dei sintomi morbosi che stava abbandonando. Come accade in genere in questi casi all'aggravarsi del figlio corrisponderà una miracolosa guarigione della madre (è impressionante davvero assistere alla meccanica contagiosa con cui le malattie di alcuni componenti della famiglia si alternano a guarigioni improvvise e inaspettate di altri), legando i due in un circolo di perversione affettiva che sarà destinato a ripetersi ripresentandosi per lungo tempo e a non estinguersi mai dalla mente dell'uomo che il bambino sarà diventato. È importante prestare attenzione al fatto che la dinamica madre-figlio non è mossa da un sincero sentimento da parte della prima, quanto piuttosto dalle esigenze sadiche inconsce della donna che si serve di un individuo ancora incapace di una difesa per rassicurare se stessa ("sono capace di amare") e per legare a sé un uomo che è abituata a parassitare emotivamente. Il ruolo del padre non è naturalmente solo quello dello spettatore, ma può anche essere determinante nello sviluppo della malattia del figlio. Nel caso rappresentato il ragazzo non avrà avuto modo di introiettare una importante figura maschile in grado di riorganizzare criticamente il vissuto patologico dell'ambiente, ed è perciò possibile che da adulto sviluppi proiettivamente una forte attrazione passiva verso il proprio sesso, come è pure pensabile che soffrirà di un disturbo mentale di natura maligna, dalla nevrosi fino alle più teatrali manifestazioni psicotiche. La malattia, nell'esempio appena esposto, è allora una necessità nella misura in cui avrà soddisfatto le tre condizioni necessarie al buon funzionamento della comunità. La madre non cadrà in balia della sintomatologia nevrotica (motivazione prima) conservando una buona aderenza al principio di realtà, il figlio si sentirà soddisfatto nel bisogno narcisistico di affetto (motivazione seconda) e dunque manterrà il suo referente emotivo da investire libidicamente così scongiurando il pericolo della schizofrenia, il padre sarà motivato ad un maggiore impegno emotivo-affettivo nell'occuparsi dei familiari, spostando in essi le tensioni (motivazione terza) di adulto.

Un bimbo che cresca in un gruppo nascostamente nevrotico è difficile che conservi l'integrità mentale ed è probabile invece che metta in atto quel meccanismo perverso odio-non-odio che oscilla tra le richieste dell'Es e la censura del Super-Io e che è all'origine di ogni primaria alterazione mentale. Lo stesso Freud aveva già espresso dubbi sull'importanza del ruolo svolto dalla madre e dalla famiglia nella formazione della sofferenza nevrotica

La causa precipitante dell'instaurarsi di una nevrosi... deve essere individuata in quel fattore esterno che, in termini generici, può essere descritto come frustrazione. Il soggetto era sano finché il suo bisogno di amore era soddisfatto da un oggetto reale nel mondo esterno. Diviene nevrotico non appena quest'oggetto gli viene tolto senza che un sostituto ne prenda il posto (op. cit.).

A cominciare dai primi momenti dell'esistenza la relazione, lo scambio empatico che lega il figlio alla madre sarà destinato a ripetersi e a ripresentarsi nel corso della vita del fanciullo prima e dell'uomo poi, organizzando e ordinando tutto quanto il materiale emotivo che in quella primitiva esperienza trova il modo di significarsi e di aprirsi al senso di una ragione adulta. Il bambino al momento della nascita dipende esclusivamente dalle cure di chi lo ha messo al mondo, in seguito le medesime cure si trasferiscono sul piano psichico e a seconda dei casi vengono elaborate come dedizione affettuosa o rifiuto nevrotico. Come avviene per il corpo che quando è mal nutrito si ammala, così pure accade anche alla psiche che, quando non riesce a trarre le conferme da quella primaria relazione duale, si predispone alla malattia mentale. E questo avviene perché la madre (o comunque la figura di riferimento) è non solo il seno nutritivo, il calore rassicurante o il sorriso appagante, la prima seduttrice e l'amante del bambino, ma soprattutto il modello funzionale, il trascendentale che apre alla successiva comprensione del mondo e di tutte le future relazioni amorose (vedi Freud, **Compendio di psicoanalisi**, 1938). E' allora impensabile che il comportamento di una donna (o di un uomo) tanto problematica non possa sortire nessun effetto nei confronti di chi dimostra un'assoluta dipendenza, e che può talvolta anche essere una facile preda nelle mani di una di una personalità che, come è spesso riscontrato dalla pratica, cerca di incanalare nel bambino la propria sessualità inibendolo, o anche eccitandolo più del dovuto (madre perversa o schizofrenogena). Detto altrimenti, questo significa che quando non sussistano le condizioni di un sano rapporto affettivo (l'esperienza positiva vissuta dalla madre nei riguardi della propria e dunque l'assenza di una turba emotiva da parte della stessa, una particolare attenzione a creare attorno al figlio un ambiente sociale variegato e stimolante, una certa cultura, anche psicologica e di educazione, la coscienza di non dover reprimere nel bambino i sentimenti naturalmente aggressivi) è quanto meno probabile che la personalità in formazione non arrivi al completamento ancorandosi ad uno stadio evolutivo infantile che non riuscirà ad equilibrarsi con le esigenze di adattamento dell'ambiente. L'odio represso come insegna Jung (l'Ombra) non scompare, ma sempre si ripresenta sotto altre forme generalmente più violente, non di meno angoscianti.

Accanto a queste madri superprotettive le ricerche hanno anche però, come si accennava, constatato il valore schizofrenogeno del padre. Padri crudeli, avidi e dominanti che nascondono debolezze e segrete gelosie nei riguardi del figlio, o anche padri che non accettano il proprio ruolo di genitore e che nel figlio vedono un rivale piuttosto che un oggetto d'amore, uomini che entrano in conflitto con la femmina per la supremazia o che non hanno mai abbandonato essi stessi il ruolo di figli hanno indiscutibilmente le loro responsabilità su quello che sarà il destino del bambino. Riprendiamo l'esempio: poniamo che nella famiglia descritta il padre non sia un passivo spettatore della tirannia della donna ma entri invece in conflitto con la medesima non solo per la gestione della casa, ma rimproverandole anche la sottrazione dell'affetto a cui la presenza del figlio lo ha inevitabilmente esposto. Immaginiamo bene quale possa essere il clima nel quale un bambino verrebbe a crescere e a formarsi, sviluppando una personalità ostile strutturata attorno ad un senso di colpa ("è colpa tua se tua madre non mi ama") costantemente alimentato dall'adulto. Uomini non cresciuti, che non sono stati capaci di adeguare lo sviluppo psichico a quello biologico, che nella moglie cercano le cure della madre si dimostrano altrettanto pericolosi quanto le loro compagne.

Non ultime in termini di importanza sono quelle madri nevrotiche che danno ad intendere al piccolo di avere una qualche malattia, di essere malato e di non poter quindi svolgere le attività che gli altri bambini normalmente compiono (è evidente che se la madre soffre di nevrosi di angoscia con importanti forme di evitamento, il desiderio del figlio di cominciare un impegno, magari uno sport la mette in una condizione di imporre al piccolo quelle costrizioni che gli impediscano la partecipazione al gruppo a cui essa stessa dovrebbe aderire), arrivando quest'ultimo a convincersi autosuggestionandosi di essere effettivamente malato. E così questi bambini saranno di volta in volta asmatici o deboli di cuore, diventeranno allergici e soggetti a violente cefalee; se cadranno saranno più predisposti di altri alle fratture, saranno tenuti lontani dai coetanei, verrà loro impedito di sporcarsi, di esprimere la collera, di reagire o di imporsi così sviluppando inesorabilmente un senso di sfiducia e di inferiorità, di insicurezza che andrà a ripercuotersi nella vita futura.

La comunità è determinante nella formazione della personalità del fanciullo, a cominciare proprio dal microcosmo familiare, i cui esponenti rimangono il referente della prima decisiva identificazione, la meta pulsionale ed erotico-affettiva che, quando non venga corrisposta, tenderà ad esprimersi nelle forme morbose e deviate della (in ultima analisi) sessualità. E dunque nella malattia. Di questo diverso percorso della pulsione ci occuperemo immediatamente.

b) Il problema è, come è noto, da sempre al centro di un travagliato dibattito già tutto dispiegato nella diatriba che Jung seppe imbastire con Freud bollando con l'aggettivo di pansessualismo l'opera del maestro. Ma Jung una qualche ragione pure la aveva, nel senso che gli scritti di Freud effettivamente non fanno che girare attorno ad un unico argomento. Solo che lo studioso di Zurigo non si accorse, non volle caparbiamente riconoscere che proprio questo era in fondo il loro pregio e il loro valore. Non è questo il luogo per rinverdire quella polemica o tanto meno per introdurre una cronistoria da Charcot ad oggi sull'eziologia dell'isteria; a noi basti tenere a mente nel presente capitolo (e ancora meglio nel successivo) che il fenomeno della sessualità e del piacere (sull'argomento l'opera principale di Freud è **Tre saggi sulla sessualità**, 1905) rimane la motivazione prima, l'evento centrale su cui si struttura la mente e la personalità intera dell'individuo, e che elaborazioni come il complesso di Edipo o quello di castrazione pur avendo un substrato culturale e archetipico sono sempre qualcosa di reale nel vissuto di ognuno, verità e non metafore, fenomeni e non allucinazioni

Nella teoria psicoanalitica possiamo sostenere senza riserve che l'andamento dei processi psichici è regolato automaticamente dal principio del piacere (Freud, **Al di là del principio di piacere**)

che fanno della coscienza un processo continuo e interminabile di eccitazioni che formano i caratteri (in primo luogo sessuali)

Il costituirsi della coscienza è dunque legato alla natura delle modificazioni, subite sia dalla sostanza che dai processi di eccitazione... circa la natura di questi cambiamenti... possiamo supporre che, nel passare da un elemento all'altro, un'eccitazione debba superare una resistenza, e la diminuzione di tale resistenza provoca la permanenza di tracce di eccitazione (Freud, op. cit.).

La nevrosi, ogni forma di sofferenza mentale è per Freud la conseguenza a impressioni, fantastiche o reali, traumatiche derivanti dalla vita sessuale infantile del primo periodo della vita; l'espressione dell'Es divenuto significativo all'interno della personalità tanto da averne assunto il controllo. Lo sviluppo psico-sessuale, termini che a rigore non sono separabili, è un processo originario che comincia già dalla prima infanzia (è nota la nozione del lattante come perverso polimorfo) configurando la libido, in quanto desiderio e forza con la quale la pulsione sessuale si manifesta dominandola nella vita psichica, come il motore primo ("L'eros che tiene unite tutte le cose"; op. cit.), l'energia che muove ad organizzare l'apparato della mente e in essa la vita in tutte le articolazioni. A sua volta la pulsione, nascendo da una contrattazione tra le richieste della mente e quelle più brutalmente fisiologiche si dirige su un oggetto determinato (libido oggettuale) - a volte lo stesso Io (libido narcisistica) - che la soddisfa (ovvero consente uno spostamento e una diluizione della libido su un oggetto che viene assunto come referente emozionale) fornendo quel piacere e quell'appagamento che sono necessari alla funzionalità dell'organismo, e dunque dell'Io che è non a caso una struttura permeabile e relativamente aperta allo scambio osmotico con il mondo

Una certa quantità di libido rimane sempre nell'Io. Anche quando l'amore per l'oggetto è fortemente sviluppato... L'Io è un grande serbatoio dal quale fluisce la libido destinata agli oggetti, e nel quale essa rifluisce da questi oggetti. La libido dell'oggetto era inizialmente libido dell'Io e può ritornare ad essere libido dell'Io. Ai fini di uno stato di completa normalità è essenziale che la libido non perda questa mobilità totale (Freud, **Una difficoltà della psicoanalisi**, 1917).

Al momento della nascita la libido, sostiene Freud, non ha alcun oggetto ma è accumulata nell'Es e si dirige in primo luogo sulle funzioni dell'organo scelto come meta erogena; la spinta che trascina verso la soddisfazione è invece propriamente il desiderio che porta la libido verso l'autoerotismo narcisistico (come accade ad esempio nella primissima stimolazione della mucosa orale), e solo posteriormente si trasforma in libido oggettuale (e quindi l'attenzione si sposta dalla mucosa orale a quel determinato cibo che è in grado di suscitare la traccia mnestica del primo importante soddisfacimento). Non tutta la libido si concentra però in un oggetto esterno, una parte rimane infatti costantemente rivolta al proprio corpo e si scarica nell'attività autoerotica, la cui importanza sarà alimentata dalle frustrazioni e dalle umiliazioni a cui necessariamente il bambino andrà in contro (il lattante in assenza della madre cerca soddisfacimento nel proprio corpo succhiando il pollice, che per spostamento rappresenta la madre o lasciandosi travolgere da fantasie allucinatorie che servano a rammentare i primi momenti di piacere goduti al seno), ripresentandosi durante l'attività onirica. Dominato dal principio di piacere l'Io si trasforma inizialmente in Io-piacere e poi, nel meccanismo di proiezione all'esterno delle impressioni sgradevoli, in Io-piacere-purificato fortemente narcisistico. In seguito sarà necessario che esso si trasformi ulteriormente in Io-reale, aderente al principio di realtà, sarà in una parola necessario che sviluppi la capacità di distinguere tra esterno e interno, di sopportare le frustrazioni accettando il fatto che non tutte le cose piacevoli fanno parte di Sé, né d'altra parte tutte le spiacevoli del mondo esterno. Una parte della libido che aveva aderito agli oggetti del mondo (soprattutto alla madre) ritorna quindi all'Io completata di quelle esperienze educative e ambientali che ne costituiscono il vissuto. Nel suo percorso evolutivo l'Io normale dovrà quindi avere imparato a limitare le proprie pulsioni diventando, autoidentificandosi col genitore introiettato, la misura e il parametro con cui giudicarsi e controllarsi, aprirsi alla comprensione del mondo. Questa immagine introiettata dell'oggetto amato è però facile che venga idealizzata e sopravvalutata dall'Io, facendosi partecipe della sua onnipotenza, rispecchiando le fantasie di grandezza del bambino svanite di fronte alle esigenze della realtà e che vanno a edificare la nuova personalità (ideale dell'Io). Si presenta infine alla mente in formazione un'identificazione compiaciuta (narcisismo secondario) per quello che si è idealmente riusciti a diventare, a cui si accompagna una vera e propria desessualizzazione della libido. Nello sviluppo anormale avviene una frattura nel processo: nello psicotico la libido rimane narcisisticamente concentrata nell'Io (la dimostrazione è l'incapacità che ha uno schizofrenico ad attuare un transfert emotivo), e nel nevrotico essa invece si canalizza patologicamente in vie deviate che cercano di spostare i desideri libidinosi in fantasie e dinamiche autoerotiche come la masturbazione. La deviazione a cui va soggetto l'Io è allora una deviazione di carattere propriamente morale, nel senso che il Super-Io si oppone a spinte erotiche intollerabili dando così luogo al vero conflitto nevrotico. La causa di insorgenza della malattia va quindi cercata nelle articolazioni della sessualità e nella loro riduzione sotto forma di libido e pulsioni divenute incontenibili che, nel caso in cui l'Io non riesca a garantire soddisfacimenti pulsionali diretti soprattutto a livello genitale (a sublimare cioè l'energia pulsionale in attività che tendano ad agire nella realtà per modificarla) e conservando l'infantile fissazione edipica, danno luogo a tutti quei disturbi della sfera erotica che assumono di volta in volta il nome di nevrosi e psicosi

Il soggetto non si ammala in conseguenza di un mutamento del mondo esterno, che ha sostituito l'appagamento con la frustrazione, ma in conseguenza di uno sforzo interno tendente a ottenere la soddisfazione che gli è impossibile nella realtà. Egli si ammala in seguito al tentativo di adattarsi alla realtà e di soddisfare le esigenze della realtà, tentativo nel corso del quale viene a imbattersi in insormontabili ostacoli interni (Freud, **Modi tipici...**).

Quando insomma per qualche ragione la quantità di energia erotica della libido non riesce più ad economizzarsi e a defluire in altro, nella struttura psichica si verifica un accumulo di ristagni pulsionali che può anche assumerne il controllo, e comunque alterare l'equilibrio tra le sue parti ponendo le condizioni predisponenti all'instaurarsi del conflitto patologico (Freud, op. cit.). E questo perché l'eros è per natura più un capitano preposto al comando che un semplice soldato, un'autorità con cui non si patteggia. Se l'Io non ha avuto uno sviluppo corretto, non ha saputo armonizzare i propri bisogni con quelli del mondo, se non avrà cioè imparato a servirsi del mondo per pro-gettarsi canalizzandosi in esso è certo che aprirà le porte alla libido lasciandole il comando, la possibilità di defluire nel Sé dando luogo alla costruzione di un mondo fantastico e immaginario, il cui unico referente egoico rimarrà l'Io. Si assiste allora ad una vera e propria regressione infantile da parte dello stesso Io che fisserà i modi di soddisfacimento servendosi, nella ricerca del massimo piacere ottenibile da se stesso, dell'attività onanistica. Propriamente di un'inibizione dello sviluppo (non s'intende qui il normale sviluppo sessuale del fanciullo che si accompagna di necessità ad un giusto e corretto deflusso tensionale masturbatorio) espressa in maniera significativa dal complesso di Edipo, e che incestuosamente andrà poi a concentrarsi nel sintomo

Infatti i soggetti interessati sono quelli che si ammalano non appena superano l'età irresponsabile della fanciullezza, e che quindi non sono mai arrivati ad una fase di normalità, ossia ad una fase di soddisfazione e di godimenti in complesso illimitata... La loro libido non ha mai abbandonato le fissazioni infantili (Freud, op. cit.).

Traumi, esperienze dolorose che non vengono rielaborate criticamente e dunque abreagite, conflitti esterni (con la madre o con il padre: il soggetto era sano finché il suo amore era corrisposto, si ammala quando quel referente emotivo gli viene tolto senza essere sostituito da un oggetto reale del mondo esterno) e interni (tra l'Es e il Super-Io), educazione, anche sessuale inadeguata, disagio economico e frustrazioni, sono tutte cause o comunque fattori predisponenti alla malattia mentale; la cui manifestazione prima rimane la devianza della pulsione erotica

Non... una quantità assoluta, ma... il rapporto tra la parte di libido in azione e la quantità di libido che l'Io del singolo è capace di dominare, vale a dire mantenere sotto tensione, di sublimare e impiegare direttamente... Un indebolimento dell'Io, dovuto a una malattia organica o ad una qualche esigenza particolare imposta alle sue energie, potrà determinare la comparsa di nevrosi che sarebbero altrimenti rimaste allo stato latente nonostante l'esistenza di qualsiasi disposizione (Freud, op. cit.).

Non essendo più in grado di sopportare l'incremento della tensione, l'Io trova nella regressiva ritorsione autoerotica una possibilità di scarica rinunciando, in un ritiro autoplastico, ad agire e ad operare nel mondo riattivando mete pulsionali e investimenti infantili. Quando poi il Super-Io si opponga minaccioso non consentendo il soddisfacimento diretto avviene una mortificazione dell'ideale dell'Io che è la causa dell'umore generalmente malinconico e autopunitivo (nonché del senso di colpa implicito nella fissazione edipica).

L'individuo nevrotico, anche quello meno compromesso, non presenta mai una normale sana attività sessuale; è facile che abbia delle fantasie perverse o incestuose durante il coito e che le metta magari anche in pratica, che non riesca a raggiungere quel benessere che l'atto erotico dovrebbe dare (anorgasmia), che abbia problemi di impotenza o di eiaculazione se uomo, di frigidità e vaginismo se donna, che eviti il normale congiungimento dei genitali ripiegando su altre forme (come nel famoso caso Dora) di piacere.

Ma come è noto Freud (sotto la spinta della cultura puritana del suo tempo) ha scritto le sue pagine più intense proprio sulla masturbazione, ritenendola causa prima di uno stato psico-infantile mai abbandonato, il fenomeno massimamente morboso dei due eventi principalmente patologici che sono la fissazione e la regressione.

Fissazione è la concentrazione della libido su mete e oggetti pulsionali infantili; quando anche in età matura si è oggetto di una qualche frustrazione esterna, se l'Io non ha avuto uno sviluppo corretto capace di far defluire la tensione mediante la sublimazione, tenderà a tornare agli antichi punti di fissazione per procurarsi il soddisfacimento. La _regressione_ è invece il riflusso della libido su fissazioni infantili che agiscono anche a livello dell'Io, che da mediatore diventa sempre più incapace di una relazione oggettuale, arrivando talvolta a raggiungere il livello narcisistico delle psicosi.

Se allora le cause dell'instaurarsi del disturbo mentale devono anche essere ricercate nell'ambiente e nel vissuto affettivo, non di meno l'ultima e la determinante sembra rimanere quella sessuale. E' vero come sostiene Jung che una pulsione erotica distorta piuttosto che una causa sia l'effetto della malattia, ma è non meno vero che la malattia non potrebbe comunque mai esprimersi senza le deviazioni della sessualità. La masturbazione (come pure le deviazioni sessuali) è di certo qualcosa di posteriore che (normale nell'adolescente e nell'individuo senza partner o anche come complemento erotico) deriva da una storia personale di sofferenze a spingerlo verso una soddisfazione infantile delle pulsioni; la malattia però non si caratterizza fino a quando le pratiche di deflusso tensionale non vengono messe in atto entrando in conflitto con le esigenze del Super-Io. Ecco perché è necessario che l'Io sia in grado si sostenere l'afflusso di una determinata quantità di energia pulsionale e di mantenerla in tensione per un tempo determinato e sufficiente a riutilizzarla rinunciando al soddisfacimento immediato (cosa di cui il nevrotico è generalmente incapace); deve cioè avere imparato a tollerare la frustrazione e ad allentare l'ingorgo delle pulsioni. Se questo non avviene la libido si ritira dalla realtà e si rivolge alla vita fantastica nella quale agisce sotto forma di desiderio, riattivando le prime piacevoli esperienze autoerotiche; il conflitto a questo punto può inserirsi tra l'Io e l'Es, tra l'Io e il Super-Io e tra l'Io e il principio di realtà il cui deflusso primario rimane il sintomo come il ritrovato sostitutivo per soddisfarsi sessualmente. La masturbazione rappresenta per Freud il più importante punto di fissazione erotica allo stadio evolutivo edipico (stato incestuoso che benché archetipico e collettivo è sempre riscontrabile individualmente; l'argomento sarà discusso ampiamente nel capitolo seguente) aggravato spesso dal fatto di accompagnarsi a immaginazioni e fantasie perverse. È del tutto normale quando compaia nell'adolescenza e si attui con quelle modalità e con quella consuetudine che è propria dei ragazzi; è un fenomeno alterato ma solo per le conseguenze che comporta (a cominciare da un immotivato senso di colpa) sul piano dell'autostima, quando nell'età adulta si mantenga come l'unico modo per procurarsi un appagamento pulsionale. Di significazione morbosa quando venga messa in atto nevroticamente come risposta alla frustrazione per allentare una tensione psichica esasperata. Da Freud, che riteneva l'onanismo (maschile e femminile) una vera e propria catastrofe emotiva (causa di tutte le nevrosi e soprattutto delle due nevrosi attuali, nevrastenia e nevrosi d'angoscia, con le somatizzazioni che le caratterizzano. La formula freudiana è del resto nota: il nevrotico è un individuo che ha sostituito il coito con la masturbazione), le cose sono oggi cambiate dimostrando gli analisti contemporanei una minore diffidenza nei confronti dell'attività onanistica. Il problema rimane comunque aperto, e come tutti i problemi richiede una giusta risposta e un normale superamento. Riportiamo perciò in conclusione del capitolo un passo del 1911 tratto da **Contributi a una discussione sulla masturbazione** che chiarisce bene il senso di quanto si è detto finora. Se è stato infatti Freud a cominciare ad imporre l'argomento all'attenzione della clinica, è forse corretto che in qualche modo lo possa anche chiudere

Se si ammette che le brame sessuali possono avere un effetto patogeno, non si può più negare un analogo significato alla masturbazione, che dopo tutto consiste nel mettere in atto tali impulsi istintuali sessuali. In ogni caso in cui appare che la masturbazione è patogena, sarete indubbiamente in grado di fare risalire questa operazione addirittura agli istinti che si manifestano nell'onanismo e alle resistenze che ad essi si oppongono. La masturbazione non è qualcosa di ultimo, né somaticamente né psicologicamente, non è un agente reale, ma semplicemente il nome che diamo a certe attività... non si può equiparare all'attività sessuale in generale: essa è un'attività sessuale soggetta a certe condizioni limitatrici. Pertanto resta anche possibile che i veicoli degli effetti patogeni dell'attività masturbatoria siano proprio queste due peculiarità... Nelle nevrosi ci troviamo ad ogni modo difronte a casi in cui la masturbazione ha arrecato danni; questi danni sembrano aver luogo in tre diversi modi:

- il danno organico

- il danno (che) può presentarsi attraverso la formazione di un modello psichico, secondo il quale non bisogna tentare di mutare il mondo esterno per soddisfare un grande bisogno...

- si può rendere possibile una fissazione delle mete sessuali infantili, insieme ad una persistenza dell'infantilismo psichico. In questo caso abbiamo la disposizione per il verificarsi di una nevrosi.

153

CAPITOLO V

DALL'ORO AL PIOMBO

Degenerazione erotica di un complesso

E se l'uomo non amasse solo il benessere? Chissà, forse ama in ugual misura la sofferenza. Forse la sofferenza gli è altrettanto utile quanto il benessere.
F. Dostoevskij

Edipo figlio di Laio, re di Tebe, e di Giocasta viene affidato in fasce dal padre, a cui l'oracolo aveva predetto il parricidio, ad un pastore del Citerone per esporlo (legato ai piedi e col capo pendente; Edipo significa infatti "colui che ha i piedi gonfi") a una sicura morte. La sorte volle (i piedi gonfi alludono al fatto di non potere svincolarsi dalla situazione) però sottrarlo alla sciagura consegnandolo al re di Corinto per essere accudito come un figlio. In giovane età l'oracolo di Delfi gli rinnovò ancora il responso, avrebbe ucciso il padre e sposato la madre. Cercando di sottrarsi al suo destino, si reca quindi a Corinto e in una lite uccide un vegliardo (il vero padre) e la sua servitù, e a Tebe dove svelato l'enigma della sfinge gli viene data in moglie la vedova Giocasta (la vera madre) dalla cui unione nascerà una stirpe segnata dalla sventura. Smascherato l'**incesto** dal mago Tiresia si compie allora la tragedia: mentre la moglie-madre si toglie la vita impiccandosi, Edipo si strappa gli occhi ("Non lo so, io, con quali occhi, giunto nell'Ade, avrei guardato mio padre o la mia madre sventurata"), e si allontana dalla città sostenuto dalle figlie.

Il testo di Freud fondamentale alla comprensione del significato del complesso che dalla tragedia di Sofocle prende il nome rimane **Totem e Tabù** (1913). Opera centrale non solo per quel che riguarda i principi che fu capace di mettere in luce, ma anche per la sistemazione del suo pensiero la cui massima espressione rimangono le analisi della **Metapsicologia**; scritti che si resero necessari per chiarire le posizioni del maestro rispetto alle defezioni della **psicologia Analitica** e di quella **Individuale**, e perché segnarono il definitivo distacco della scuola di Zurigo che proprio in Jung, il quale l'anno precedente aveva pubblicato il volume **Libido, simboli e trasformazioni**, riconosceva un credibile antagonista al fondatore della psicoanalisi.

Nelle pagine che seguono, dopo aver discusso delle tre fasi eroto-evolutive della psiche, analizzeremo in dettaglio e con l'occhio rivolto alla tragedia greca il significato del complesso di Edipo, presente già dal primissimo sviluppo dell'organizzazione pulsionale, e sempre comunque riscontrabile come causa di quella sintomatologia nevrotica il cui significato autopunitivo non a caso ruota attorno al senso di colpa: "io odio mio padre, e perciò devo soffrire"; proprio come lamenta Edipo

Ma il suo responso fu svelato, uccidere me, l'uccisore di mio padre, l'empio!

Fase orale

La conquista del piacere rimane, si è detto, la spinta capace di organizzare le strutture della mente e di indirizzare i fenomeni della psiche verso la sua soddisfazione, giungendo nel percorso evolutivo a concentrarsi da una prima ritorsione autoerotica nelle zone erogene genitali. La sessualità che nell'adulto normale riesce a compiersi è infatti una via obbligata, distinta evolutivamente in varie tappe; la prima in termini temporali è detta propriamente organizzazione pulsionale dello stadio orale, e coincide con quella fase di ricerca del piacere che a parere di Freud si concentra, a cominciare dal primo anno di vita, soprattutto nella mucosa orale e nella sensibilità dell'epidermide. Alla nascita il bambino non ha ancora un referente affettivo esterno, ma identifica autoeroticamente l'oggetto d'amore con quegli atti che la madre nell'accudirlo (allattandolo, cullandolo, accarezzandolo, nutrendolo) compie sul suo corpo. Presto però si trova a dover fare i conti con una realtà non sempre rassicurante, comprende che le sue richieste non vengono appagate (non sempre al suo pianto consegue ad esempio l'allattamento) ad ogni vagito arrivando inevitabilmente a concepire una fondamentale distinzione tra il proprio essere e quello della madre, tra l'interno e l'esterno, in definitiva la separazione tra l'Io e il mondo. Travolto da un'angoscia a lui ancora sconosciuta, mette quindi in moto gli artifici che gli consentono di riattivare i primi godimenti e le prime soddisfazioni (succhiare, mordere, sfregarsi le labbra sono tutti gesti che il bambino, allo stadio cannibalesco, compie tentando mnesticamente di incorporare il seno assente. In seguito gli stessi atti saranno invece evidenti ad esempio nel tabagismo o nel digrignare notturno dei denti, nell'onicofagia, nella pica). Nel caso in cui la frustrazione (se si vuole del piacere sessuale) superi la misura tollerabile da un Io ancora precario e debole è facile che sviluppi una prima depressione o una melanconia di fondo, che potrà anche accompagnarlo per tutta l'esistenza.

Cercando di inglobare l'oggetto d'amore il lattante prova insomma di ridurre il dualismo che lo divide dalla madre (e per converso lo stesso atteggiamento cannibalesco è riscontrabile anche nell'adulto quando giocando col bambino cerca istintivamente di mordicchiarlo, non diversamente di incorporarlo); in termini psicodinamici questo significa che l'investimento libidinoso (opposto alla libido oggettuale narcisistica) viene assunto nell'Io ad opera della sua introiezione, talvolta con ostilità perché l'incorporare e il distruggere, come pure il nutrirsi e il fagocitare si equivalgono nella psiche di un fanciullo. Ed è questa anche, nell'identità che è sempre rintracciabile tra la libido e la pulsione distruttiva, tra Eros e Thanatos una forma di sadismo orale che tende nell'incorporazione non tanto ad assumere l'oggetto come parte del proprio Io, quanto piuttosto all'eliminazione del medesimo, al suo annullamento.

Due allora sono gli stadi determinanti ad un sano sviluppo dell'Io, l'introiezione e l'identificazione (Roskamp). Accade spesso infatti che quando i genitori si sottraggono al ruolo di referente erotico-sessuale, vengano introiettati nell'Io e per così dire consumati dalla voracità della psiche (ossia, sostituendo l'Io identificante all'oggetto, la libido oggettuale diventa libido narcisistica). Per quanto riguarda invece l'identificazione (il processo nel quale l'investimento libidico oggettuale si trasforma in libido narcisistica) non viene comunque meno la possibilità di mantenere delle relazioni affettuose desessualizzate con l'oggetto. L'identificazione (il voler essere l'altro che si assume come modello può persino significare psichicamente il voler sostituirsi fisicamente all'altro, distruggere magari il padre e assumerne il ruolo attivo nell'amplesso con la madre) sarà successivamente e qualora sussistano le condizioni uno dei meccanismi fondamentali con cui si formeranno i sintomi nevrotici. Se ad esempio un bambino manifesta la stessa tosse nevrotica, oppure un tic nervoso o una fobia analoga a quella del padre, il sintomo potrà esprimere ambiguamente tanto l'affetto che prova per il genitore quanto però anche, nella sofferenza che provoca il senso di colpa (il continuo autorimproverarsi nevrotico ha più o meno questo significato: "Io amo mia madre, dunque devo essere punito"), il desiderio di sostituirsi al padre nel ruolo di amante della madre. E nella sostituzione la distruzione stessa del suo antagonista.

Fase sadico-anale

Freud ha insegnato a concepire i bambini non come degli esseri neutrali privi di qualsiasi forma di erotismo, ma in quanto individui fortemente erotizzati, dotati di una sessualità immersa nella struttura della libido. Se nello stadio orale il carattere istintivo e brutale può però tuttavia lasciare spazio alla critica del dubbio, in quello sadico-anale (dal secondo anno di vita) il bambino è già tutto pressoché espresso nella sua natura perversa e polimorfa. In questa fase evolutiva la zona erogena principale (la parte del corpo che viene erotizzata) passa nella mucosa dell'ano, diventando assieme all'ultimo tratto dell'intestino la fonte del piacere. Il bambino è infatti un individuo capace di godimenti al pari e forse anche più dell'adulto; prova piacere dai contatti fisici e nei continui toccamenti di cui è oggetto durante la sua pulizia è anche capace di eccitazione, lo stesso accade per il contenuto dell'intestino che quando si ammassi all'interno agisce quale stimolante della mucosa dando una piacevole sensazione (il muscolo anale nella sua opera di ritenzione e espulsione delle feci può essere utilizzato volontariamente come organo autoerotico; basta pensare al carattere anale, manifesto come ossessione dell'ordine, parsimonia, pedanteria e ostinazione, presente nei soggetti ossessivi che lamentano spesso stitichezza). In questa fase evolutiva le forze pulsionali distruttive sembrano prevalere (una diarrea psicogena può anche esprimere il rifiuto di una situazione stressante) rischiando talvolta di sedimentare pericolosamente nel caso che la frustrazione si protragga per lungo tempo. Se infatti il mondo esterno persevera nell'atteggiamento di indifferenza o di ostilità verso il bambino non confermandolo nel bisogno narcisistico, l'attività muscolare (dell'ano) può anche per spostamento diventare il modo di esprimere il dissenso e l'angoscia, una condizione di ripulsa e di rifiuto dell'ambiente. Desideri inconsci come quello di dominare, di opprimere di violentare o anche magari di uccidere potranno quindi talora, laddove non sia possibile un diverso sfogo, rivolgersi contro di Sé (come nel senso di colpa che conduce al masochismo), e per conversione somatica (diarrea o stitichezza psicogena) manifestare un primo violento sadismo erogeno (un esempio è il bambino che in preda alla collera si getta a terra picchiandosi e ferendosi; ma anche alcune particolari situazioni autodistruttive come il suicidio). La pulsione distruttiva si carica energeticamente di libido portando a una forma mista di piacere e di tormento, come avviene per tutti i sintomi della conversione isterica che sono inquadrabili nel sadismo nei confronti del proprio Io (assorbendo i sentimenti di rabbia che sono invece rivolti ad altro). L'escremento può allora essere qualcosa di prezioso (la madre) con cui dialogare e giocare, oppure un elemento estraneo e potenzialmente pericoloso da espellere con disgusto, o anche da controllare con pignoleria, nel senso che il trattenimento delle feci può essere il modo per dominare una situazione che sfugge alla elaborazione emotiva (il cui spostamento fenomenologico rimane nell'adulto l'eccessiva parsimonia e la caparbietà, ma anche l'egoismo e il senso di onnipotenza tipico della nevrosi ossessiva). In questo stadio dell'Io, vivendo esso l'identificazione magica con l'esterno, in una dimensione fantastica non dissimile da quella onnipotente e teurgica dei popoli primitivi, le feci diventano animisticamente qualcosa di animato, come pure animato e magico è il mondo che circonda il bambino (il tavolo su cui urta è "cattivo", il sole è "caro" perché riscalda; non raro è anche nell'esperienza clinica il caso del nevrotico ossessivo che si rivolge alle proprie zone erogene attribuendo loro misteriose proprietà divinatorie).

Fase genitale (fallico-narcisistica)

Dal terzo anno sarà invece il genitale a sostituirsi all'intestino nel ruolo di zona erogena primaria. Le due precedenti organizzazioni pregenitali è ora necessario che si subordino rispetto a quella genitale, periodo in cui propriamente si sviluppa il complesso di Edipo. Se questo non accade è facile che come nelle perversioni o nelle nevrosi si instauri un vero e proprio conflitto tra le pulsioni (nel primo caso la pulsione pregenitale si esteriorizza completamente, nel secondo viene rimossa e sostituita dal sintomo; è questo il senso dell'affermazione freudiana secondo la quale la nevrosi è il negativo della perversione). È questa la fase fallica vera e propria, nel senso che per entrambi i sessi non esiste che un solo organo genitale, il pene (vedi Freud, **L'organizzazione genitale infantile**, 1925). Il pene diventa la misura dell'autocoscienza attorno al quale si organizzano tutte le facoltà mentali; non solo procura piacere (il corrispondente femminile del fallo è la clitoride; la bambina prima o poi nella competizione con i compagni maschi svilupperà una sindrome di inferiorità, l'invidia del pene, che potrà anche toccare il senso di una vera e propria rivalità fallica) ma viene anche identificato proiettivamente con l'Io (narcisismo), e per converso il non-Io con la castrazione. Anche in questa fase non manca la masturbazione (il bambino può talvolta estendere le sensazioni alla regione anale, la bambina si concentra sulla clitoride ma può anche rivolgersi alla parte più femminile all'imbocco della vagina).

Accennato agli stadi erotico-evolutivi della libido abbiamo allora elementi sufficienti per discutere del nostro argomento.

Nel suo percorso di maturazione che dovrà portarlo trasmutazione dopo trasmutazione ad aderire, adeguando l'erotismo al principio della realtà, il bambino si accorge che la femmina, la madre, è sprovvista del genitale maschile. Fatta questa prima sconvolgente scoperta non solo sulla differenza che sussiste tra i due sessi ma di una effettiva menomazione anche morale della donna, pensieri e atti autoerotici vengono ad accompagnarsi a vere e proprie fantasie sull'oggetto, a rappresentazioni fantastiche sula natura ambigua del suo referente affettivo; il genitale acquista quindi archetipicamente la fondamentale preminenza nella mente del fanciullo non solo come fonte di piacere ma come oggetto di culto e di mistero, e diventa la sede di conflitti angoscianti, facendo nascere il dubbio sulla possibile mutilazione del proprio organo (dell'Io, dell'identità, dell'autocoscienza) così come sarebbe un tempo avvenuto per la madre. Il rapporto che precedentemente era vissuto a due, nella fase fallica (edipica) coinvolge infatti tre individui, con tutto il corollario di turbamenti che questa situazione comporta. Nel suo articolo del 1912, **Sull'universale degradazione della vita amorosa**, Freud delinea il significato di questi stati d'animo alla luce del complesso di Edipo analizzando i casi di impotenza che gli si erano sottoposti. Questo significato si manifesta nel:

1) **desiderio della madre** (da adulto quando non superasse il complesso soffrirebbe di impotenza, non riuscendo nell'amplesso con quelle donne che la rappresentano); 2) **nell'antagonismo verso il padre** (lo stesso avviene nella bambina, il cui complesso è chiamato di Elettra dalla tragedia di Sofocle); 3) in uno stato persistente e angoscioso di pericolo reale di **castrazione**

Questo orrore è una caratteristica infantile, ed ha corrispondenze molto aderenti nella vita psichica dei nevrotici. La psicoanalisi ci ha dimostrato che la prima scelta sessuale del fanciullo è incestuosa, poiché si riferisce ad un oggetto interdetto (la madre o la sorella) e ci ha mostrato attraverso quali vie l'adulto si libera dalla seduzione che su di lui l'incesto opera. Il nevrotico, al contrario, ci mostra con regolarità un aspetto dell'infantilismo psichico, dal momento che, o non ha saputo liberarsi dai legami che legavano la sua psicosessualità all'infanzia -arresto dello sviluppo-, oppure è ad essi ritornato -regressione- (Freud, **Totem e tabù**).

Il complesso di Edipo (rimasto particolarmente attivo nei soggetti nevrotici), e dunque il tabù dell'incesto che si presenta come il nucleo morale della coscienza, la sua misura e il suo fondamento (il "non devi" della legge), l'a priori attorno al quale sedimenta il trascendentale erotico in cui si struttura la personalità

La coscienza morale è l'interiore percezione di una condanna per qualche nostro particolare desiderio... Questo carattere ci appare con maggiore evidenza nel senso di colpa, cioè nella percezione dell'interiore riprovazione per gli atti con cui abbiamo realizzato particolari desideri. In questo caso una motivazione appare superflua: tutti quelli che posseggono una coscienza avvertono in sé la ragione della condanna, il biasimo per l'azione compiuta (Freud, op. cit.)

può manifestarsi con diverse eterogenee modalità. La madre può infatti ad esempio essere lo scopo dell'affettività o anche, pur rimanendo il fine ultimo delle sue richieste amorose, un oggetto da rifiutare in seguito alle forti delusioni che il bambino ha potuto subire da quella relazione primaria (rivolgendo magari i propri desideri d'amore verso il padre e ponendosi quindi in condizione di sviluppare una personalità omosessuale).

La coscienza è sempre coscienza morale, e la morale è un concentrato di imperativi collettivi che hanno il loro precursore formale (kantianamente formale) nel tabù edipico, antropologizzato sotto forma di angoscia da castrazione

In questa parola (**tabù**) e nel sistema che essa denota si manifesta un aspetto della vita psichica lontanissimo (**mitologico** e junghianamente **collettivo**) nella nostra comprensione (ovvero: heideggeriamente la comprensione vede solo quello che la parola, il trascendentale del linguaggio, ha saputo aprire nella significatività morale), al punto che si potrebbe essere portati a ritenere impossibile intenderla senza ricadere in quella fede negli spiriti e nei demoni che è propria dei popoli di cultura inferiore (Freud, op. cit.).

L'a priori della coscienza è insomma una forma più che una struttura (il modo di organizzare aprendola alla rielaborazione l'esperienza vissuta) di angoscia primitiva che supera le distinzioni culturali tra i popoli, ed è presente come l'ultimo dei rimandi

Il tabù... ha origine dalla stessa sorgente dalla quale nascono gli istinti umani più resistenti e primitivi; cioè dalla paura (o angoscia) **di forze demoniache** (Freud, op. cit.).

Se, come si è visto nel capitolo II, la morale non nasce evolutivamente con lo sviluppo del Super-Io come introiezione di norme a cui è necessario adeguarsi nel processo di adattamento, essendo invece essa propriamente il precursore che ha potuto sedimentare come Super-Io solo in un secondo tempo (una defezione cioè dall'Es capace di indirizzare l'energia erotica in senso autorepressivo), l'imperativo degli imperativi non può essere se non un'originaria forma di angoscia che (come meglio vedremo) ha il carattere erotizzato della libertà. Non a caso Freud accosta in Totem e Tabù la presenza dell'incesto nella psiche al demoniaco dei tempi antichi (lo stesso demoniaco della misura socratica è alla guida della morale), esordendo con: "Guardati dai demoni". Ossia dai demoni inconsci (e dunque primitivi e universali, mitologici) che sono da sempre una minaccia, un pericolo reale. In questo e non senza stupore la posizione di Freud sembra coincidere, seppure da altre vie, con quella junghiana dell'inconscio collettivo, essendo questa angoscia primordiale l'archetipo dominante

I tabù sono costituiti da divieti antichissimi (che) ... solo nelle generazioni successive si sono organizzate come patrimonio psichico ereditario

e tuttavia nonostante che non si possa

Stabilire se si tratti di una sorte di idee innate, oppure se queste idee da sole, o con l'ausilio dell'educazione, abbiano prodotto la fissazione del tabù

sembra comunque certa

La premessa di un'anima collettiva, di una continuità nella vita psichica dell'uomo. Se (infatti) i processi psichici non si trasmettessero da una generazione all'altra, se ogni generazione fosse obbligata ad acquistare ex novo il proprio atteggiamento di fronte alla vita, si escluderebbe ogni progresso e ogni evoluzione (Freud op. cit.).

Come la mente nel suo esprimersi nel pensiero non può agire che in conseguenza e secondo le direttive delle categorie aprendo esse sole la comprensione alla significatività globale, così pure l'emotività, che è a sua volta la sfera della psiche che precede ordinandolo il modo stesso di organizzare la forma del pensare, ha il suo a priori sintetico nel trascendentale edipico (la forma che l'inconscio assume nel suo autostrutturarsi). L'autocoscienza, la coscienza che l'Io assume di Sé nel tentativo di adeguarsi all'ideale, ha proprio nello schema archetipico del tabù (dell'incesto, del senso di colpa) la sua forma e quasi la materia con cui modellare edipicamente

Celatemi, uccidetemi o gettatemi a mare, via di qui, dove non possiate vedermi più!

l'ideale dell'Io e in cui organizzare in-formandola la stessa personalità, la chimica dell'identità. L'ipermoralismo dei soggetti ossessivi, di quegli individui che hanno scrupolosamente organizzato la propria esistenza secondo divieti rigidi e sfiancanti, ha proprio questo significato castrante delle pulsioni; il rifiuto di un desiderio erotico incestuoso ancora troppo attivo (il rigore morale, l'ascetismo imperante, la razionalizzazione dei fenomeni, il martirio quotidiano a cui si sottopongono, e che sono non altro che la personificazione proiettiva di un desiderio censurato, hanno proprio il significato di controllare con le rigidità morali un desiderio a cui non vogliono riconoscere diritto di cittadinanza). Se i pensieri di un soggetto banalmente nevrotico sono in genere pensieri erotizzati, quelli di un ossessivo, con tutto il corollario di pedanterie etiche che esprimono, coincidono con l'espressione massimamente dilatata del desiderio incestuoso, la sua fenomenologia animistica e magica (essendo i pensieri degli ossessivi concepiti come effettivamente reali ed avendo essi alla realtà sostituito il principio di una ragione esasperata, non possono che concepire la realtà come magicamente animata e affrontare i problemi astratti della ragione con la stessa serietà con la quale normalmente si affronta l'esistenza)

Individui che si sono creati da se stessi divieti e tabù, e che li eseguono con la stessa scrupolosità con la quale i selvaggi seguono quelli delle proprie tribù. Se non esistesse una terminologia abitua-le secondo la quale queste persone sono degli "ossessivi", esse potrebbero ben essere chiamate **"ammalate di tabù"**.

La ragione, come anche il pensiero, è anche l'immagine desessualizzata di una pulsione erotica antica, la morale l'ideale fantastico che l'Io oppone al desiderio incestuoso. Nel processo di conversione dell'erotismo nel principio della realtà (le grandi idee rivoluzionarie, gli esasperati sentimenti filantropici, il bisogno di intellettualizzare i fenomeni), lo schema in cui prende forma la volontà e il sistema di valori ad essa conseguente, rimane il primo fondamentale interdetto. Più un individuo dimostra tendenze estreme, più è probabile che il complesso di Edipo sia non di meno attivo e dominante. Se il concetto di libertà rimane un'insensatezza teoretica (ad esempio in Platone, Spinoza, Heidegger), il libero pensiero si dimostra come un'assurdità empirica. Il pensiero è sempre anche un pensiero erotico, nel senso che ha il trascendentale nel piacere e nella sua soddisfazione; ogni processo ideativo della mente, alimentata com'è dalle interiori pretese morali (e la coscienza morale è come si è detto l'interiore percezione di una condanna di un particolare desiderio, una cattiva coscienza) ha dei modi tipici e generali di funzionare, dei quali quello primario e principalmente attivo rimane il divieto imposto dalla legge (o Nome-del--Padre).

Accade di norma che nel processo di maturazione il maschio si identifichi con il padre

Vostro padre uccise il padre, arò il solco materno dove fu lui stesso seminato e germogliò; ed ebbe voi da quel grembo che fu per voi, come per lui, fonte di vita

verso il quale sviluppa una rivalità a volte violenta, e la femmina con la madre; ma come si è detto possono anche verificarsi forme miste e ambigue di identificazione. Il superamento (superamento inteso come disattivazione) del complesso di Edipo, sempre necessario affinché si possa parlare di uno sviluppo corretto delle facoltà psico-sessuali, avviene ad opera dell'adattamento alla realtà e quindi al senso di una regola normativa; adattamento emotivo che diverrà il modello ideale sul quale plasmare canalizzandolo il proprio erotismo, e dunque le relazioni umane. Il desiderio incestuoso del figlio e quindi di rivalità fallica col genitore dello stesso sesso, si concentra naturalmente attorno al genitale (simbolicamente nel "nome del padre") che diventa il vero oggetto della contesa; si origina nel bambino un forte senso di angoscia riguardo alla possibilità che il padre possa infierire sul suo organo, angoscia che potrà portarlo da adulto al rifiuto parziale o totale dell'amplesso, evitando di compiere il quale (rilevabile come angoscia da contatto) si esorcizzano i demoni distruttivi rivolti alla figura paterna (rivalità che qualche volta si sposta in quella mistica religiosa, essendo il divino per il soggetto nevrotico qualcosa di analogo alla legge del padre) e della propria sessualità. Nasce cioè quello che viene chiamato da Freud con il nome di complesso di castrazione, fenomeno deietto e umanizzato di un'angoscia ontologica, e comunque collettiva, alimentato dal fatto che le bambine ne manifestano la mancanza (invidia del pene, vedi Freud Il tabù della verginità, 1918); se l'angoscia della perdita del pene, e dunque dell'Io (struttura che serve a preservare la personalità dalla sua distruzione) non viene superata si verificano i disturbi della potenza, accompagnati da una generale evirazione morale, che la clinica ha da tempo messo in luce. Propriamente la nevrosi. La bambina parallelamente a quanto accade nel maschio ha a sua volta il suo trascendentale in Elettra

Salve padre, ché il padre vedo in te. Sappi che tu sei l'uomo che in un giorno solo ho più detestato ed ho più amato

si convince di avere perduto il proprio membro a causa dei toccamenti e della masturbazione, sviluppando un senso di inferiorità e anche a volte di rivalità conflittuale nei confronti dei compagni maschi.

All'interno del processo di trasformazione le relazioni oggettuali e erotico-affettive nello stadio pregenitale orale-anale e fallico-narcisistico sono ancora sostanzialmente orientate verso il Sé, essendo l'oggetto amato solo in quanto si dimostra capace di soddisfare i bisogni primari; il sentimento che domina successivamente è invece il sadismo, mentre un primo cambiamento di rotta nella rinascita alla vita adulta si assiste solo dalla fase genitale, in cui si abbandona gradualmente la putrefactio narcisistica di partenza dell'oggetto che viene riconosciuto e amato proprio in quanto altro dall'Io, per se stesso, per la sua specifica alterità. Giunta a questo livello del travaglio psico-sessuale la libido desidera al pari di quella dell'adulto il proprio oggetto nella sua completezza, non di meno l'unione sessuale benché l'organismo non sia ancora fisiologicamente preparato ad agire sessualmente. Nello stadio genitale vengono quindi a mischiarsi simbioticamente tanto le mete libidinose creative quanto quelle distruttive (odio-amore), avviene cioè una vera e propria trasformazione meta-organica, la negredo chimico emotiva che tende a mescolare le più disparate tendenze erotiche. Mentre la spinta sadica e autodistruttiva subisce una forte repressione, la scelta oggettuale narcisistica una non meno importante metamorfosi fluendo dalla separazione antica in un vero amore oggettuale che racchiude il mistero dell'archetipica congiunzione dei contrari.

Il bambino spinto nel suo desiderio di possesso della madre e in conflitto con il padre, non può non temere una reazione da parte del genitore. Se per sfuggire al pericolo si identificasse però proiettivamente con la madre, se cioè dirigesse i propri desideri incestuosi non più verso l'oggetto del sesso opposto ma verso il padre, orientandosi quindi omosessualmente e interrompendo il percorso verso la realizzazione della maturazione sessuale, assumerebbe di conseguenza il ruolo femminile (la castrazione come rinuncia alle pretese pulsionali virili) temuto. E questo perché la perdita del genitale rappresenta simbolicamente la perdita dell'Io (le nevrosi sono nella sostanza malattie psico-sessuali), e nell'Io quella più importante del Sé. La prima fondamentale rinuncia alla sessualità comporta quindi un ristagno della libido con la conseguenza di una precarietà energetica all'interno del generale equilibrio psichico. In tali metamorfosi strutturali la ricerca di un rimedio ad una situazione penosa può talvolta portare la libido ad una serie abluzioni, fino a concentrarsi in una regressione (stagnazione che è espressa nella fissazione nel complesso di Edipo) melancolica del soddisfacimento pregenitale. Essendo il padre la legge morale, l'archetipo amato e odiato al tempo stesso la libido non può che regredire allo stadio orale, imponendo nel passaggio dall'oro al piombo un'identificazione proiettiva con lo stesso, che viene incorporato psichicamente, distrutto e fagocitato

Così è necessario che il padre muoia, affinché dalle ceneri di questa Fenice ne rinasca un altro, e il figlio sia re... se infatti non si produrrà la putrefazione, il suo lavoro resterà senza effetto, in quanto se non c'è putrefazione non c'è corruzione e, quindi, generazione (N. Flamel, **Il libro delle figure geroglifiche**) idealmente inghiottito così assolvendo alla funzione di soddisfacimento dei due impulsi odio-amore. Ad opera dell'identificazione proiettiva il fanciullo assume allora il padre nel proprio Io che andrà a comporre l'architettura della psiche come Super-Io (analogamente a quanto avveniva per l'ideale dell'Io-conscio). Il Super-Io non è infatti che il sedimento dell'Es nell'Io, il modo con cui l'impulso distruttivo dell'Es si partecipa dell'Io in qualità di legge, di misura, di imperativo o comando. Quest'ultima struttura, retaggio del più antico senso di colpa, si oppone già dalla prima infanzia alle tendenze sessuali, il divieto all'incesto

Del padre mio non sarei l'omicida, né sarei chiamato sposo da chi madre fu. Ora non ho più dèi, figlio d'empietà, e procreai con chi diede la vita a me. E se c'è un male che tutti li superi, d'Edipo, questo, fu.

Sotto la spinta della proibizione la relazione con la madre si compromette definitivamente, i desideri sessuali vengono desessualizzati e sostituiti dai sentimenti maggiormente accettabili di tenerezza e di affetto. Grazie all'identificazione col genitore del proprio sesso il genitale si salva, e salvandosi conserva la predisposizione al piacere, facendo defluire il complesso di Edipo in quello precosciente di castrazione.

Tuttavia in un processo tanto elaborato è possibile che il simbolico non giunga a una maturazione trasformandosi nel trascendentale dei processi psichici, e che di conseguenza la personalità e la connessa sessualità possano incorrere in uno sviluppo abnorme, continuandosi in un infantilismo che si può anche talvolta trascinare oltre l'età adulta

Alla ventura materna è meglio vivere, come si può. Ma il connubio materno tu non temerlo. Molti dei mortali con la madre si giacquero nei sogni. Ma chi non dà valore a queste cose prende la vita nel modo migliore.

Dal quarto, quinto anno di vita lo sviluppo dell'organizzazione pulsionale con tutto il corollario emotivo che lo caratterizza, giunge ad una stasi (termina propriamente la masturbazione; quando non si verifica si deve sospettare la mancanza nel bambino della tranquillità necessaria per una composizione stabile dell'Io), alla cosiddetta fase di latenza che si protrarrà fino al decimo anno di età. Le energie libidinose e aggressive, o se se si vuole la spinta erotica delle pulsioni viene per lo più spostata al servizio dell'Io che deve ora dedicarsi prevalentemente all'adattamento sociale della persona, prepararsi a interagire con l'ambiente; il Super-Io, da parte sua, cerca nella sua opera di censore di identificarsi con nuovi modelli (maestri, compagni, fratelli, leader) surrogati della madre e del padre, principio che solo dalla pubertà in poi sarà nuovamente messo in discussione. Questo periodo è segnato dal dominio di un Super-Io ostile alle spinte pulsionali, ossia dalla difesa nei confronti dei desideri aggressivi e dalla reazione al desiderio masturbatorio. Solo di rado infatti nella fase di latenza è permesso un soddisfacimento libidinoso diretto.

Dietro questo tipo di pulsione masochistica l'Io distoglie le pulsioni da mete e oggetti che sarebbero propri dell'ideale dell'Io e del Super-Io che vengono invece riassunte nell'Io e spostate su oggetti nuovi, conformi alle pretese rigide delle strutture morali della personalità. Così facendo l'energia pulsionale perde la caratteristica di pulsione e disattivandosi diventa libido desessualizzata, sublimata, sadismo neutralizzato e posto al servizio di una progettualità che non ha come fine il solo soddisfacimento egoico (si rinuncia cioè per lo meno in parte ad identificare l'oggetto esclusivamente come piacere). Il piacere si sposta piuttosto dall'oggetto primario su altre mete narcisistiche (morali, intellettuali, ideali e comportamentali), nel senso che la rinuncia al soddisfacimento diretto viene compensata da una soddisfazione del Sé che accordi le esigenze dell'Es con quelle dell'Ideale dell'Io e del Super-Io (e dunque dell'Es), da un primo tentativo di quadratura delle pulsioni. L'energia desessualizzata e neutralizzata, privata della sua carica distruttiva (anche se una certa componente di pericolosità comunque la mantiene), si rende ora a disposizione dell'Io ordinandosi in una forma di piacere sublimata (l'Io si compiace ad esempio dei successi e si rallegra delle proprie capacità). La diluizione delle pulsioni, o desessualizzazione nel senso che l'energia pulsionale viene sottratta all'Es e spostata e accumulata nell'Io, si compie essenzialmente in tre fasi di difesa: la rimozione (di cui si già ampiamente detto nei capitoli precedenti), la formazione reattiva (una forma di controinvestimento) e la sublimazione (si verifica quando la pulsione si sposta su mete conformi all'ideale dell'Io e dal Super-Io). Non è però l'investimento pulsionale ad essere abbandonato, come avviene ad esempio nelle psicosi, ma nella rimozione l'investimento oggettuale rimane in buona misura, benché inconscio, presente e attivo nelle sue operazioni. Quando il bambino non riesce a respingere i propri istinti pregenitali e genitali attraverso i normali meccanismi di difesa che sono preposti a questo compito, all'interno della psiche si fanno strada i sintomi morbosi (angosce soprattutto notturne come incubi ed enuresi si verificano molto spesso) che lavorano alla sedimentazione della malattia. Con la fine della fase di latenza si giunge alla pubertà vera e propria (prepubertà e dal quattordicesimo anno pubertà conclamata); l'equilibrio tra l'Io e l'Es basato in precedenza su una rigorosa limitazione degli istinti con l'affiorare di interessi concreti e sociali e su una vera e propria castrazione dei bisogni primari, subisce sotto la spinta di forti scariche ormonali un vero e proprio terremoto. Si rafforzano le pulsioni, cosa che costa all'Io un enorme dispendio energetico (l'adolescente lamenta infatti una pigrizia e un esagerato bisogno di dormire), e l'interesse che prima era rivolto all'esterno subisce un'inversione tornando ai principali desideri interiori (furor melancholicus). Voracità, piacere della sporcizia, disordine, rozzezza, crudeltà, provocazioni, mancanza di pudore, fantasie ad occhi aperti si presentano nella nuova personalità. Ricomincia quindi inevitabilmente la masturbazione, i genitali riacquistano prepotentemente la centralità nella psiche, e il complesso di Edipo assieme a quello di castrazione ritornano all'antica funzione del trascendentale. La femmina deve superare i desideri di virilità e il maschio l'angoscia da castrazione, spostando la meta pulsionale su oggetti che non prevedono alcun riferimento ai desideri incestuosi, se non per spostamento ideale. Il modello del padre e della madre perde la validità assoluta e l'Io il metro di misura e di giudizio, ne deriva una recrudescenza degli assalti delle richieste libidinose e aggressive con importanti segni di angoscia e di insicurezza, di paure e melanconie; questo spinge l'adolescente alla ricerca di nuovi ideali (l'ascetismo e l'intellettualizzazione; il primo si esplica come rifiuto di qualsiasi soddisfacimento pulsionale e godimento, il secondo è lo sforzo di risolvere ad un livello superiore i conflitti tra le pulsioni, coscienza e realtà. I fondamentali temi dell'esistenza su cui l'adolescente fantastica cercando di razionalizzarli, quali l'amore, la morte, Dio, la morale e la giustizia, nascondono il tentativo di dominare gli eccessi del desiderio elaborati in forma di idee in modo da poter essere affrontate coscientemente, controllate nei sostituti che consentano di disattivare la componente violenta del complesso di Edipo). L'angoscia derivata dalla forza delle pulsioni minaccia allora l'incolumità dell'Io, che si sente oppresso dall'enorme quantità di energia; se l'Io perde buona parte del suo carattere e della sua potenza si può arrivare al soddisfacimento fino alle più evidenti manifestazioni patologiche e criminali. Lo sviluppo normale si ha quando l'Io riesce a garantire i deflussi pulsionali diretti, in primo luogo quelli genitali, e ad un tempo a sublimare e a neutralizzare l'energia aderendo al principio della realtà. Se invece l'Io non riesce a rielaborare la situazione edipica, ad assumere il complesso nella propria progettualità si verificano a cominciare dal termine della pubertà i disturbi della vita affettiva che vanno sotto il nome di perversioni, disturbi della potenza e del carattere. Le nevrosi e dunque le psicosi. Ma è anche probabile che un'energia potenzialmente distruttiva come quella generata dal complesso di Edipo possa rivolgersi contro di Sé, causando nella degenerazione tutta la miriade delle malattie somatiche. Ricordando però che quello di malattia è in realtà un concetto astratto; malata è più propriamente la capacità di reagire emotivamente all'aggressione di tali forze, lasciandosi come Edipo sopraffare dal senso di colpa

Ch'io muoia per opera di chi voleva uccidermi!

In che maniera il senso di colpa possa agire nell'organismo sotto forma di angoscia lo si vedrà nel capitolo seguente, l'ultimo della I parte di questo libro, dedicato appunto alla psicosomatica.

CAPITOLO VI

PSICOSOMATICA

So meglio di chiunque altro che in questo modo danneggio unicamente me stesso e nessun altro; eppure, se io non mi curo è solo per rabbia. Ho il mal di fegato? Tanto meglio, mi faccia ancora più male!
F. Dostoevskij

Data la quantità e la varietà dei disturbi fisici che si originano alimentandosi dai fantasmi della mente si rende necessario per lo meno un accenno alla struttura del sistema nervoso, senza il quale il fenomeno della conversione (conversione dell'energia psichica in un sintomo corporeo) e quello della somatizzazione d'angoscia apparirebbero come un'ipotesi certamente suggestiva ma priva di un fondamento empirico. Ne avremmo fatto volentieri a meno. Cercheremo comunque per quanto sarà possibile di essere non solo sintetici ma chiari e precisi, limitando le nostre considerazioni a poche elementari analisi.

Il termine "psicosomatica" risale ai primi decenni del secolo scorso (usato per la prima volta nel 1818 da C.A. Heinroth e nel 1882 da M. Jacobj che esordiva con la parola "somatopsichico"; per arrivare nell'opera di F. Dunbar e di F. Alexander ad assumere un valore tutt'altro che secondario); con quest'espressione viene indicato l'indirizzo terapeutico che ricerca all'interno dell'intera gamma dei problemi organici l'origine psichica degli stati morbosi. (Se tutte quante le malattie somatiche possano poi ricondursi a cause emotive è un'ipotesi affascinante che viene considerata attendibile anche dalla più ortodossa medicina contemporanea). Studi molto seri ritengono sempre più rilevabile una saldatura tra la mente e il corpo, come dimostra la possibilità di trasformare significativamente il carattere di una persona attraverso l'evirazione nei maschi (impedendo con questo metodo agli steroidi gonadici, il testosterone, gli estrogeni e il progesterone, di entrare in circolo) e l'isterectomia nelle femmine (ma anche le varie lobotomie). Pratiche selvagge dell'antichità, che tuttavia nel loro significato clinico hanno reso evidente come, attraverso la manipolazione del corpo, è sempre possibile ottenere un cambiamento spesso radicale della mente.

L'elemento base del sistema nervoso è come è noto il neurone, una cellula formata da un protoplasma e da fibre nervose ramificate che consentono a qualsiasi messaggio di passare. I neuroni sono collegati dinamicamente tra di loro per mezzo di impulsi emessi dal protoplasma della cellula provocando scariche elettriche di depolarizzazione, le quali si propagano funzionalmente da un elemento nervoso all'altro. I centri nervosi, costituiti nell'uomo dal midollo spinale e dall'encefalo, a loro volta dirottano attraverso i numerosi nervi (propriamente il sistema neurovegetativo che assicura, indipendentemente dalla volontà, il regolare funzionamento degli organi e delle funzioni circolatoria, respiratoria, digestiva, endocrina, riproduttiva e metabolica) l'impulso nell'una (eccitazione) o nell'altra (inibizione) direzione.

Il sistema simpatico, attraverso il quale l'ipotalamo (ovvero la zona del diencefalo che concorre a formare il pavimento e la parte laterale del terzo ventricolo) comunica nel suo sistema di elaborazione ormonale con tutto l'organismo, è il vero regolatore, accanto e in sincronia con quello parasimpatico (che fuoriesce dal sistema nervoso centrale attraverso i nervi cranici i quali vanno a formare la maggior parte del nervo vago o pneumogastrico e i quattro nervi sacrali che a loro volta formano i nervi erettori) dell'equilibrio dell'organismo, nel senso che se la stimolazione simpatica produce un effetto eccitatore in un organo, quella parasimpatica normalmente la inibisce. Localizzato in due catene di gangli situate ai lati della colonna vertebrale, e legato tanto ai centri talamici superiori quanto al sistema endocrino (soprattutto con la ghiandola surrenale che secerne le catecolamine, adrenalina e noradrenalina), il simpatico consente l'adattamento all'ambiente, l'attività cerebrale, la ragione e la facoltà di giudizio.

Per quel che riguarda strettamente il cervello, è esso la parte del sistema nervoso centrale che si origina dalla porzione anteriore del tubo neurale embrionario, ed è costituito dal metencefalo (tetto e peduncoli cerebrali), dal rombencefalo (metencefalo con cervelletto a ponte e metencefalo con midollo allungato) e dal proencefalo (telencefalo e diencefalo). Ma è soprattutto nel telencefalo, o meglio nella corteccia cerebrale (quella sostanza grigia che riveste gli emisferi cerebrali e che è composta da aree motrici e aree sensitive le quali danno luogo alla cosiddetta area eccitabile, e da altre aree distribuite in tutti i lobi cerebrali che a loro volta formano l'area ineccitabile) che si concentra lo psichismo superiore della coscienza, della volontà, e dunque del giudizio. Le informazioni sensoriali periferiche si dirigono strutturandosi in ramificazioni sempre più complesse per arrivare alla base del cervello (in cui, accanto ad un piccolo meccanismo che è preposto a controllare i meccanismi del sogno e della veglia, è situata l'ipofisi, una ghiandola endocrina inserita nella sella turcica capace di regolare tutto il sistema ormonale, e in esso l'equilibrio quindi dell'intero organismo) dove, una volta arricchito il patrimonio mnestico delle esperienze, arrivano alla corteccia diventando coscienti.

Topografia **anatomo-funzionale delle aree corticali:**

A) aree corticali della faccia superiore laterale dell'emisfero centrale lobo frontale
1) lobo frontale
giro precentrale
giro frontale superiore
giro frontale inferiore
giro frontale medio
giri orbitali

2) giri temporali traversi,
giro temporale superiore,
giro temporale medio,
giro temporale inferiore;

3) lobo parietale
giro postcentrale,
lobulo parietale superiore,
lobulo parietale inferiore,
giro sopramarginale
giro angolare.

B) aree corticali delle facce mediale e inferiore dell'emisfero cerebrale

1) lobo occipitale
giro del cingolo
cuneo
solco calcarino

A sua volta il talamo, un centro nervoso posto sotto il cervello propriamente detto e da cui si originano e terminano le fibre proiettive e quelle associative, è il regolatore del cervello, non solo l'organo che guida tutto il sistema simpatico ma anche il vero soggetto dell'inconscio, la regione degli istinti e delle emozioni, dell'umore e del dolore. Esso è infatti in un rapporto costante con la corteccia cercando con i suoi sistemi di mediare e di organizzare la parte cosciente e quella inconscia di tutto l'apparato cerebrale.

1) Lobo frontale:

è preposto, soprattutto nella regione prefrontale, all'organizzazione di processi mentali complessi come la regolazione delle funzioni egoiche (l'autocontrollo, i principi etici...). Centrale anche nell'espressione e nel controllo della creatività, dell'iniziativa, dell'apprendimento, nella progettualità, presiede all'organizzazione grammaticale e sintattica del linguaggio, all'integrazione dei processi percettivi e all'elaborazione del movimento.

- Giro precentrale: ha una funzione motrice primaria, percettiva e gustativa, ma è anche preposto alle associazioni uditive e visive; connesso con il cervelletto, riceve parte della sensibilità generale.

- Giro frontale superiore: ha la funzione di integrare l'attività dell'area motrice, ed è in costante comunicazione con l'area delle attività viscerali ed emotive. La zona mediale del giro frontale superiore ha una funzione motrice accessoria e in essa sono rappresentati tutti i muscoli. La sua stimolazione causa cambiamenti di posizione con movimenti bilaterali delle gambe e del tronco, e determina varie reazioni vegetative, come la modificazione del diametro pupillare e le palpitazioni. Non è escluso che collabori anche al controllo della postura.

- Giro frontale medio: sembra essere centrale all'interno della dinamica dell'elaborazione del pensiero cosciente (la sua asportazione compromette infatti fortemente la diminuzione dell'intelligenza e l'alterazione della personalità). È probabile che influenzi alcune attività vegetative e che sia collegata ad un meccanismo di attenzione sensoriale che consente la corretta scelta del comportamento. Insieme al nucleo dorsomediale del talamo, ai corpi mammillari e al giro del cingolo pare partecipare ai processi mnemonici e di apprendimento. Non ultimo è il ruolo dell'organizzazione temporale dei comportamenti.

- Giro frontale inferiore: Preposto alle funzioni ideo-motorie del linguaggio, nonché della parola e della scrittura.

- Giri orbitali: partecipano all'elaborazione uditiva, visiva e somatica.

2) Lobo temporale:

è deputato prevalentemente all'elaborazione e al controllo dei processi di memorizzazione e di coscienza, del linguaggio, degli stimoli uditivi e visivi, del tono dell'umore.

- Giri temporali traversi: costituiscono la corteccia uditiva primaria.

- Giro temporale superiore: serve ai processi di interpretazione e di memorizzazione dei suoni, all'integrazione dei riflessi acustici (la sua lesione causa afasia uditiva).

-Giro temporale medio.

- Giro temporale inferiore: comprende aree di associazione e neuroni che rispondono a stimoli somestetici ed uditivi.

3) Lobo parietale:

svolge un ruolo fondamentale nell'organizzazione e nell'elaborazione dei dati sensoriali, e nell'orientamento spaziale. Partecipa nella percezione visiva e all'elaborazione delle parole e del linguaggio.

- Giro postcentrale: è preposto al controllo vocale, del volto, del tronco, delle gambe. Riceve ed elabora il dolore e la sensazione cutanea.

- Lobulo parietale superiore: collabora ai processi motori.

- Lobulo parietale inferiore: partecipa al processo di attenzione sensoriale.

- Giro sopramarginale: interviene nelle facoltà visive ed uditive, nella comprensione dei suoni e del linguaggio.

- Giro angolare: sembra coinvolto nell'elaborazione della scrittura e della memoria audiovisiva.

Lobo occipitale:

È prevalentemente implicato nell'elaborazione dei dati che riguardano la visione, nonché nella sua elaborazione superiore. Si pensa che partecipi anche al mantenimento omeostatico del tono dell'umore.

- Giro del cingolo: la sua stimolazione provoca effetti viscerali ed emotivi, mentre la sua asportazione alterazioni della personalità e del comportamento. Forse attivo nell'inibizione dell'ipotalamo.

- Cuneo: sembra preposto all'interpretazione delle immagini e alla memorizzazione visiva.

- Solco calcarino: è implicato nei processi di rielaborazione visiva.

A conferma di quanto si diceva a proposito delle corrispondenze corpo-mente, è cosa nota che operazioni chirurgiche nella regione del talamo possano provocare eccessi violenti di mania, o anche talvolta i sintomi della melanconia. Quando ad essere lesa è la corteccia cerebrale la personalità si modifica abbandonandosi agli istinti della vita vegetativa e animale.

Anche i neuroni del talamo, che si serve proprio di questo meccanismo per inviare i messaggi ai neuroni con cui è in relazione, sono eccitati dalle scariche elettriche che vi giungono (uno stimolo esterno eccita il suo specifico recettore sensoriale, penetra nel sistema nervoso attraverso i nervi rachidei del midollo spinale, e dal midollo giunge alla sostanza reticolare del bulbo e della protuberanza concentrandosi nel talamo). Altre fibre speciali mettono poi in comunicazione la base del cervello con la corteccia andando a completare l'immenso groviglio elettrico e chimico dell'organismo.

La corteccia cerebrale è, con le sue aree cognitive, di elaborazione del pensiero e dell'azione, della memoria e dell'ideazione, si è detto la sede della coscienza e della volontà

- Aree gnostiche (visive, uditive...): le vie sensoriali specifiche inviano i loro messaggi tattili, uditivi, visivi... nelle aree recettrici separate le une dalle altre; tali messaggi raggiungono quindi le aree corticali sensoriali e si distribuiscono in esse. A causa della suddivisione in aree le reazioni agli stimoli di qualunque natura non potrebbero essere coordinate se non ci fossero dei meccanismi di integrazione dei messaggi pervenuti. Questi sono assicurati proprio dalle aree gnostiche, che ricevono solo messaggi aspecifici, e sono collegate tra loro da fasci di fibre cortico-corticali intraemisferici e interemisferici.

- Funzioni superiori di elaborazione del pensiero e dell'azione: non hanno una precisa collocazione essendo assicurate dall'attività di tutta la corteccia.

- Aree di previsione dell'azione: sarebbero alcune aree frontali.

- Prevalenza della funzione di uno dei due emisferi: un trasferimento delle funzioni da un emisfero all'altro è possibile nell'uomo non oltre il dodicesimo anno di età. L'emisfero sinistro è maggiore in quasi tutti gli individui di quello destro; molte delle attività psichiche superiori come il linguaggio, la lettura, il calcolo sono localizzate nell'emisfero dominante. All'emisfero sinistro spetta il compito della conoscenza del proprio corpo nel suo insieme, l'organizzazione dei movimenti superiori, l'elaborazione del pensiero concettuale e simbolico; l'elaborazione dei movimenti e l'esecuzione dell'atto sono controllati dall'emisfero controlaterale.

- Centri di memorizzazione: le informazioni pervenute dal mondo esterno vengono inviate ai centri di percezione primari situati nella corteccia cerebrale secondo una precisa rappresentazione somatotopica. Qui le sensazioni non raggiungono ancora il livello della coscienza, essendo essi solo la stazione di arrivo corticale delle vie della sensibilità (vie nervose ascendenti). È solo al livello dei centri corticali sensitivi o associativi che ha luogo il riconoscimento dei segnali. Detto altrimenti, il riconoscimento dell'oggetto osservato avviene attraverso il confronto tra i centri di integrazione, quelli di percezione primari e gli archivi della memoria, e da una sintesi di tutte le sensazioni recepite.

- Centro ideologico e di ideazione: è diffuso in tutta la corteccia cerebrale, ed è in esso che si realizza la sintesi delle informazioni afferenti dai diversi centri di integrazione, ciascuno a sua volta collegato a un proprio centro di percezione primaria e di memorizzazione. È esso il centro più elevato della coscienza individuale delle differenti sensazioni, delle azioni coscienti, nonché il punto di partenza di ogni atto e di ogni movimento volontario, compreso il linguaggio. In esso si realizza cioè la sintesi tra sensazione e azione. Strutturato in una complicatissima rete di neuroni (circa 35 miliardi), ha il compito di controllare, organizzare, selezionare, interpretare e integrare tutte le attività che provengono da ogni attività corticale. Quando nel centro ideologico nasce un'idea d'azione, essa viene immediatamente controllata con gli archivi di memorizzazione, dove una volta confrontata con la traccia mnestica perviene ai centri motori primari dell'area piramidale, i quali trasmettono a loro volta l'ordine di eseguire il movimento.

Quando la corteccia non funziona bene gli impulsi del talamo non sono sempre controllabili ma liberi piuttosto di defluire all'interno dell'apparato psichico, dando così alla chimica delle pulsioni maggiori possibilità di riversarsi nell'Io (quello controllato dalla corteccia). E questo è quanto accade nel caso di affaticamento psichico, emozioni violente, paure, collere, inquietudini. E' insomma alla corteccia che spetta il compito di moderare e di equilibrare le energie che si muovono all'interno delle strutture della mente (nel caso della rimozione l'emozione dolorosa viene tenuta lontana dalla corteccia, deviando gli impulsi elettrici verso il sistema nervoso simpatico, e dal simpatico all'organo scelto come bersaglio per la scarica emotiva), ed è da essa che, frenando le emozioni e gli impulsi istintuali che irrompono dal talamo, dipendono il benessere interiore e il controllo della volontà.

L'emozione, ovvero la reazione dell'organismo a una situazione critica per la quale è inadeguato, si accompagna sempre a fenomeni psichici e fisici. Una forte emozione come la paura o la collera provoca infatti tra le altre cose una scarica di adrenalina (sostanza secreta dalle ghiandole surrenali con un'azione vasocostrittrice), che reattivamente muoverà ad alzare i valori del glucosio nel sangue, all'aumento della capacità di contrazione di un muscolo (quasi preparando il muscolo alla lotta o alla fuga come avviene nelle aritmie, nelle tachicardie, negli spasmi), o anche a diminuire il tempo di coagulazione ematica, ad un aumento della pressione arteriosa e dell'attività mentale. Fattori questi che servono non ad altro che a raccogliere il massimo dell'energia disponibile (sotto forma di ATP) che consenta di rispondere in maniera adeguata ad una situazione critica di allarme. Nella partecipazione della psiche nel corpo entrano naturalmente in gioco altri fattori, che non possono però essere discussi in questa sede. Senza voler spingerci oltre, indagando magari la natura dei neurormoni o dei neuropeptidi, è comunque necessario per lo meno un accenno a quello che si presenta come il messaggero delle informazioni, propriamente l'ormone, in grado di comunicare tra i due sistemi psico-somatici. Il principale referente del sistema nervoso rimane infatti il sistema endocrino (composto da ghiandole, ipofisi, tiroide, paratiroidi, surrenali, corpo pineale, gonadi, pancreas, corpi cromaffini, e da quelle strutture che elaborano le sostanze liberate nel sistema circolatorio e trasportate agli specifici recettori tessutali con cui si legano determinando le conseguenti modificazioni bio-chimiche), quel sistema che agisce cioè attraverso un complicato processo di interazione tra neurotrasmettitori (ad esempio noradrenalina e acetilcolina) e recettori. Gli ormoni esercitano un'azione diretta e indiretta sul sistema nervoso centrale (elevate dosi di insulina portano alla confusione mentale, o anche a disturbi della vigilanza e possono portare fino al coma vero e proprio; l'ipotiroidismo comporta spesso sindromi depressive con irrequietezza e irritabilità; l'ipersecrezione di adrenocorticosteroidi a forme melanconiche del carattere; l'ipersecrezione di ACTH a disturbi importanti dell'umore) e dunque anche tra gli altri sull'ipotalamo e l'ipofisi. Che gli ormoni siano un importante fattore di relazione, la macchina che porta le informazioni dell'inconscio, tra i processi mentali e quelli somatici è stato del resto dimostrato anche da H. Selye, il padre della psiconeuroendocrinologia, che chiarì in modo inconfutabile i meccanismi con cui lo stress cronico agisce sull'asse ipotalamo-ipofisi-corticosurrene nel tratto gastrointestinale e nella funzione immunitaria.

In questa dinamica meta-fisiologica della malattia come e con quali modalità viene scelto l'organo bersaglio? I fattori che si sono ipotizzati sono molteplici, e vanno dagli stati biologici individuali, ai traumi somatici di un determinato organo o anche a particolari condizioni simboliche che sono più adatte di altre a rappresentare la natura del conflitto. Freud scrive ad esempio che in questo processo di conversione (se però nell'isteria il sintomo si forma mediante la conversione e rappresenta l'esperienza rimossa, nella nevrosi d'angoscia esso si origina mediante la proiezione verso l'esterno della fonte angosciosa, oppure anche talvolta rappresentando somaticamente l'equivalente dello stato psichico angoscioso. Ma in quest'ultimo caso, contrariamente a quanto accade per l'isteria che si può ricondurre alla sua causa psichica, essendo il sintomo l'equivalente somatico della tensione mentale, non è sempre possibile riportarlo alla coscienza risalendo al conflitto inconscio per modificarlo terapeuticamente; accade nella nevrosi d'angoscia qualcosa cioè di infinitamente più complesso rispetto alle varie forme di conversione, come se la psiche proiettasse l'eccitamento all'esterno). Proprio nella distinzione freudiana tra isteria e nevrosi d'angoscia, F. Alexander ha saputo distinguere nettamente tra il sintomo da conversione e la nevrosi vegetativa la quale sola sbocca nella malattia d'organo che può anche cronicizzare, magari in forma di ulcera peptica, di colite, di asma, di ipertensione. Osserva infatti lo psicologo ungherese che sussiste una distinzione fondamentale sul piano corporeo tra la patologia di relazione (muscolatura striata a innervazione volontaria, sensorialità e coscienza, che si prestano all'espressione e al linguaggio della conversione isterica) e la patologia della vita vegetativa (muscolatura liscia, che diversamente dall'altra non reagisce a pensieri rimossi precisi, ma a generali tonalità affettive), tra le turbe funzionali delle nevrosi d'organo e le turbe organiche psicogene. Non a caso le alterazioni ad esempio dell'attività viscerale, contrariamente al sintomo da conversione, non alleviano le tensioni affettive. Alexander (1932) distingue insomma fondamentalmente tra due tipi di malattie psicosomatiche; una è espressione del fatto che tendenze ostili aggressive sono bloccate e non si possono quindi tradurre nel relativo comportamento manifesto, l'altra è invece espressione del blocco che inibisce il soggetto nelle sue tendenze alla dipendenza e dell'appoggio. In conseguenza di queste due situazioni, le risposte viscerali croniche che fanno intervenire il sistema nervoso autonomo e le regolazioni neuroendocrine sfociano in vere e proprie malattie psicosomatiche (l'ipertensione sarebbe allora l'espressione dell'inibizione dei risentimenti e delle ripulse affettive; l'ulceroso si obbliga all'iperattività non permettendosi di manifestare i bisogni di dipendenza). Per Alexander il solo conflitto non è però una causa di per sé sufficiente a giustificare la comparsa della malattia, ma necessita di altri due fattori che possano fare cronicizzare la situazione dello stato d'animo, la vulnerabilità organica (fattore x) e una situazione scatenante (situazione di vita). G.F. Mahl formula invece a partire dal 1953 una serie di ipotesi in merito alla malattia psicosomatica che lo allontanano dal celebre collega. Essa sarebbe non la conseguenza ad uno specifico stress psicologico, ma il punto massimo di una serie imprecisata di fattori alterati, dall'ereditarietà al condizionamento educativo, che si vanno a concentrare su quello specifico organo che geneticamente è già però predisposto alla malattia.

Tralasciando le varie forme morbose, quali l'anoressia e la bulimia, la magrezza e l'obesità, i disturbi della deglutizione e l'aerofagia, il cardiospasmo e il vomito nervoso, i disturbi dell'epidermide (acne, iperidrosi, eczemi) ci occuperemo di analizzare solo il fenomeno delle patologie a livello dello stomaco e del sistema cardio-circolatorio, dei disturbi della funzione escretoria e della respirazione (l'asma bronchiale), dell'emicrania e dell'ipertensione. Studi recenti tendono con sempre maggiore determinazione ad attribuire una componente causale notevole al vissuto psichico anche a livello di malattie insospettabili come il carcinoma[3].

---

[3] Vedi: Bahnson, 1980; Le Shan, 1959; Temoshok, 1987; Bacon e alt., 1952; Kissen, 1966; Bahnson & Bahnson, 1969; Shekelle, 1981; Schmale e Iker, 1971; Greer e alt., 1979; Morris e alt., 1981; Jansen & Muenz, 1984; Burgess, 1987; Schonfield, 1979; Jones e alt., 1984; Ewertz, 1986; Horne & Picard, 1979; Jacobs & Charles,

L'ipotesi è suggestiva e lo sforzo senza dubbio apprezzabile; ma tuttavia in mancanza di ricerche approfondite e universalmente riconosciute è sempre bene procedere con cautela.

Malattie dello stomaco

Non nuovo è l'assioma tra il nervosismo e l'ammalarsi di stomaco. Anche oggi che la ricerca sull'ulcera (ad esempio) tende a spostarsi sul piano infettivo-batteriologico l'attenzione rivolta allo status psichico dell'ulceroso sembra comunque ancora interessare il clinico analista. Almeno per quel che concerne il carattere dell'individuo portatore della malattia (ipersensibile, vulnerabile, suscettibile, ambizioso, aggressivo, contraddittorio), e assodato che la quantità e la qualità del succo gastrico (il livello di pepsogeno nel sangue e di uropepsina nell'urina) o anche la motilità e le funzioni dello stomaco dipendono dagli stati emotivi, caratteriali e affettivi. Nei malati di di ulcera (ma anche di gastrite) sembra infatti sedimentare un forte desiderio rimosso tendenzialmente orientato verso la regressione orale. Si tratta di un desiderio profondo di amore (frustrazione dei desideri orali-reazione aggressiva-senso di colpa-angoscia-ipercompensazione-rimozione di tali desideri-ipersecrezione gastrica) inconciliabile con il rigore morale dell'Io adulto che viene rimosso portando a una iperfunzione dell'organo (il desiderio rimosso e mai soddisfatto dei bisogni orali, analogamente a quanto

___

1980; Pettingale e alt., 1977; Bartrop e alt., 1981; Kraus & Lilienfeld, 1959; Young e alt., 1963.

avviene per un individuo continuamente stimolato alla fame e mai appagato, provoca una iperacidità cronica dello stomaco; un esempio è il famoso esperimento sul cane condotto da Pavlov). Nel caso in cui l'individuo riacquisti la fiducia in se stesso, o quanto meno una maggiore tollerabilità all'ambiente, è strabiliante davvero assistere alla rapidità con la quale ulcere anche molto estese e antiche guariscano senza lasciare traccia.

Disturbi della funzione escretoria

Il principio psicodinamico da cui in genere si parte per elaborare una teoria sui disturbi dell'alimentazione e dell'evacuazione rimane la fase anale-aggressiva dello sviluppo. Non ripeteremo però in queste pagine quanto detto in precedenza; ci basti l'esempio addotto sul carattere anale come prima indicazione tipologica. Più nascosto è invece il significato della costipazione abituale e cronica (**obstipare = rimuovere**), che è un sintomo riscontrabile quasi regolarmente in tutte le strutture nevrotiche anali (ad esempio nella depressione e nella nevrosi ossessiva). Generalmente si tratta di individui depressi, diffidenti, incapaci di abbandonarsi, ossessivamente pedanti, amanti della pulizia e dell'ordine, avari. Per quanto riguarda la diarrea, fenomeno non raro tra gli emotivi, essa rimane l'equivalente somatico dell'angoscia. Una forma di regressione ad uno stadio infantile, un'ipercompensazione psichica ad una serie di richieste che non si riesce a soddisfare. Una forma di diarrea particolarmente importante è la colite ulcerosa, che costringe a penose asportazioni di ampie parti dell'intestino (che per alcuni autori sarebbe la drammatizzazione somatica della depressione), che servono a soddisfare le istanze sadiche del Super-Io.

L'asma bronchiale

Che le emozioni si ripercuotano anche sulla respirazione non è una cosa nuova alle indagini cliniche. L'asma bronchiale è una forma molto grave e spesso cronica dei disturbi respiratori funzionali. L'attacco si presenta in condizioni allarmanti e non raramente pericolosi; l'individuo è assalito da un'angoscia di soffocamento, non riesce a soddisfarsi con la respirazione (ha fame d'aria) e non può espellere l'aria introdotta nei polmoni a causa della contrazione della muscolatura bronchiale e del diaframma. Fenomenologicamente una tale sindrome, assimilabile a quella dell'attacco allergico (da cui si distingue per la maggiore componente psichica), ha il carattere di un richiamo disperato al referente affettivo. Il ruolo giocato dalla madre sembra ancora una volta determinante; ambiguità tra l'attrazione la ripulsa del figlio, tra l'odio e l'amore, la repressione di ogni aggressività (fatto che accresce nel bambino un forte senso di colpa e di dipendenza, di inferiorità), la tendenza al dominio e alla tirannia domestica sono tutti fattori predisponenti all'instaurarsi di una forma morbosa della respirazione (non a caso alcuni autori sostengono che il soggetto nevrotico prima di ogni altra cosa sia un individuo che ha disimparato a respirare). Nella struttura del carattere degli asmatici sono riscontrabili tratti orali come l'ansietà e anali come la diffidenza, l'ostinazione, la pedanteria per l'ordine. Ma lo stesso accade (potrebbe accadere) anche per la persona allergica in cui l'esperienza conflittuale viene però spostata su un allergene.

Cefalea ed emicrania

La cefalea (vasomotoria) è dovuta ad una distensione e dilatazione eccessiva dei vasi (soprattutto dei seni venosi). La tendenza delle persone che lamentano un abituale mal di testa sembra orientarsi nella direzione anale, fortemente intellettualizzata, e comunque erotizzata (tendenza alla rimurginazione coatta, all'ipervigilanza, alla compulsione del pensiero e al controllo razionale). Nelle donne il sintomo non di rado si accompagna alle anomalie della mestruazione, alla frigidità e alla costipazione cronica. L'ipotesi più probabile è che il mal di capo subentri ogni volta che questi tipi intellettuali non siano in grado di elaborare (l'intellettualizzazione è quindi prevalentemente una forma di spostamento e di difesa; nel senso che la costruzione di una rigida struttura ideale del mondo consente di eludere quei fattori che non rientrano nella grammatica della ragione) le pretese pulsionali che derivano dal bisogno aggressivo ed erotico. Anche nel caso in cui le cefalee che compaiono in occasione di richieste eccessive di lavoro, di studio smodato o di attività sfiancanti, il nucleo scatenante il sintomo va ricercato nella tendenza all'antagonismo e all'ostilità, all'aggressività censurata (invidia verso le prestazioni intellettuali altrui). Il carattere di difesa del sintomo è evidente soprattutto se si tiene conto del fatto che il tipico attacco di emicrania, con violento mal di testa emilaterale, disturbi visivi, vertigini e vomito costringe a ricercare un ambiente solitario, privo di rumori e buio.

Disturbi cardiaci

Anche questa serie di disturbi ha una causa emotiva all'interno della personalità nevrotica. La diminuita capacità d'azione e di lavoro che il malessere cardiaco comporta diventa un espediente per evitare di relazionarsi con il prossimo, fornendo un alibi alla riduzione degli impegni quotidiani. Per lo più infatti, almeno per quel che riguarda il cuore, ad una sintomatologia teatrale corrisponde in un organo sano o compromesso in maniera non significativa (eccetto la sclerosi coronarica o la fase acuta dell'infarto) a livello funzionale, mentre è invece sempre presente una nevrosi più o meno cronicizzata (a questi stati morbosi si accompagna spesso un difetto cospicuo dell'Io). Dolori diffusi, fame d'aria, palpitazioni, cardiopalmo, aritmie, spasmi, extrasistolie, tachicardie (il soggetto nevrotico "sente" i propri organi, interloquisce con essi e soprattutto con quello che si presenta come il centro di massima attenzione). I disturbi cardiaci sono la manifestazione forse più comune dell'angoscia somatizzata, uno stato di allarme e di pericolo rimosso di cui l'individuo non percepisce che il correlato organico. I disturbi del ritmo sono quindi all'ordine del giorno in forma di tachicardie sinusali (parossistiche) e tachipnee; non rari sono anche gli attacchi vago-vasali, quegli stati cioè in cui all'aumento del tono vagale corrisponde la caduta della pressione sanguigna con il conseguente stato di debolezza e svenimenti. L'angina e l'infarto sono anche ciò che consegue a una risposta emozionale incapace di esprimersi totalmente; nella maggior parte dei casi ad ammalarsi sono individui agitati e sottoposti ad eccessive richieste (in seguito a stati di continua tensione e di eccitamento aumenta l'escrezione di catecolamine che provoca una costrizione spastica delle coronarie, accelerando i processi sclerotici dei vasi). All'origine sembra insomma esserci una tensione duratura con scarsa possibilità di scarica e di distensione (persone che hanno rimosso i bisogni gettandosi a capofitto nel lavoro), un'incapacità cronicizzata ad esprimere i malesseri profondi.

Ipertensione psicogena

È ipotizzabile che la causa scatenante lo stato morboso sia il conflitto non risolto tra le tendenze passivo-dipendenti femminili e gli stimoli aggressivo-ostili compensatori; dall'anamnesi degli ipertesi risulta infatti spesso che questi individui che ora si presentano docili e remissivi, timidi e miti, furono invece nella fanciullezza e nella prima gioventù molto aggressivi e violenti, diventando già dalla pubertà inibiti e incapaci di esprimere l'aggressività.

Sembra insomma che anche per la psicosomatica il conflitto edipico abbia un significato determinante. Lo si evince dal continuo bisogno autopunitivo. Finché la sofferenza fosse rimasta nella clinica come una fatalità tragica di pochi sventurati, non avrebbe stimolato interesse letterario di nessuno e meno che mai di quella scienza generale che è la filosofia. Dato però l'espandersi e la rilevanza del fenomeno, le scienze sociali allargano sempre più il campo di ricerca anche a discipline strettamente mediche. Nella prima parte di questo studio (ma come si vedrà anche nella seconda) si è allora cercato di inserire il disagio emotivo nel contesto più problematico della storia e della cultura. Focalizzando in particolare nella civiltà del consumo una delle fonti maggiormente indiziate nel predisporre, con intenti organizzativi e più spesso repressivi, una parte della comunità all'alienazione. Quanto il modello economico che si sta imponendo globalmente al mondo possa rivelarsi causa più che di un disagio di una vera autodistruzione di massa lo si vedrà nei capitoli che seguono.

PARTE SECONDA

CAPITOLO VI

LIBERTA' E ANGOSCIA

Qualcosa non voleva morire dentro di me, in fondo al cuore e alla coscienza, non voleva morire e si manifestava come un'angoscia bruciante.
F. Dostoevskij

Si è detto che la nevrosi è un disturbo serio. Il peggiore forse tra le devianze psichiche perché rispetto a quelle più invalidanti come la schizofrenia mantiene una forma di coscienza, e in essa una comprensione delle mutilazioni imposte dalla malattia. Il disturbo nevrotico si presenta infatti all'Io con il carattere di una libertà frustrata, di una continua limitazione delle facoltà soprattutto sociali. L'impedimento fisico non compromette l'esercizio della libertà se non di riflesso e con delle modalità molto particolari; per lo schizofrenico il problema non si pone dato che come quasi tutti gli psicotici è al di qua di questa categoria ontologica; mentre è proprio nella nevrosi che il fenomeno assume i toni esasperati di un'amputazione esistenziale che coinvolge l'essere stesso in tutte le sue forme.

La volontà, che non è una sostanza né tanto meno il motore primo attorno al quale ruota e si costruisce la personalità, assume all'interno delle dinamiche mentali la funzione economica antientropica che consente all'Io di muoversi fluidamente nel mondo per realizzare pulsioni e desideri altrimenti inaccessibili. Il concetto di libera volontà ha un fondamento speculativo (per un'accurata discussione dell'argomento rimandiamo all'appendice posta in fondo al volume) solo nella giustificazione dell'esercizio di quella variabile indipendente che è l'autorità e che di volta in volta si chiama legge, stato, Dio, morale; la volontà non è mai assolutamente libera in quanto è predeterminata da significanti che inducono l'Io ad organizzare nel massimo equilibrio il materiale delle pulsioni con quello che di riflesso ritorna specularmente dal mondo. Nella dinamica Io-mondo, dentro-fuori, desiderio-rinuncia il libero arbitrio si configura non come un libero volere, ma come il dovere di volere ciò che l'Io vuole, una libera adesione a quella che in vista della migliore prospettiva sociale si presenta come la possibilità di soddisfare il piacere non solo autoeroticamente ma nel mondo, come parte di un complesso più generale. Il concetto di volontà, totalmente sconosciuto in terra socratica, è un'acquisizione culturale relativamente recente che solo nel mondo cristiano e per ragioni teologico-giuridiche ha trovato motivo di radicamento. Dal suo significato prettamente morale alla nozione utilitaristica di peccato il passo è breve, e si accorcia del tutto quando viene posta come argomento funzionale al giudizio dell'autorità e più spesso alla repressione. Per Socrate (come per tutti i greci che anche in questo dimostrano la modernità di un pensiero non facilmente censurabile) la volontà, come pure la libertà, era concepita sul piano metastorico della necessità e veniva intesa come la libera incondizionata adesione alle leggi (al nomos) della polis o anche (ad esempio in Epicuro) alla natura (physis) dell'universo. Una specie di simbiosi schellinghiana tra libertà e necessità, essendo l'ultima non più in conflitto (un conflitto che appartiene ovviamente solo ai limiti della ragione) ma un completamento capace di assumere la prima nel proprio universo ontologico, dandole l'estensione storico-metastorica che le consente di affermarsi inserendo le singole azioni in un più ampio orizzonte progettuale. Non è vero che i filosofi precristiani non tenessero conto della nozione di libertà (la tragedia nasce ad esempio dal travaglio conflittuale tra la necessità del destino e la libertà dell'azione individuale; le etiche di Aristotele le riconoscono una dignità) e quindi di un esistenziale necessario al corretto funzionamento psico-sociale; il problema è che per essi più che ad un agire incondizionato era simile ad una costrizione e ad una chiamata, ad un paradossale comando che Heidegger (il quale concepiva presocraticamente l'infinito come natura o come essere, piuttosto che come obiettivo morale) avrebbe cercato di recuperare nella filosofia moderna. Heidegger e naturalmente Freud, perché anche per la psicoanalisi l'Io, la volontà, la libertà, la libera scelta non sono che un ripiego culturale, a volte mal riposto come accade nelle nevrosi, su ciò che ha in realtà il carattere di un banale determinismo.

Questa posizione non rappresenta però solo lo spartiacque tra mondo antico e mondo moderno ma, per quel che ci riguarda ed è di interesse nel presente trattato, è forse anche la più importante discriminante tra Jung e Freud. Mentre infatti il primo tendeva più direttamente ad accorciare la strada che avrebbe, attraverso il libero agire, rigenerato il mondo; l'ultimo, come in un circolo e individuo per individuo, somministrava pazientemente verificando ad ogni momento gli effetti del farmaco. Finché infatti la libertà fosse rimasta sul piano del pensiero archetipico come una bella immagine da contemplare con raffinatezze intellettuali difficilmente avrebbe prodotto dei benefici riscontrabili. Entrambi volevano cambiare il mondo, apertamente l'uno e più velatamente l'altro, ma il cambiamento se davvero vuole essere incisivo chiede sacrifici e il tempo per l'attesa, sempre una strategia misurata. Le guerre raramente si vincono dalle trincee, mai comunque affrontando direttamente il nemico; la vittoria è invece più spesso il frutto di piccoli spostamenti e di ragionate astuzie, e si ottiene accerchiando e stringendo la morsa, lentamente fino al logorio dell'avversario. Se la redenzione epocale è un evento di portata storica, la storia passa comunque sempre per le azioni di ogni specifico e singolo uomo. La scienza di Freud intendeva somministrare il farmaco della libertà e con esso, goccia per goccia, flacone dopo flacone, offrire finalmente una nuova possibilità, una diversa strategia dell'esistenza. Quando Freud era imbarcato con Jung sul battello che li avrebbe condotti in America per esporre le nuove teorie, pronunciò una frase che sarebbe diventata l'epigono di un'epoca: "Non sanno che gli portiamo la peste". E davvero simile ad una cicuta amara doveva allora presentarsi la psicoanalisi, un medicamento che può nel bisogno di liberazione anche essere mortale. Considerando naturalmente che quello che si andava a giustiziare era l'uomo e con esso l'umanesimo culturale, credenze e mitologie radicate; una piccola metascienza alle prese con due millenni di storia.

Questa prolusione alla nozione di libertà l'abbiamo ritenuta necessaria per introdurre quello che è il problema fondamentale, tanto importante da raggiungere in alcuni il livello della patologia. Freud non era un filosofo e tanto meno un metafisico; eppure pur non essendo la sua scienza una weltanschauung, come scrive nel 1932 in **La questione dell'interpretazione**

La filosofia non è opposta alla scienza e in parte lavora con gli stessi metodi; tuttavia essa si differenzia dalla scienza perché si aggrappa all'illusione di poter presentare un quadro dell'universo coerente e senza lacune

una certa ambivalenza, quando non una vera dipendenza della psicoanalisi alla filosofia è comunque possibile trovarla. I concetti con i quali si trovava a lavorare erano quelli elaborati da una tradizione consolidata e più che mai viva. Per questo quando si trova ad esporre le sue teorie (in particolare sull'erotica) il commento all'opera di Platone e alla cultura tedesca (Kant, Goethe, Schopenhauer, Nietzsche) è sempre presente quasi a ricercare in essa le ragioni che non sempre le sue analisi gli presentavano con chiarezza. La sua è infatti più correttamente una meta-psicologia, una scienza ermeneutica (spesso la chiama "Die Sache" che significa la cosa, l'indefinibile ambiguo aperto a diverse letture) capace di riassumere le dottrine e quegli autori che per differenza di discipline e convinzioni non vi confluirebbero. Tra questi Kierkegaard e il concetto di angoscia da lui elaborato, e nell'angoscia quello più vasto e ontologicamente rilevante, come si è detto, della libertà.

Apertura totale alle diverse possibilità dell'esistenza, la libertà si presenta come una voce, il silenzioso richiamo della coscienza che si esprime con parole cariche di significato, quelle stesse con le quali Nietzsche-Zarathustra lamentava il proprio disagio

La mia ombra mi chiama? Che importa la mia ombra! Mi corra pur dietro! Io le sfuggirò.

L'angoscia è a sua volta privazione di libertà, mancanza e desiderio di una componente esistenziale necessaria quanto l'aria (anxiety) che respiriamo, come angoscioso è lo strozzamento che impedisce e mutila l'Io nelle possibilità di espressione; soffocamento che è però anche un monito, un segnale violento, crudele.

Sembrano davvero ancora le parole di Zarathustra ad echeggiare nell'opera di Freud

Emergi, pensiero abissale, dalla mia profondità! ... Alzati, alzati! Il mio canto del gallo deve pur svegliarti! Sciogli i lacci delle tue orecchie: ascolta! Giacché io ti voglio udire! Qui c'è abbastanza tuono perché imparino ad ascoltare anche i sepolcri!... Ascoltami anche con gli occhi: la mia voce è medicamento anche per i ciechi nati! ... Salute a me! ... il mio abisso parla, ho ribaltato nella luce la mia ultima profondità! ... Accostati! Dammi la mano ... ahi! Lasciala! Ahi, ahi ... ribrezzo, ribrezzo, ribrezzo ... ahimè!

Che la limitazione della libertà nella nevrosi ad esempio ossessivo-compulsiva comporti una crescita incontrollabile dell'ansia è cosa nota (rituali coatti come quello del lavarsi, necessità di ripetere o contare che si protraggono a volte per ore e che hanno la funzione di diluire l'ansia, di neutralizzare almeno in parte la sensazione di vertigine con cui si presenta alla coscienza), ma che questo stato di costrizione potesse comportare un problema etico-morale non è stato sempre messo in luce con la dovuta attenzione. Nel conflitto nevrotico tra l'Es e il Super-Io le azioni compulsive (quella azioni che si compiono sotto dittatura di esigenze interiori e dalla cui impossibilità di attuarsi deriva l'esasperazione dell'angoscia, o se si vuole la sua forma antropologizzata nella forma dell'ansia) servono infatti a tenere sotto controllo il materiale rimosso con un carattere fortemente erotico. Più misteriosa è la ragione di tale menomazione che comporta la chiusura alla verità che cerca in tutti i modi, a cominciare con la lingua del sintomo, di salire alla coscienza. Essendo propriamente l'esperienza angosciosa un fenomeno di mutilazione dell'essere che unisce nello stesso percorso le sorti della libertà a quelle della verità. Di che natura sia tale rapporto ontologico non è di difficile formulazione. Una cerniera in ambito e di interesse clinico è stata trovata proprio in quella condizione dello spirito che prende il nome di angoscia, e che la psicoanalisi concepisce come l'epilogo di un conflitto (tra l'Es e il Super-Io) interno all'Io, il compromesso tra il desiderio e la repressione. Censura morale che assume il nome meno ostico di paura (fobia), come scrive Freud nel 1895

La psiche prova l'emozione dell'angoscia se si sente incapace di fronteggiare con una reazione adeguata un'incombenza - pericolo- impostale dal di fuori; si sente preda della nevrosi d'angoscia se si avvede di non sapere come sedare l'eccitazione sessuale proveniente dall'interno, vale a dire che si comporta come se proiettasse al di fuori tale eccitazione (... **Nevrosi d'angoscia**).

La paura (zoofobia, agorafobia, claustrofobia ...) è un'angoscia deietta nel mondo, la proiezione di un turbamento interiore, un compromesso che serve a ridimensionare la tensione suscitata da una specifica situazione, e che consente con la sostituzione del sintomo (formazione sostitutiva) non solo l'evitamento del conflitto nevrotico, ma anche l'appagamento pulsionale che non riesce a soddisfarsi in altro modo. Tale angoscia autogenerantesi è anche naturalmente la causa (e non solo l'effetto) non solo delle nevrosi fobiche ma di ogni deviazione comporta-mentale, a cominciare dalla degenerazione psicotica, riscontrabile in tutte le malattie di origine psico-sessuale come

Conseguenza di tutti quei fattori che impediscono all'eccitazione sessuale somatica di subire la debita elaborazione psichica... allorché l'eccitazione somatica, avulsa dalla psiche, dilaga a livello sottocorticale in forma di reazioni assolutamente inadeguate.

La dinamica freudiana è più o meno questa: a causa dell'incapacità di relazionarsi con il referente affettivo dovuta all'ansia che circoscrive l'azione, nasce reattivamente una forma incontenibile di angoscia che non è solo un modo per superare il conflitto (resistenza), ma anche nel sintomo l'artificio per soddisfare il desiderio (masochistico nelle nevrosi, sadico e solo di riflesso masochistico nelle psicosi) erotico. Guardando con attenzione al fenomeno appena espresso il dubbio sulla priorità ontogenetica dell'angoscia è per lo meno ragionevole sollevarlo, chiedendoci se davvero siano in fondo le abitudini morali a giustificarne la presenza. E' vero che essa è il risultato del compromesso di due istanze che muovono in direzioni opposte, ma non meno vero è che la legge morale (che diventa tale per Freud solo quando viene interiorizzata come Super-Io) non è introiettabile come un imperativo e un divieto se già a priori non sussistono quelle condizioni (angoscianti e dunque morali) che la rendono tale. Se l'angoscia nasce infatti ad opera di un Super-Io opprimente e tiranno, lo stesso Super-Io non è forse l'evoluzione esso stesso di una morale che ha preceduto suscitandola la sua comparsa? Come può insomma nascere il Super-Io se mancando esso mancano pure le condizioni per muovere allo sviluppo della coscienza morale? L'ipotesi più schematicamente ortodossa sostiene che esso si sia generato evolutivamente dall'Es partendo dall'interdetto edipico; in che modo questo percorso abbia però potuto verificarsi, nel senso che non essendoci il Super-Io non potevano esserci neanche i presupposti per concepire introiettandola la coscienza del male (del limite, del proibito, del divieto) e della necessità quindi di una sua repressione, non è sempre stato chiarito. Se il Super-Io nasce dall'instaurarsi del conflitto morale (dall'Es come superamento del complesso di Edipo), è infatti in qualche modo legittimo postulare che all'origine si trovi una struttura anteriore che lo ha preceduto. L'ipotesi a questo punto è che tale fondamento ultimo della morale sia da ricercarsi nell'angoscia, da intendersi come fenomeno di un'assenza ontologica all'interno delle strutture della mente, come una spontanea primitiva frustrazione dell'Io. Il problema che riguarda la libertà si genera, in filosofia, da un conflitto solo marginalmente morale, ed ha un significato (cosa che farebbe però inorridire Freud) ontologico e meta-storico. Ci rendiamo conto di essere entrati con questa affermazione in un campo che niente o quasi divide con quello medico e per sostenerlo, ricorreremo alle analisi di quegli autori che meglio di altri si sono dedicati allo studio dell'angoscia (Kierkegaard) e della libertà (Heidegger).

Si è detto che il Super-Io non può essere qualcosa di primario perché il suo sviluppo presuppone all'origine un bisogno ad esso anteriore di reprimere le pulsioni incestuose dell'Es che lo precede strutturandolo. A questa complessa dinamica di energie erotiche che si muovono ordinate ma distruttive nell'Io, abbiamo dato il nome di angoscia, rivelandosi essa la condizione di possibilità di una coscienza che si genera dalla vertigine del nulla; con la certezza di sapersi nel vuoto e senza fondamento. Per Kierkegaard l'angoscia è la componente essenziale della natura umana, quale possibilità di una libertà che si presenta come il punto maggiormente significativo di tutti i processi esistenziali; articolandosi nella dialettica dell'essere e del poter essere

Tutto è ugualmente possibile, e chi fu educato mediante la possibilità, ha compreso anche il suo lato terribile e sa che egli dalla vita non può pretendere assolutamente nulla e che la parte tragica, la perdizione, l'annientamento, abita con ogni uomo porta a porta.

Eroticamente immerso in una situazione angosciosa, l'Io è infatti non più di una possibilità, in quanto momento di transizione una linea sospesa tra l'essere e il nulla; gettato di qua e di là da forze superiori che lo attraggono e lo respingono, lo cercano e lo rifiutano comincia il cammino del ritorno al Sé in un circolo che nulla consente fuori della libertà di percorrerlo, tra mille pericoli e a volte intollerabili sofferenze

Nessun grande inquisitore tiene pronte torture così terribili come l'angoscia; nessuna spia sa attaccare con tanta astuzia la persona sospetta, proprio nel momento in cui è più debole, né sa preparare così bene i lacci per accalappiarla come sa l'angoscia; nessun giudice, per sottile che sia, sa esaminare così a fondo, l'accusato come l'angoscia che non se lo lascia mai sfuggire, né nel divertimento, né nel chiasso, né sotto il lavoro, né di giorno né di notte.

Che l'angoscia non coincida con la disperazione (anche se questa deriva da quella) è un fatto talmente evidente da non aver bisogno di dimostrazione. Non si tratta di un sentimento e meno che mai di una specifica modalità di rapportarsi col mondo; è piuttosto il modo stesso di darsi dell'essere all'uomo, del nulla alla coscienza, la libertà assoluta (dell'Io, di cui è potremmo dire l'ipostasi fenomenica) nel suo carattere represso e censurato (l'imperativo della legge si specifica come "non devi", con un evidente riferimento alla prima esperienza morale) non tanto da libido e pulsioni (processi secondari), ma da forze ed energie (processi primari) che stentano ad organizzarsi nel mondo. Kierkegaard si spinge naturalmente oltre, sprofondando in sottili e ostiche considerazioni teologiche

Dio può aiutare per quel che solo la libertà tuttavia può fare. Soltanto la libertà può farlo; ma quale sorpresa per l'uomo di poter esprimersi ringraziando Dio, come se fosse stato egli a farlo

e antropologiche

Se si volesse parlare di una malattia mortale in senso stretto, questa dovrebbe essere una malattia in cui la fine sarebbe la morte e la morte la fine. E questa è precisamente la disperazione

ma il problema non si sposta. Se l'angoscia sia o meno la voce del Dio è una bella illusione che non trova però in questo scritto motivo di discussione. Il fatto rilevante è che essa, in quanto fenomeno della libertà, sia dal principio l'origine stessa dell'esistenza (nella forma della coscienza morale) come sua causa ma anche come possibilità del suo superamento.

La visione di Heidegger non è a guardar bene lontana da questa; l'uomo è nel mondo sotto forma di una situazione emotiva (Befindlichkeit) e di una comprensione (Verstehen) che da essa deriva. Tale situazione, manifesta come paura e angoscia, è ciò che apre all'esserci le possibilità del suo ci: la paura in quanto riflesso dell'inautenticità (quotidianità) nella quale è da sempre immersa, l'angoscia come la condizione più autentica dello spirito a cui il nulla (la paura è sempre paura di qualche cosa, l'angoscia è invece angoscia priva di un referente, propriamente paura del vuoto, di ciò che non ha volto e nome, del nulla) si svela nella fine delle epoche dell'Io, l'ultima progettualità dell'esserci (l'uomo) come essere-per-la-morte; radicale possibilità dell'esistenza che lo strappa alla fatuità del mondo per travolgerlo coinvolgendolo nel destino dell'essere come parte della sua storia. Anche in Heidegger la voce di questa chiamata (morale) rimane quella del silenzio (la Cura) e in essa quella più misteriosa della verità. Il nulla

Non è un oggetto, né... un ente... è la condizione che fa possibile la rivelazione dell'ente come tale per l'essere esistenziale dell'uomo. Il nulla non è soltanto il concetto opposto a quello di ente, ma appartiene originariamente all'essenza dell'essere stesso,

ciò che apre la strada alla libertà come possibilità di collocarsi in una situazione, l'essere dell'ente dentro al mondo; delineandosi l'essere come l'ultima trascendenza che l'esserci assume nel suo progettare aprente. E dunque la libertà più che qualcosa di meta-psichico, è prima di tutto uno spazio storico concreto; un luogo fisico piuttosto che un'idea astratta, l'aperto dentro il quale l'esserci si rapporta all'ente. Nel più astruso concetto della conformità (intendendo con esso, nella ricerca della verità, il fatto di assumere la cosa come norma del giudicare) è rinvenibile sempre un'apertura originaria (conformarsi alla cosa significa fare della norma la ragione dell'adeguazione) che ha il carattere della libertà (cercare di adeguarsi alla norma è sempre un atto libero); una libertà che così posta nella sua originaria consistenza ontologica (la possibilità che ognuno ha di cogliere gli enti presuppone a priori che essi siano in una apertura già aperta e accessibile) è sottratta alla frammentata soggettività individuale. Non è l'uomo che ha la libertà, ma è essa che lo possiede collocandolo nel proprio spazio di gioco, che è la condizione di possibilità della scelta; e perciò anche della libertà come

Ciò che consente a un'umanità di entrare nel rapporto con l'ente nella sua totalità su cui si fonda ogni storia

e dunque come apertura, nell'ambiguità di una stimmung (situazione affettiva, tonale) che agisce come a priori di ogni comprensione (fondamento), l'essenza stessa della verità. Saltando per ora il tortuoso giro di parole con cui Heidegger annuncia la cooriginarietà dell'errore all'interno di una chiaroscurata visione della verità (in quanto non poter essere), il punto importante che qui interessa mettere in luce è il significato della libertà non solo come causa finale, ma anche come causa prima priva di qualsiasi altra sostanzialità, la necessità aprente l'orizzonte ontico ancora da organizzare

La libertà è l'essenza stessa della verità. Per essenza viene qua inteso il fondamento e la ragione della possibilità interna di tutto ciò che è immediatamente e generalmente viene ammesso come conosciuto,

quell'orizzonte che apre cioè alla comprensione e fonda la possibilità che le cose possano configurarsi con un senso e un significato. In quanto lasciar essere (come essa è, nell'essere) la libertà è dunque ben più di un concetto teoretico, ma qualcosa di vissuto e storico nella sua essenza; di pragmatico, un ek-sporre (tra gli enti) e un ek-sistere (in estasi, nel mondo) in un destino più che umano, totale, assoluto, anche nella dimensione temporale nella quale (il) ci si trova a vivere, che rovescia storicamente in quella dell'essere (kehre).

In Freud non accade nulla di diverso. Finché l'uomo non riconquisti le sue origini superando le resistenze opposte dalla civiltà, è condannato a vivere nell'ambiguità di conflitti spaventosi, subendo divieti che ad altro non tendono se non alla repressione e in essa alla sua distruzione. Non vuole essere, la sua, una crociata diretta contro la più avanzata istituzione tecnologica (né tanto meno un'analisi sociologica della civiltà di massa, risolta brutalmente in una dialettica che oppone al principio di piacere quello della realtà), quanto piuttosto una delucidazione del conflitto tra Eros e Thanatos, di una sovraempirica lotta per la sopravvivenza

E ora c'è da aspettarsi che l'altra delle due potenze celesti, l'Eros eterno, farà uno sforzo per affermarsi nella lotta col suo avversario altrettanto immortale. Ma chi può prevedere se avrà successo e quale sarà l'esito?

che non intende svalutare in assoluto il ruolo della civiltà, quanto piuttosto di denunciarne le degenerazioni, impedire al Super-Io di compiere un nuovo accecamento edipico. Il conflitto nevrotico si delinea infatti propriamente come un disagio interno prima che esterno, la proiezione angosciata nel mondo (sotto forma di istinto di morte) di un bisogno (innato perché congenito) di libertà di movimento, di un desiderio liberamente sessualizzato mai totalmente risolto. Il mondo non è altro dall'Io, ma una sua struttura, l'esistenziale massimamente dilatato di un principio di piacere che cerca in esso (e quindi nell'Io) il minimo entropico per concentrarsi attorno ad un nucleo stabile che lo preservi dai conflitti delle pulsioni erotiche. (**Ossessioni e fobie** - 1895 - è uno degli scritti in cui il problema di cui finora abbiamo discusso si mostra in tutta la drammaticità clinica).

A proposito dell'angoscia (qui intesa come il ritorno del rimosso), Freud consegna alla nosografia alcuni casi emblematici

Diverse donne si lamentavano di un <u>impulso ossessivo</u> a buttarsi dalla finestra, a colpire i figlioli con coltelli, forbici, ecc. (si trattava di donne che, non essendo affatto soddisfatte del loro matrimonio, erano costrette a lottare con i desideri e le idee voluttuose da cui erano continuamente turbate alla vista di altri uomini); - una ragazza perfettamente sana e intelligente dimostrava un odio incontrollabile nei confronti di...; - un'altra era rimasta quasi del tutto isolata per via di una paura ossessiva dell'incontinenza urinaria. Non poteva più uscire dalla camera o ricevere visitatori... (in essa il desiderio di urinare aveva sostituito quello erotico); - una donna si sentiva obbligata a contare le assi del pavimento, i gradini della scala, ecc. azioni che compiva in un ridicolo stato di ansia (il conteggio distraeva la mente dalla ossessione originale); - una ragazza... impiegava ore per allacciarsi le scarpe o per pulirsi le unghie; - una donna si lavava continuamente le mani e toccava le maniglie delle porte soltanto con il gomito...

Al di là del significato strettamente psicologico della sostituzione operata nel sintomo delle idee rimosse, il quadro morboso che Freud ha configurato non può non colpire per la crudezza e l'essenzialità. Si tratta per lo più di giovani donne che quotidianamente sono alle prese col problema di conciliare la volontà e dunque il libero esercizio delle azioni con costrizioni e impedimenti interni (ma le ragioni culturali sono comunque esterne all'Io), le cui pulsioni o

Assoggettamento degli impulsi alle influenze delle tre grandi polarità - attività/passività, Io/mondo, piacere/dispiacere - che dominano la vita psichica;

vittime di una pressione autoritaria che sposta l'oggetto del desiderio dal fuori al dentro, in un ritiro autoerotico che ha i caratteri della re-pulsione, di un'istintiva ostilità verso quello che è altro dall'Io (dell'Io naturalmente idealizzato) e che è in fondo il medesimo Io proiettato e occultato però nell'altro. Quasi che la rinuncia al libero agire avesse il significato della rinuncia al mondo e nel mondo all'Io, dove è però l'Io stesso a compiere il percorso autodistruttivo, che si inserisce in un più profondo malessere epocale. Come infatti l'angoscia è qualcosa che precede l'ideale dell'Io così pure la libertà è l'originario che si nasconde nella coscienza e che fa della coscienza (e del libero arbitrio) quello che è. Non si è liberi perché si è coscienti, ma si è coscienti (o anche liberamente pensanti) solo in quanto si è liberi (una libertà che appartiene alla dinamica economica delle forze primitive), quando si fa della libertà l'orizzonte storico in cui collocare il libero arbitrio, la possibilità della decisione. Il volere non è mai un libero volere, e la scelta è in qualche maniera sempre obbligata dal contesto, canalizzata nella massima funzionalità tra l'Io e le sue parti, il minimo osmotico che preserva dal pericolo dell'annullamento. Questa è la ragione che spiega perché il concetto di libertà venga in genere presentato dai filosofi nella forma di un destino (un ordine di cose) al quale non ci si può liberamente sottrarre, come un a priori che è la condizione di possibilità della legge (del Super-Io), del fatto che il Super-Io edifica il proprio edificio, quando non proprio il sacrificio morale. La possibilità della libertà non può che essere allora una situazione che storicizza, al culmine della quale l'uomo riesce finalmente ad inserirsi in un più vasto progetto dell'esistenza, che è poi quello dell'essere; un pro-**getto** che proiettando in avanti ritorna inevitabilmente all'originario, in una gettualità che rivela una forte venatura malinconica

La libertà ek-sistente non è una proprietà dell'uomo, anzi l'uomo ek-siste (in-sistente, ossia ricade gettato continuamente su di sé) solo in quanto questa libertà se lo appropria e lo fa così capace di storia (Heidegger, **Dell'essenza della verità**).

Si è liberi quando si rinuncia, sublimandolo all'Es, per inserire il proprio desiderio (l'Io) in quello epocale del mondo o dell'essere; quando si portano le istanze imperative (masochistico-narcisistiche) del Super-Io nell'ingranaggio della storia trasformandole nel lubrificante sociale. La felicità è tutta in questo equilibrio che lega l'Es al mondo e nel mondo all'Io, e nella tensione dialettica la possibilità della stessa redenzione epocale. Laddove questa libertà venga mutilata, dove cioè non le sia consentito di adeguarsi contestualmente al destino dell'essere (non solo sul piano ontico ma anche in quello ontologico), nasce quell'assurdo compromesso che è il sintomo (angoscia) nevrotico, con l'unico scopo di ristabilire su un altro livello (quello psichico) l'equilibrio Es-Io e Io-mondo che non è possibile attuare. Il ritiro dell'impulso di piacere ha come primo significato l'impossibilità di collocarsi, unendosi con esso, in quello spazio di libera espressione che è in ultima analisi la stessa struttura dell'Io amplificata però all'esterno come il luogo della sua attuazione, quello in cui le energie erotiche possono trovare il massimo dell'equilibrio.

La coscienza nasce dalla libertà ed è impensabile il percorso inverso. L'angoscia è la dimostrazione evidente (magari sotto forma di ansia da castrazione) delle resistenze che il Super-Io oppone ai fenomeni erotici (Edipo, Elettra) impedendo loro di invadere la coscienza; ma anche e soprattutto dell'impossibilità a strutturarsi liberamente in una generale e stabile forma morale costituita dalle individualità che in essa convergono, tutte rivolte all'unico progetto (socratico/platonico) del bene.

La guarigione dalla malattia coincide infatti con la liberazione dal sintomo e nel sintomo da quel senso di angoscia che è alla base della nevrosi. La salute a cui mira la psicoanalisi è il recupero della possibilità di azione nel mondo come parte di un più ampio progetto culturale. Non un ritiro, ma la più alta espressione, il massimo dilatarsi dell'Io per realizzare e realizzarsi, inserirsi in quell'ingranaggio di incondizionatezza senza il quale non può muoversi, rimanendo costretto in una sterile fissità improduttiva.

La libertà è il fine a cui in sostanza tende il lavoro psicoanalitico ma anche il principio di una sconosciuta possibilità di esistenza, sostituendo ai processi eidetici e mentali quelli ordinari reali. Non più come una vuota meta patologica, un allucinato miraggio imposto dal rigore morale del Super-Io, ma normalmente possibile e attuabile. La pedanteria ossessiva del Super-Io rivela sempre l'inautenticità di un'esistenza che dalla sua allucinazione di falsa morale si trascina vuota e senza senso anche per decenni senza concedersi un attimo di libertà e nella libertà la leggerezza del piacere e del godimento, che è sempre un fatto di salute e igiene mentale

La liberazione di un individuo, via via che si sviluppa, dall'autorità dei genitori, è una delle conseguenze più necessarie, anche se delle più dolorose, provocate da questo sviluppo. E' assolutamente essenziale che questa liberazione abbia luogo e bisogna presumere che essa sia attuata in chiunque abbia raggiunto uno stato normale. In effetti l'intero progresso della società si basa sulla opposizione tra successive generazioni. D'altro canto vi è una classe di nevrotici il cui stato patologico è chiaramente prodotto dall'aver fallito questo compito (Freud, **Il romanzo familiare del nevrotico**, 1909).

Per la clinica la libera attuazione delle mete poste dalla volontà senza altre costrizioni che non siano quelle del vivere sociale, è una conquista evolutiva che ha il carattere del ritorno alla natura dell'Es da cui si è generata tutta quanta la personalità, e il benessere che il soggetto nevrotico riscontra nell'analisi ha sempre il sapore di una anamnesi archeologica, di uno scavo che superando le resistenze del Super-Io arriva oltre l'Io stesso, nel mondo e nella storia che l'hanno prodotto. E questo nel processo psicoanalitico assume un significato addirittura rivoluzionario nella possibilità di rigenerarsi in un nuovo ordine di cose che abbia nell'essere (o nel mondo; come adeguazione del desiderio alle sue esigenze, imparando a desiderare quello che è disposto a concedere) il suo principale referente. In esso si assiste perciò alla rinascita dell'uomo singolo e del contesto sociale nel quale è inserito, per lo meno nella misura in cui il mondo venga concepito come una parte dell'esistenza, quando cioè si faccia del mondo lo stimolo e la motivazione, cercando nell'altro quella finalità che non si può trovare nell'autoerotismo della malattia.

L'angoscia (rappresentata in primo luogo dal complesso di castrazione suscitato dal Super-Io per vendicarsi del desiderio dell'Es) è come si è detto il segno principale della malattia. Però abbiamo anche aggiunto che non è solo questo, essendo un concetto più articolato e profondo, soprattutto se concepito nel suo valore ontologico che ne fa la sostanza dell'Io e in esso anche del mondo. Il suo superamento rimane comunque il motivo della terapia, che si presenta finalizzata a curare le costrizioni morali; restituendo il soggetto nevrotico alla vita e all'essere (adeguando la singola libertà a quella del mondo), con una soddisfazione che non è paragonabile a quella che ricava dal sintomo

Al termine della psicoanalisi si ha... la riconciliazione con un destino... lo scopo non è la guarigione ma la sua condizione metempirica: aprire il cammino verso il nucleo del nostro essere.

Asserzioni, queste di Chazaud[4], profetiche e inquietanti, anche ambigue se accostate ad una scienza che da sempre vanta certezze empiriche e l'orgoglio dei fondamenti pragmatici. La parola chiave è ancora una

---

[4] La psicoanalisi: risultati e criteri di guarigione, EMC, 1969.

volta "apertura", un termine che se è centrale nella filosofia moderna, in Heidegger ha addirittura assunto il significato di una dilatazione ontologica della libertà; perennemente il suo senso, costantemente la sua verità.

225

CAPITOLO VIII

VERITÀ E SALUTE

Ero distrutto, oppresso, assorto. Ma la verità già baluginava attraverso il velo della mia mente, una spregevole verità.
F. Dostoevskij

Quando si tratta della mente è difficile stabilire un confine netto che separi la malattia dalle aberrazioni culturali. Se poi si comincia ad accostare il giudizio al problema escatologico la discussione può anche presentarsi in una veste tutt'altro che piacevole. Della prima questione si occupa genericamente la filosofia e specificamente la psicologia, della seconda la morale con le metascienze (filosofia morale, teleologia, discipline giuridiche) che la rappresentano. La cosa fondamentale è che entrambi i problemi si concentrino attorno al concetto di volontà, e mutino completamente di prospettiva a seconda che vengano concepiti nell'ottica (morale e religiosa cristiana/paolina) della libertà o in quella fumosa della necessità (socratico-platonica in primo luogo). Da Paolo a Seneca a Cicerone, da Agostino a Tommaso, da Lutero a Kierkegaard a Hegel la nozione di "voluntas", e quella conseguente di colpa e peccato

Se non fossi venuto e non avessi parlato loro, non avrebbero peccato. Ora invece non hanno scusa... Ora invece hanno visto (**Giovanni 15, 22** e seg.)

sembra avere raccolto in una sola parola una definizione dell'uomo che non è definitiva. La libera volontà (così come è stata concepita dallo Stoicismo romano prima e dal Concilio di Nicea fino a quello di Trento poi) è una bella ipotesi che non è verificabile (o meglio falsificabile), e comunque lontana dall'avere riassunto una natura antropologica ben più complessa e articolata. Accanto agli autori e agli eventi storici sopra citati si inserisce infatti, da Socrate ad Heidegger, una scuola di pensiero controcorrente che ha saputo imporre la critica del dubbio ai concetti elaborati dalla tradizione più dogmatica; a cominciare dal primario e scolastico significato del bene (il mondo esiste perché ha una finalità di tipo etico-morale) che viene da questa concepito con un senso stravolto rispetto a quello ebraico-cristiano. Non è questo naturalmente il luogo per discutere del bene o male morale, giudizi che fortunatamente ancora sfuggono alle valutazioni delle scienze empiriche; e tuttavia qualche riga introduttiva alla questione della conoscenza, e in essa della verità, capace di inserire il discorso psicoanalitico nel più vasto orizzonte culturale nel quale pure si è generato, ci è sembrata necessaria. Il concetto di inconscio infatti, immerso in costrizioni e coercizioni interne, mal si sposa con la concezione filosofica della volontà e con quella utilitaristica del peccato. Anche (seppure limitatamente) nell'uomo sano e libero dall'angoscia. La scienza non giudica né assolve, non tanto perché sia concentrata più a darsi ragione dei fenomeni che a farsi un fenomeno della ragione, ma piuttosto giustifica (e tra tutte le sue branche questo atteggiamento è ben visibile soprattutto nella psicoanalisi) quanto si presenta nell'ordine delle sue osservazioni, inserito in un contesto che esclude a priori ogni apertura metafenomenica. Per quanto concerne la dimensione della mente e le funzioni che si trova a svolgere, la linea che divide la coscienza dalla morale appare offuscata e incerta; per la psicoanalisi (a cui noi aggiungiamo qualche forzatura filosofica) addirittura inesistente e forse anche insensata. Socraticamente questo significa che un'azione malvagia non si può in nessun modo attribuire alla volontà e al libero arbitrio, ma piuttosto all'incoscienza riguardo al male o al bene dell'atto che si compie. Finché la persona rimanga imprigionata nell'oblio della conoscenza (ovvero non secondo virtù) sarà sempre in balìa di forze distruttive che la porteranno nella direzione opposta a quella del bene; e il male che ognuno sperimenta nella propria esistenza è nient'altro che la conseguenza dell'ignorare i valori che sono talmente universali e inalienabili da non poter non essere assorbiti una volta conosciuti. Così almeno dice il platonico Eutidemo

In generale, dunque, dissi io, tutti quelli che prima dicevamo beni non pare che di loro natura si possano chiamare beni di per se stessi, ma piuttosto ci risulta così: se son diretti all'ignoranza si rivelano mali maggiori dei loro contrari, perché più capaci di servire ad una cattiva direzione; se invece sono governati dal giudizio e dalla scienza, sono beni maggiori; per se stessi né gli uni né gli altri hanno valore... Che si deduce dunque da queste premesse? Che tutto il resto non è né bene né male e delle due cose che rimangono la scienza è un bene, <u>l'ignoranza un male</u>.

Per scienza (ἐπιστήμη), ricordiamolo, si deve ovviamente intendere quando sia Socrate a parlarne, una forma (e dunque un'espressione estetica delle facoltà conoscitive) di sapere fondata sul logos e dotata dei caratteri della certezza, anche quindi la metafisica o l'etica, la gnoseologia e la dialettica, più che una dottrina specificamente scolastica. La virtù (areté), che è ciò che permette all'anima (psiché) di essere buona, è scienza e conoscenza e il vizio gretta ignoranza; ne deriva che il male non possa compiersi volontariamente (non potendosi configurare come peccato) delineando chi lo realizza come una vittima di un'educazione (paidea) inadeguata. Una posizione, questa socratico-freudiana, che sarebbe rimasta pressoché inalterata in tutta l'antichità (anche negli stessi Platone e Aristotele che pure cercarono di darsi ragione dei conflitti morali introducendo nell'animo delle forze, sempre comunque illogiche e irrazionali, capaci di trascinare l'intera personalità lontano dai luoghi ai quali per conformazione invece tenderebbe), per essere recuperata a cominciare dal Seicento meccanicista cartesiano. Aspre, ma non comunque sempre a vuoto, sono state le critiche rivolte a Socrate, e più modernamente alla psicoanalisi da parte di quei pensatori fumosi che non si rassegnano al fatto che la volontà possa non essere qualcosa di innato e di teologicamente fondato. Anche per Socrate l'anima ha una ragione teologica, ma questo non toglie che pur avendo un'origine divina non debba essere comunque sottoposta alla legge rigorosa della necessità. "Intellettualismo" e "razionalismo" sono solo due degli

epiteti coi quali è stata tacciata l'intera etica socratica
(ed ellenica in genere).

L'ipotesi della libera assoluta incondizionatezza della
volontà, e dunque dell'edificio morale che su essa si
fonda, non mostra a suo vantaggio prove migliori di
quante ne abbia presentate quella socratica

Quanto alla bellezza... sfolgorava allora nella sua essenza... e
noi venuti quaggiù, l'abbiamo senz'altro riconosciuta alla sua
luminosità mediante il più luminoso dei nostri sensi. La vista
-ossia l'organo principale della conoscenza- è infatti il più
acuto dei nostri sensi corporei... alla sola bellezza toccò
questo privilegio d'essere la più evidente e la più amabile.
Chi però non è iniziato di fresco, o se è corrotto, non ha la
vista così acuta da riportarsi attraverso quella, che noi
chiamiamo bellezza, alla bellezza in sé di lassù... Al contrario
chi è iniziato di fresco, chi è pieno delle visioni avute,
allorché veda un volto divino o una forma corporea,
imitazione felice della vera bellezza dapprima prova un
brivido ed è assalito dagli sgomenti d'un tempo, dipoi la
contempla e la venera come un nume... Al vederla quasi
preso da un tremito febbrile, si trasmuta nell'aspetto, si
copre di sudore, prova un ardore insolito, giacché
nell'accogliere attraverso gli occhi l'efflusso della bellezza si
riscalda d'un calore, onde ristora la natura delle ali e, per
effetto di esso si fonde l'involucro che copriva i germogli e
che da tempo induritosi ne impediva lo sviluppo. Quindi,
penetrandovi il nutrimento, il gambo delle penne si gonfia e
tenta di spuntare dal-la radice di sotto a tutta l'anima, perché
questa era un tempo alata. A questo punto tutta l'anima
ribolle e sussulta; e come avviene nei bambini, che nel
periodo della dentizione provano un prurito fastidioso alle
gengive, lo stesso soffre l'anima quando comincia a rivestirsi
di penne: essa prova un ardore, una pena, un solletico nel

mettere le ali. Ma allorché volge lo sguardo alla bellezza...
allora si riscalda e, cessando di soffrire, si sente lieta e felice...
A questa passione gli uomini hanno dato il nome di amore:
a ciò si può crede-re o non credere; ma questa è senza
dubbio la causa della passione stessa che gli amanti provano
(Platone, **Fedro**).

Il lungo passo riportato, tratto da quello che tra i
dialoghi platonici ha forse il maggior fascino,
meriterebbe un'ulteriore discussione che non è però in
questa sede possibile esporre; ci basti comunque
questo assaggio come apertura al problema della verità
e della conoscenza.

La verità, come la bellezza (estetica e poesia), è
qualcosa che priva della libertà e di ogni possibilità di
scelta

Agitata - l'anima - da questi sentimenti... si turba... e diviene
furente; colta da delirio non dorme la notte, non ha requie
il giorno e corre ansiosa ovunque s'immagini di poter
rivedere colui che incarna la bellezza (op. cit.).

Ognuno ha naturalmente la facoltà di guardare altrove,
ma quando arrivi a conoscere la verità non può che
esserne demonicamente rapito. In via metaforica la più
lucida formulazione di questo stato ontologico che è in
fondo uno stato amoroso, condivisa più tardi da Freud,
rimane ancora una volta quella socratico-platonica che
assimila l'uomo all'innamorato, destinato a tormentarsi
fino a quando non riesca a soddisfare il suo desiderio.
Se la libertà è sempre una libertà condizionata e mai

assoluta, è legittimo dedurre che chiunque conosca il bene, chi l'abbia visto e vissuto non può fare a meno di ricercarlo

Come lo rivede e ne accoglie il fluido amoroso, immediatamente sente schiudersi i pori che erano ostruiti, riprende fiato, non prova più punture o doglie, e in quel momento gode d'una voluttà soavissima... oltre al culto reso a chi possiede la bellezza... sa di trovare in lui l'unico medico dei suoi indicibili travagli (op. cit.).

Che poi la conoscenza si chiami reminiscenza o anamnesi, scienza o autocoscienza, che si conquisti nel processo maieutico quanto in quello psicoanalitico è un argomento di rilievo che è però stato trattato altrove. Il punto sostanziale, quello veramente importante e d'interesse in questo capitolo, è il fatto che la salute, il benessere mentale e in definitiva la felicità (tutte le etiche pagane erano eudaimonistiche) si siano espressi nella forma di una dilatazione cognitiva, come un ritorno nella caverna dell'Io alla ricerca dell'archetipo di bellezza e verità. Scoperta l'essenza dell'uomo nella sua anima, e postulando il malessere esistenziale (la malattia) come un vuoto nella memoria, l'oblio e dunque la limitazione delle facoltà della coscienza, Socrate pone come meta della sua etica il "conosci te stesso" in quanto cura di sé

Io non lo lascerò andare senz'altro, né me ne andrò io, ma lo interrogherò; e se mi paia che egli non possegga virtù... io lo svergognerò dimostrandogli che le cose di maggior pregio egli tiene a vile e tiene in pregio le cose vili (Platone **Apologia di Socrate**).

Almeno in questo il filosofo di Atene, "medico dell'anima" come egli stesso amava definirsi, può essere a ragione accostato (con le dovute distanze) se non altro nel monito: "l'anima ci ordina di conoscere e ci ammonisce"

Qual è l'arte di rendere migliori noi stessi, lo potremo sapere mai, se noi ignoriamo che cosa siamo noi stessi?... Se ci conosceremo, noi sapremo forse anche qual è la cura che dobbiamo avere di noi stessi; se non ci conosceremo non lo sapremo mai (Platone **Alcibiade Maggiore**)

all'attuale terapeutica freudiana. Non sosterremo certo che Socrate sia stato uno psicoanalista ante letteram e meno che mai ci sogneremmo di avvicinare la maieutica alle tecniche mirate a corrodere le barriere che le resistenze oppongono al rimosso; un paragone tuttavia lo azzarderemo con quello specifico del suo pensiero che pone una proporzionalità diretta tra la conoscenza e la felicità, la verità e la salute. Considerando però che in tutta questa dinamica la struttura della volontà, se anche in qualche misura riesce ad introdursi non lo fa comunque in maniera determinante. Si sceglie solo quello che si è visto e conosciuto (la libertà della scelta è sempre obbligata da ciò che la precede), quello che si è esperito e vissuto e che richiama con vaticini e sogni amorosi la parte del Sé che è sfuggita al controllo della ragione. E' in questo senso che le distanze culturali tra i due filosofi si assottigliano: Socrate voleva recuperare eroticamente con il suo incessante interrogare (eros) proprio una tale dimensione dell'Io per sottoporla al controllo del logos; Freud più modernamente desiderava invece curarla. Che le differenze in questo caso si possano anche ridurre ai minimi termini (conoscenza/cura) lo crediamo possibile. In fondo quando si tratta di problematiche culturali è solo e sempre una questione di parole. Basta intendersi sui significati.

L'intero percorso psicoanalitico, finalizzato all'autocoscienza, nella sua formulazione più ortodossa[5] (concepita ovvero da tutte le operazioni che vanno dal primo colloquio clinico, alla seduta da "lettino", dalle parole in libertà o libere associazioni, riferendo cioè tutto quello che passa per la mente ed in particolare le cose spiacevoli e dolorose, all'interpretazione dei sogni, dal transfert fino alle all'astensione dalle obiezioni logiche e affettive e perciò da ogni possibile censura) sarà non solo il compito primario del paziente ma dello stesso medico, il cui inconscio potrà così preparato

Orientare il proprio inconscio come un organo di ricezione verso l'inconscio trasmittente del malato

essere messo nelle condizioni di ricostruire quello dell'analizzato. Di vincere le resistenze della memoria

---

[5] Freud, Consigli di tecnica psicanalitica, 1911

inconscia, revisionando lo stato della rimozione in cui mantiene la nevrosi, e cercando di offrire la soluzione al conflitto compatibile con lo stato di salute (Freud, **Una difficoltà della psicanalisi**, 1917) e in esso con la verità. Naturalmente tale percorso richiede un lungo allenamento perché spesso (nel soggetto nevrotico sempre) la verità che non si desidera riconoscere è un peso doloroso. Non senza ragione si è infatti più volte ripetuto che l'Io debba essere sottoposto ad uno sfiancante lavoro di istruzione, di distruzione e di ricostruzione, messo nelle condizioni di riorganizzare ad un livello superiore (cosciente) l'energia erotica che lo ha finora sottoposto ad assurde e dispersive perdite di Sé; dovrà cioè subentrare nei labirinti dell'Es (dove c'era l'Es arriverà l'Io) e per quanto sarà possibile padroneggiare gli istinti e le pulsioni, riordinare le forze, le ombre di cui esso stesso non è che un concentrato, ri-comporsi in una nuova prospettiva sociale. La rimozione freudiana è insomma (anche) l'equivalente clinico dell'Erranza filosofica, il sintomo nevrotico un bisogno distruttivo, il segno di una verità divenuta rigida e indeformabile

L'essenza della rimozione consiste semplicemente nell'allontanare qualcosa dal conscio, e tenervelo ad una certa distanza... Il rappresentante pulsionale, se viene sottratto per mezzo della rimozione all'influenza conscia, si sviluppa con minore interferenza e maggiore esuberanza. Esso prolifera nel buio, per così dire, e assume forme estreme di espressione, che tradotte e presentate al nevrotico non possono non apparirgli estranee e anzi gli fanno paura perché gli danno il quadro di una forza pulsionale straordinaria e pericolosa. Questa ingannevole forza dell'istinto è il risultato di uno sviluppo non inibito nella fantasia e dell'arginamento che deriva dalla frustrazione dell'appagamento. Il fatto che quest'ultimo risultato sia legato alla rimozione indica la direzione in cui va cercato il vero significato della rimozione stessa (Freud, **La rimozione**, 1915).

L'agorà dello psicoanalista, come la seduta socratica, attraverso il farmaco della parola può allora anche diventare un'amplificazione (affatto metaforica) del logos. La verità non è una meta per il singolo individuo ma una funzione a priori della specie che consente di inserire la finalità etico-morale nel progetto di una significatività globale.

Il concetto di verità è insomma potuto sprofondare ben oltre quello di "adeguazione" (da Parmenide come adeguazione del pensiero all'essere, a Kant con un senso però radicalmente diverso), per configurarsi storicamente come l'apertura epocale che permette di entrare in una dinamica relazionale con gli enti che la malattia non consente di inserire nell'ottica progettuale. La nevrosi è non a caso una chiusura impermeabile dell'Io, un rifugio che non consente al mondo di irrompervi, di rompere resistenze, partecipando l'altro di desideri e progetti, coinvolgendolo nella costruzione della personalità. Maieutica e psicoanalisi cercano parimenti di rientrare (verwindung) nel campo del Sé aperto (offenheit) allo scambio, creando un varco attraverso il quale partecipare l'Io di tutte le altre esperienze che si muovono nell'ambiente. Alcune delle quali possono collaborare all'edificazione della sua nuova impalcatura mentale, fornendo un diverso sistema dei valori e in definitiva una nuova forma dell'esistenza.

La verità, e questa contraddizione è da sempre il suo mistero ma anche il suo fascino, può anche essere qualcosa di intollerabile, una caotica paradossale ambiguità, una contraddizione ontologica. Secondo Heidegger la verità è addirittura paragonabile ad una luce abbagliante che non sempre è possibile osservare, uno spazio dell'essere capace di illuminare, di scomporre e ricomporre tutti gli altri luoghi, di riordinare e risignificare; una dimensione dunque unificante e sintetica che dà un senso organico alla varietà frammentata del reale

La psiconevrosi è, in ultima analisi, una sofferenza dell'anima che non ha trovato il proprio senso (Jung)

pur non avendone essa nessuno; il terreno in cui qualcosa può assumere una ragione e un significato.

L'opus analitico (epoché), il processo metamorfico del desiderio non dimostra un carattere tanto diverso; rieduca infatti la vista orientandola su altri oggetti e con diverse finalità, reinterpreta quegli stessi secondo altri scopi aprendo spiragli e squarci, simile ad una luce che richiede un periodo di adattamento, cautela e protezione. Proprio come se fosse l'essere stesso, resistenza dopo resistenza, ad introdursi in un rimosso che deve essere integrato nell'Io, affinché possa unirsi in un percorso unico e progettuale (la chimica chiaroscurata della verità, catalizzatrice delle pulsioni erotiche). Che l'esercizio della conoscenza comporti anche una trasformazione chimica-biologica è cosa accertata anche dalla scienza medica più ortodossa. Conoscere significa cambiare e trasmutarsi, anche a livello organico e biologico, perché il liquor della verità è in grado di introdursi per vene e arterie, tessuti e organi, sinapsi e neuroni, di inserirsi tra talamo e corteccia ridisponendo il materiale che nel rimosso aveva finito per disperdersi fino al deperimento entropico, con la conseguente compromissione dello stato di salute. La comprensione è sempre qualcosa di radicale che si genera dal trovarsi storico in una situazione, non un pensiero ma un vissuto tonale, non un concetto o una sterile acquisizione di idee ma un cambiamento assoluto, in grado di modificare i suoi stessi significati, di trasformare l'Io e il mondo circostante. Un solo e medesimo processo, capace di unire l'uomo all'essere, l'Io e il mondo, di ricomporre la frattura tra l'essere e il proprio ci. Ma una trasmutazione ontologica di questa natura è evidentemente impensabile fino a quando gli uomini continuino a chiudere nevroticamente le voragini aperte nel rimosso (non solo dalla coscienza dei singoli ma da quella collettiva della cultura di un popolo) con le resistenze culturali che sono il vero ostacolo con cui deve misurarsi la scienza della verità, e quindi anche la psicoanalisi. Una questione di assoluto rilievo, questa, e da non sottovalutare nella prassi clinica; come Freud avverte in questo passo illuminante

Supponete che in questa stanza... vi sia un individuo che arrechi disturbo e, maleducatamente ridendo, vociando, strisciando i piedi, distragga l'attenzione... -accade allorache fra voi si alzino parecchie persone robuste che dopo una breve colluttazione espelleranno dalla sala il perturbatore della quiete. Costui è ora "rimosso"... ma affinché il disturbo non si ripeta, nel caso cioè che l'individuo appena espulso cercasse di rientrare a forza nella sala, gli stessi signori metteranno le loro sedie contro la porta... come una resistenza che mantenga la rimozione (**Cinque conferenze sulla psicanalisi**, 1910).

La distorsione idealizzata dell'Io nella quale il soggetto nevrotico cerca di vivere e di conservarsi, se dal punto di vista generale è un meccanismo alienante per il singolo ma funzionale alla struttura della comunità, sul piano individuale si configura come il tentativo di ritrarsi dai ricordi penosi, una difesa da un vissuto intollerabile alla coscienza. Come si è infatti detto, la malattia è già un primo tentativo di guarigione, un mezzo per risanare il malessere e riequilibrare le proprie con tutte pulsioni che si partecipano del mondo; dinamica che va al di là della singola individualità. Patologico è piuttosto il tessuto sociale nel quale il conflitto (la rimozione) viene ad inserirsi come una valvola di sfogo; la nevrosi propriamente, che rimane un frammento di quello stesso ambiente deviato. La nevrosi è l'urlo di un dolore che non ha voce, una richiesta d'amore che desidera essere ascoltata.

Similmente a quanto avviene nei più piccoli fenomeni molecolari che necessitano di una serie di fattori (carboidrati, proteine, acidi nucleici) per organizzare gli scambi vitali, anche a livello psichico si riconoscono innumerevoli reazioni meta-chimiche, che come i composti fisiologici reagiscono solo una volta superata la soglia critica dell'energia di attivazione. E se la chimica organica ha le sue esigenze biologiche che vanno dalla catalisi enzimatica all'ossidazione prodotta dal metabolismo alimentare, la psiche dell'uomo e i suoi archetipi mitologici, i simboli, a livello energetico non agiscono (ad esempio nella gnoseologia kantiana) in maniera tanto diversa. Come il glucosio sta alla base di tutti quei processi produttivi senza i quali la vita non avrebbe ragione d'essere e di funzionare, il reagente della psiche è una meta-sostanza che la costituisce e la ordina dinamicamente (energia di attivazione = energia erotica), consentendo nel suo dilatarsi lo scambio con le altre tensioni che ritornano di rimbalzo dal mondo. Quando questa forza erotica raggiunge l'equilibrio omeostatico, lo stato a cui tutti i sistemi tendono caratterizzato dal minimo energetico che consente di conservare il massimo economico, l'intero apparato psichico (primariamente dell'Io) e le sue forze vengono indirizzati verso una medesima finalità che mantiene stabile il rapporto tra il dentro e il fuori, l'Io e il mondo. Se per qualche motivo (un conflitto esterno, una frustrazione) questo equilibrio (quando cioè in termini chimici la velocità della reazione diretta non corrisponde più a quella inversa, nel caso in cui non si verifichi una corrispondenza dinamica di energia), fino ad allora appagante viene invece a mancare non riuscendo a trovare i modi della sublimazione, l'Io ne risente cercando autoeroticamente di scaricare altrove la gamma delle pulsioni. La nevrosi consiste proprio nell'impossibilità di realizzare una qualche forma di permeabilità con l'ambiente, lo scambio pulsionale con l'insieme collettivo; un tipo di comportamento autoplastico che, nella rinuncia della soddisfazione esterna è più simile ad un rifugio inossidabile che ad altro. Chiusa in un involucro impermeabile l'energia non più trasformabile cresce infatti smodatamente centuplicando le possibilità di scontro a livello intra-psichico, fino nella malattia a superare la soglia dell'energia dell'attivazione, portando al soffocamento dell'Io. A tale soffocamento è stato altrove dato il nome di angoscia. E nell'angoscia l'Io non è più libero (è angosciato, fenomeno che muoverà a strutturare il Super-Io) e non riesce a controllare l'ansia, a fronteggiare il bisogno energetico nelle azioni che si trova a compiere; la soluzione adottata è allora la censura (difesa e rimozione) come l'ultimo tentativo di mantenere uno scambio osmotico con la realtà, quel minimo entropico che non permetta all'Io di dissolversi ulteriormente. Ecco perché si è più volte ripetuto che la malattia è già un primo passo verso la guarigione, il bisogno di superare il conflitto e in esso di rievocare la verità. Questo incessante passaggio di informazioni tra cellula e cellula, molecola e molecola, impulso e impulso è stato identificato con la libertà (con l'apertura alla libertà) e nella difficile funzione isotonica di una dinamica e funzionale commutazione erotica. L'equilibrio Io-mondo si stabilisce quando si verifica un'osmosi tra gli individui di uno stesso ambiente, e la salute quando si realizza un flusso empatico-emotivo senza che ne consegua la perdita dell'uno

Lo schermo protettivo è rifornito della sua propria riserva di energia e deve soprattutto sforzarsi di conservare le peculiari modalità di trasformazione dell'energia che in esso avvengono, sottraendole ai minacciosi effetti delle energie che, in modo massiccio, operano nel mondo esterno, effetti che tendono ad una azione dapprima livellatrice e poi distruttiva (Freud, **Al di là del principio di piacere**, 1920)

a guadagno dell'altro, un indebolimento di una delle parti che sarebbe già il segno di un cattivo funzionamento dell'intero sistema energetico. Questo stato organico di salute generale ha il nome di diritto. La legge di tale bilanciamento umano (l'apertura) non è evidentemente chimica (ma erotica) ed è finalizzata al pubblico bene. E se le leggi sono sempre ugualmente necessarie, quando si tratta della mente tra tutte è quella fondamentale.

Insegnare a fare l'animo buono ha socraticamente il sapore di un'adeguazione della morale alla generale legge formale a cui tutte le cose sono sottoposte. Amarsi

Se ci conosceremo, noi sapremo forse anche qual è la cura che dobbiamo avere di noi stessi; se non ci conosceremo, non lo sapremo mai (Platone, **Alcibiade maggiore**)

per amare; la formula freudiana per esprimere la natura della nevrosi è notoriamente concentrata nella ridotta capacità di amare e operare

Questo Io non è più in grado di adempiere il compito che gli è posto dal mondo esterno, compresa la società umana... non dispone di tutte le sue esperienze... è danneggiato e diviso in se stesso... (Freud, **Compendio di psicanalisi**, 1938).

La virtù è conoscenza e la conoscenza, l'apertura in cui non solo l'Io giunge domandolo all'Es, ma l'Es stesso che a sua volta fluisce nel mondo ossidando e ossidandosi ad opera un deflusso emotivo-funzionale che porta al diluirsi dell'uno nel condensarsi dell'altro e nella riduzione dell'altro all'accrescimento dell'uno. Come nella chimica, con la differenza però che la psiche non cede elettroni ma energia affettiva. La pressione osmotica che si oppone a questo processo evolutivo è come si è detto la chiusura alla verità in tutte le sue forme, anche culturali (a cominciare dalla perdita dell'ambivalenza del senso e del significato, nell'irrigidimento semantico del logos e della ragione, nel disporre la visione delle cose in un particolare ritaglio ottico, costringendo l'infinito nell'uni-verso). Fino a quando persista uno stato di incoscienza e di oblio, finché si continui a ostacolare la permeabilità all'ambiente il soggetto nevrotico continuerà ad essere succube degli istinti egoici, in balia di passioni e desideri alienanti, un vero e proprio esule in casa propria. Così in Socrate

E ti sembra che coloro che sono privi del dominio di sé siano solo impediti a compiere le azioni più belle o anche costretti a commettere le più brutte? (Senofonte, **Memorabili**)

e così in Freud

Sotto l'influenza della seduzione i bambini possono divenire polimorfamente perversi, e possono essere spinti a tutti i possibili tipi di irregolarità sessuale. Questo dimostra che nella loro disposizione è presente in modo innato un'attitudine ad esse (**Tre saggi sulla sessualità**, 1905).

Vittima delle pulsioni che solo in alcune condizioni sociali particolari possono essere sublimate. L'uomo, in particolare quella tipologia umana che ha nel profitto e nel consumo la fonte dell'alienazione, non è affatto (per Socrate, per Freud, per Nietzsche) la causa finale a cui tutte le cose antropocentricamente tendono, ma piuttosto un'incognita da risolvere e un enigma ancora da dipanare; una forma sociale che deve ancora essere levigata. Come la libertà si accompagna infatti alla non-libertà così la spinta alla coscienza a quella della verità, dimostrandosi la coscienza (e l'Io) una stratificazione delle modificazioni subite dalla mente nei processi di eccitazione (Freud, Al di là del principio di piacere), l'assestamento di un avanti-indietro che produce nell'Io il punto massimo dell'ordine

I suoi elementi abbiano raggiunto le massime mutazioni possibili e non possano perciò più subirne altre al passaggio delle nuove stimolazioni (op. citata).

All'idea finora discussa della verità, che una volta vista non possa non essere (e dunque solo marginalmente con l'intervento di una libera volontà) assorbita dall'Io, si può ancora fare seguire, per chiudere, una questione che riteniamo essenziale. Conosciamo la verità perché l'abbiamo vista, ma il fatto di averla potuta vedere (non potendo vedere quello che non si conosce) dimostra che in qualche maniera già a priori eravamo predisposti alla sua comprensione. Al di là del significato ontologico della questione (socraticamente: solo alcune delle anime sono gravide e in grado di generare, ed è unicamente a queste che può rivolgersi la maieutica aiutandole a partorire, a far attuare il seme nel principio del bene), siamo forse legittimati ad attribuire alla verità una circolarità viziosa (essendo la comprensione sempre preceduta da una pre-comprensione) dalla quale non si può in nessuna maniera evadere? Se per quanto riguarda Socrate il dubbio neanche si pone, quando il problema venga collocato nel pensiero di Freud le cose si presentano invece più complesse. La maieutica porta alla coscienza quello che nella coscienza già vi è anche se in una forma irriconoscibile, e il percorso che conduce alla verità non può essere interrotto né tanto meno disconosciuto una volta iniziato. Il cammino verso il Sé (e dal Sé alla storia e alla cultura) è una specie di sprofondamento che passa per i solchi che il desiderio erotico ha saputo aprire all'interno delle resistenze; una dinamica emotivo-cognitiva che muove dall'interpretazione alla comprensione (nel senso che si tratta sempre di una pre-comprensione), e che è impossibile compiere quando non venga continuamente alimentata da qualcosa di esterno che è la continuità erotica col mondo, il principio di piacere dilatato in strutture proiettive. Se in Socrate lo scopo del percorso erotico è la conoscenza intesa quale travaglio amoroso da attuarsi come verità, in Freud la finalità è posta anch'essa circolarmente, ma in una circolarità che la qualifica, avendo nell'erotica la sua ragione e il suo senso, non più sostanzialmente come circolare. Socrate (per bocca di Platone) dice "conosci per amare, considerando però che è amore ciò che ti consente di conoscere", Freud più ostinatamente "ama per conoscere così amerai"; e le due proposizioni come si vede non coincidono del tutto. La prima è imbrigliata in una circolarità affascinante ma ossessiva, la seconda pur essendo parte dello stesso movimento dialettico e ontologico non assume il circolo come l'assoluto immobile, ma come l'occasione per sprofondare in esso facendo della viziosità la condizione della sua rinascita. L'ermeneutica freudiana riesce insomma con la sua prassi in qualche modo ad aprire uno spiraglio nei vortici della coscienza (in quanto auto-coscienza) insegnando, con un metodo culturale e quasi scolastico ed educativo, non ad uscire (cosa impossibile) dal circolo ma a starci dentro alla maniera giusta (Heidegger); non ad opporsi al malessere prodotto dall'angoscia, che nasce dalla frustrazione dell'archetipica libertà originaria, ma ad integrarlo sublimato e canalizzato nei pro-getti della personalità. Dove ovviamente questo starci dentro (erotico) è già esso stesso verità, apertura all'infinita gamma dei significati tutti ancora da decodificare; il luogo della risignificazione delle cose e del mondo nonché lo spazio in cui il mondo e le cose possono acquistare un senso diverso e un nuovo significato. Che poi tutto questo coincida con un processo igienico-profilattico nei riguardi della malattia, e quindi in una rinascita spirituale, è un dato di fatto riscontrabile nella pratica medica (una nevrosi consiste proprio nell'interruzione di questo movimento vitale, in un bisogno che non riceve dal referente affettivo una risposta adeguata). La cosa singolare, destinata ad essere relegata suo malgrado in ambito metafisico, è che tale dinamica erotica trascina non solo la vita degli uomini verso un rovescio storico, in un altro ordine delle cose, ma anche heideggerianamente quello più misterioso dell'essere

Il sapere, che ora, qui, si raggiunge, culmina in questa esperienza decisiva: soltanto a partire dall'essere esistenziale, in cui l'uomo può inserirsi, l'uomo storico vien preparato alla prossimità della verità dell'essere.... ogni specie di antropologia e di soggettività si trova qui abbandonata... e viene ricercata la verità dell'essere come fondamento di una nuova posizione storica... (**Dell'essenza della verità**, <u>Nota</u>)

espropriandosi e appropriandosi all'uomo come necessità per il suo accadere, il suo avvento epocale. Introducendo quindi il concetto empirico di salute in quello meno facile dell'ontologia.

A Freud, come tutti sanno, il fatto che uno stravolgimento storico portasse con sé anche quello dell'essere non doveva interessare gran che; ma che ogni scoperta in campo umano, come è ad esempio avvenuto con la psicoanalisi, riesca nelle sue operazioni non solo a liberarsi da un'antropologia paralizzata ma anche dalla sua storia culturale è senza dubbio una questione di primaria importanza. Del resto, la verità non è forse un chiaroscuro che oscilla di qua e di là (dalla metafisica alla scienza, dal vero al falso dalla salute alla malattia) prendendosi gioco tanto della ragione quanto pure della vita degli uomini, parlando una lingua enigmatica (la domanda è ancora quella: perché l'essere e non piuttosto il nulla?) che evoca piuttosto che annunciare? Una definizione della psicoanalisi potrebbe allora delinearsi come "scienza del gioco", quella scienza che insegna le regole per condurre al meglio la sfida svelando in anticipo le mosse dell'avversario per prendere in contropiede il destino e vincerlo.

CAPITOLO IX

ERMENEUTICA E LINGUAGGIO

Ma che fare se la prima e unica destinazione dell'uomo intelligente
è la chiacchera, cioè il meditato travasamento di un vuoto in un
vuoto più grande?
F. Dostoevskij

In questo capitolo ci occuperemo di quell'aspetto della
psicoanalisi che è la parola e cercheremo di capire quali
rapporti la legano alla clinica medica. Potremmo
cominciare specificando da subito che la parola è il
luogo nel quale si apre il linguaggio e dove lo stesso
assume i caratteri che gli sono propri. La priorità spetta
alla parola e da questa successivamente si è generato
l'intero apparato fonetico che costituisce la lingua (nel
senso che come dice Ferdinand de Saussure è la parola
che fa evolvere la lingua). Se cerchiamo un senso che
possa aprire il significato delle cose bisognerà allora
scavare nella sua struttura arcaica e archetipica. Da
Freud a Jung la psicoanalisi ha sempre prestato
attenzione a tutto quello che concerne l'universo
umano, arrivando in alcuni casi (come accade nella
psicologia analitica) a sintetizzare i contenuti originari

e universali della mente in pochi e semplici suoni che hanno l'aspetto fondante non solo delle lingua ma in essa della stessa civiltà. Mai scienza umana si era spinta fino a tanto elevando la parola a sistema e nel sistema a livello terapeutico, e mai nessuna scienza medica ne aveva tanto abusato quanto quella fondata da Freud. La domanda alla quale si cercherà di rispondere nel presente capitolo è pertanto la seguente: quale relazione lega l'arte di Esculapio a quella meta-clinica della parola che fino ad allora sembrava dover rimanere nelle mani esclusive di poeti e pensatori? E in che misura sarà mai misurabile un risultato medico ottenuto con uno strumento tanto diverso dai sistemi più collaudati?

Si è già accennato agli argomenti di questo capitolo; il primo che intendiamo esporre riguarda quello che a suo tempo è stato messo in luce da Socrate. La dialettica, ovvero l'uso farmacologico del linguaggio, non può in alcun modo separarsi (ontologicamente) tanto dalla morale quanto dall'etica, dall'idea del bene; come se tra la parola, l'Io e il mondo corresse un rapporto di reciproche corrispondenze. Anticipiamo immediatamente (ma già se n'è discusso nei capitoli precedenti) che questa linea che è capace di unire parola-Io-mondo è un desiderio erotico/produttivo, non solo da concepirsi come l'ente sostantivante che permette un legame altrimenti impossibile ma il principio e la fine, il sostrato (noumenico) che si attua dispiegandosi nel processo sintetizzante. Hegelianamente questo significa che nel rifletersi circolarmente in se stessa la parola, con una dinamica autoproduttiva, è in sé quando si presenta come tale, si aliena fuori di sé nell'Io (nell'Io che naturalmente non è più, almeno in questa sede, quello idealistico) e ritorna in sé nel mondo. La psicoanalisi non coincide però con la filosofia e i tre momenti dialettici sopra descritti non rappresentano un rapporto antitetico destinato a fluire nello speculativo che accolga sinteticamente le parti contrapposte. Il mondo potrebbe al limite anche essere una sintesi, se non fosse però che la parola e l'Io non sono in lotta tra loro come l'intellettivo lo è con il negativamente razionale di un divenire storico-filosofico. Meno ostica è invece una posizione che concepisca la parola come uno smuovere nell'Io la rigidità dei significati codificati, per portare alla luce i contrasti che sono soffocati da una censura interna alla psiche, il fenomeno del "trionfo bacchico" di forze che muovono al superamento del conflitto (laddove ovviamente sia presente). In Socrate essa ha una finalità meno teoretica e solo marginalmente gnoseologica, una ragione più etica ed educativa inseparabile dall'esercizio maieutico

Quale che sia il soggetto preso a trattare, trascinato nelle spire del discorso, è inevitabilmente costretto ad andare avanti, fin che non casca a rendere conto di sé, e a dire in che modo viva e in che modo sia vissuto (Platone, **Lachete**).

Spinta dal suo istinto (istinto che è da intendersi come una strutturale necessità creativa) produttivo la parola muove dall'interrogazione alla confutazione. La forza aprente del logos agisce sui due fronti (che racchiudono l'essenza delle tecniche psicoanalitiche), nella distruzione di quello che si è edificato sull'Erranza (confutazione) e, ad un tempo, nella costruzione della nuova progettualità dell'esistenza su fondamenti più solidi. La cosa interessante è il fatto che i due metodi non siano separabili e che solo i limiti della ragione costringono in ruoli opposti. La confutazione è infatti propriamente il momento della negredo, dell'opera al nero, della distruzione e della morte filosofale, l'attimo in cui l'Io viene messo a fronte della verità e comprende di avere finora vissuto l'allucinazione (spinto dal Super-Io) di un'esistenza che non gli appartiene, ma che tuttavia è da sempre presente come l'imperativo al quale uniformare auto-plasmandosi (autoplasticamente) la personalità

La confutazione è la più grande... la fondamentale purificazione, e chi non ne fu beneficiato... non c'è da pensarlo altrimenti che come impuro dalle più gravi impurità e privo di educazione e pure brutto proprio in quelle cose in relazione alle quali conveniva fosse purificato e bello al massimo grado uno che veramente avesse voluto essere felice (Platone, **Sofista**).

L'esperienza del logos può anche essere (e lo è sempre nelle nevrosi) qualcosa di drammatico e nello svelamento analitico fi ampiamente doloroso.

Nella pratica quotidiana, dal confessionale alla catarsi medica, è da sempre riconosciuto che nel linguaggio, quando venga utilizzato ad esempio come sfogo emotivo o come svuotamento di un peso morale, sussiste una proprietà terapeutica. Cosa che non poteva certo sfuggire a Freud che nel 1890 espone così la difficile questione in un piccolo articolo (**Trattamento psichico**) pubblicato nella Die Gesundheit

Un profano troverà senza alcun dubbio che è difficile comprendere come i disturbi patologici del corpo e dell'anima possano essere eliminati attraverso semplici parole. Avrà l'impressione che gli si domandi di credere nella magia. E non avrà completamente torto, perché le parole che usiamo nel linguaggio tutti di giorni sono nient'altro che una specie di magia mitigata. Ma dovremmo seguire un percorso indiretto, per spiegare come la scienza incominci a rivalutare le parole, per rendere ad esse almeno una parte del loro antico potere magico.

Considerazioni che avvicinano fino a farla coincidere la psicoanalisi a tutte le altre attività dello spirito che sfuggono alle misurazioni unilaterali delle scienze. Se però come sopra abbiamo specificato la confessione catartica viene legittimata dalla tradizionale nozione di peccato che deve in qualche maniera essere alleggerita trovando nella parola il luogo della sua redenzione, il metodo di Bleuer (per non parlare di quello ipnotico che piaceva ancora meno a Freud), oggi usato solo nelle psicoterapie brevi, si è dimostrato inefficiente e vista la precarietà dei risultati complessivamente inaffidabile. Eppure, nonostante la generale insoddisfazione clinica, anche quando la cura non dimostra particolari successi come nella catarsi, il fatto che il linguaggio interagisca con i processi emotivi, con la chimica della mente, riuscendo a volte persino a riorganizzarli è un fenomeno sempre verificabile e degno della massima attenzione.

La liberazione a cui induce il linguaggio avviene solo nella misura in cui a liberarsi è il linguaggio stesso; è il linguaggio a desiderare di parlare servendosi dell'uomo per il suo accadere. L'uomo parla e il desiderio di parlare deve ricondursi alla parola più che all'essere, nel senso che l'essere non è se non come parola

Nel pensiero l'essere perviene al linguaggio; il linguaggio è la ca-sa dell'essere; nella sua dimora abita l'uomo (Heidegger, **Lettera sull'umanismo**, 1946).

La primarietà ontologica del linguaggio (o meglio della parola) lo pone infatti non solo al centro della vita emotiva dell'individuo ma anche a suo fondamento: oltre la morale; come se l'intera personalità, persino nella sua costituzione biologica e chimico-organica, altro non fosse che la dilatazione di un principio contratto come l'unica lettera che è il sostrato di tutte le lingue. Ma questa, com'è noto, è metafisica. Piuttosto invece se come si è ipotizzato sia davvero la parola ad aprire i confini del linguaggio strutturando l'intero apparato psico-antropologico-morale, scavare archeologicamente in esso significa anche introdursi per stratificazioni culturali all'interno della storia stessa dell'umanità, di epoca in epoca, di rimando in rimando fino ai più protetti nuclei archetipici e mitologici. Che la personalità nel complesso possa poi intendersi evolutivamente anche come la forma che il linguaggio giunge in essa a modellare (nel senso che è il linguaggio a costituirne l'architettura) la funzionalità dell'insieme non è un'idea inverosimile; considerando che ciò spiegherebbe almeno in parte la causa dei vari disturbi linguistico-espressivi che sempre sono rinvenibili in tutti i gradi delle malattie mentali. L'ipotesi è talmente affascinante da meritare almeno qualche riga di discussione. Facciamo un esempio: diamo per certo il fatto ontologicamente primario della (di una) parola quale fondamento ultimo di tutto quello che è. La cosa, per lo meno da un punto di vista teoretico, non è impossibile se consideriamo per analogia che lo stesso spazio, tutto lo spazio circostante e materialmente esteso, possa essere annullato e ridotto all'essenza di un punto sovrafisico quando venga percorso ad una velocità parossistica. L'accelerazione estremizzata del tempo (di cui lo spazio non è che un fenomeno) può infatti portare all'annullamento fisico di un'estensione che si presentava infinitamente dilatata e dunque ad una riduzione della materia nel nucleo indeterminabile che la costituisce. Ebbene, anche per il linguaggio non avviene niente di diverso, essendo esso come si è detto l'allargamento (l'estensione) ontologico dell'unica parola produttiva. Come il corpo fisico è riducibile ad un aggregato di cellule e prima ancora molecolare fino al più piccolo atomo di idrogeno, così pure il linguaggio è composto da un'infinità di parole che a loro volta sono riconducibili alle singole lettere e in esse a scalare dissolvendosi in uno stesso identico suono. E se la materia si è predisposta a rafforzarsi nella maniera più solida e duratura, non di meno questo piccolo impercettibile principio del logos è stato in grado di autogenerarsi allargandosi in ogni parte ad organizzare un campo biologico e storico che non potrebbe altrimenti funzionare.

Se per Heidegger il linguaggio è allora dapprima il segno capace di manifestare la struttura ontologica della mondità, la sua apertura, nonché successivamente il modo stesso di aprirsi dell'apertura dell'essere

Dove non c'è linguaggio non c'è nessun aprimento dell'ente... il linguaggio, nominando l'ente, per la prima volta lo fa accadere al-la parola e all'apparire,

per Freud dove l'apparato ontologico della mondità non funzioni, è invece possibile agendo proprio nel linguaggio come alchimisti della parola riportare non tanto la funzionalità all'essere, quanto piuttosto l'essere nella funzionalità (psico-sociale: non dimentichiamo che l'è è copula, ovvero congiunzione copulativa assegnata a legare il soggetto al predicato, le due parti di uno stesso enunciato che possono così organizzarsi in un'identità dialettica) come catalizzatore per ricomporre e risignificare il mondo facendo in esso apparire il senso; quel senso che si apre solo nella parola come la condizione ontologica che consente a tutte le cose di assumere un significato, una ragione che possa ri-creare e trasformare, aprire ad una nuova possibilità ermeneutica, all'infinità delle interpretazioni che ancora è possibile decodificare. Nella terapia ermeneutica (e in che misura l'ermeneutica sia configurabile come una terapia verrà in luce più avanti) è sempre valido il concetto heideggeriano della parola che fa cosa la cosa, nel senso che è essa a renderla tale dandole lo statuto ontologico che altrimenti non avrebbe. Gli enti sono quello che sono perché si collocano nel progetto che lo stesso esserci è; e siccome l'essenza dell'uomo è la sua trascendenza, la sua estasi (il suo altrove: quello che conta è sempre da un'altra parte; Dio, le idee, il mondo, la verità, il diritto, la giustizia), il linguaggio si configura allora come il modo per attuare questo processo (ek-statico) del Sé nella dimensione del bene pubblico. Ermeneuticamente scavando nella parola, e in essa nel fondo non solo dell'Io ma dell'attività erotico-produttiva che sempre accompagna la sua costituzione. Che poi linguaggio sia la sede dell'accadere dell'essere (dove l'essere è nient'altro che questo accadere), la sua casa, è un argomento essenziale ma che non può trovare motivo di accoglimento. Camminare verso il linguaggio significa certo introdursi partecipandovi al destino dell'essere, ma anche ripercorrere a ritroso il cammino mitologico simbolico emotivo, antropo-onto-logico, che ha portato l'uomo ad essere quello che è. Ognuno si appropria infatti del linguaggio disponendo di esso, considerando però che è il linguaggio stesso a disporre degli uomini svincolandoli dal destino biologico al quale diversamente sarebbero condannati. Si presenta come una specie di purificazione, come ciò che consente di trascendersi. Il linguaggio è la forma mentale, l'a priori del pensiero che da esso si genera per esprimerne la possibilità produttiva; struttura il pensiero e la coscienza dispiegandosi nelle ossature chimico-neuroniche, dà modo alla comprensione di essere quella che è (nel senso che ogni comprendere è sempre situato in qualche cosa di storico che lo pre-determina aprendogli la dimensione della conoscenza), delimita l'esperienza percettiva non potendo essa valicare in nessun modo i confini che la parola le ha saputo imporre. Per Heidegger la parola è l'esistenziale primario (parlare, rede) da cui gli altri enti si sono emanati, e tra tutti soprattutto il comprendere in quanto primaria espressione del logos. Si comprende solo il già visto, e il già visto è sempre una pre-comprensione, quello che la comprensione può con un colpo d'occhio cogliere e fare proprio; e la morale si configura allora come l'allargamento estatico (plotinamente estatico) di un fenomeno linguistico ben più antico e radicato. Dal fatto che il linguaggio procuri la cosa alla cosa, si può forse allora dedurre che agendo in esso si riesca anche ad agire nella cosa stessa, quella che nella ri-nominazione poetica viene non solo resa accessibile come fenomeno spazio-temporale, ma soprattutto trasmutata nella sua natura e nei suoi significati. Le cose non hanno un senso perché è proprio il senso la dimensione in cui esse possono assumerne uno, come pure la significatività che è il luogo possibile dei significati, la ragione aperta a significare liberamente il mondo. Ed è proprio in questa regione dell'Io (nell'inconscio) che apotropaicamente Freud vuole introdursi e penetrarvi ermeneuticamente (l'Ermes messaggero è l'Eros in quanto parola) con le sue attività

Quando le percezioni, di fronte al loro possibile rapporto con l'oggetto desiderato, risvegliano un interesse, i complessi che esse formano sono, analizzati in una componente inassimilabile -la cosa- o in un'altra parte conosciuta dell'Io in funzione della propria esperienza, ciò che chiamiamo comprensione; all'inizio della funzione del giudizio, i due legami appaiono parallelamente all'emissione della parola (Freud, **Trattamento psichico**).

Insomma, la parola parla e nel suo parlare si estende nel linguaggio a ordinare funzionalmente l'insieme che costituisce la psiche, l'Io l'Es e il Super-Io che sono le sue emanazioni. Che cosa la parola abbia da dirci è però un interrogativo che solo l'ermeneutica può in qualche maniera chiarire; la psicoanalisi (che alla lettera è interpretazione dell'inconscio e per via traslata del sogno) è l'ascolto della voce della sofferenza (e nella sofferenza anche del nulla dell'essere), un corpo a corpo ermeneutico con una lingua distorta e indecifrabile che può a volte costringere nel più patologico dei conflitti. Con la parola non si discute perché il parlare è una profanazione che la consuma in quella parte che non vuole essere compresa; non così il paziente ascolto del suo canto malinconico, del silenzio come tentativo del superamento di ogni vociare caotico e vuoto, il richiamo che ha i caratteri freudiani dell'ascolto (e primariamente nei meccanismi che riguardano il sogno). Lo psicoanalista parla in quanto sente, con una parola fatta di silenzi/assenzi che chiama all'ascolto. Ma se la parola è la chiamata all'ascolto chi è chiama nella chiamata? Heidegger come tutti sanno risponderebbe l'essere, ma l'essere per Freud altro non può rappresentare se non una ulteriore difficoltà, una risposta per niente esaustiva. A chiamare è invece più empiricamente la parola stessa che cerca di recuperare nell'ascolto quella parte di Sé che è sfuggita al controllo cosciente e che si presenta come un imperativo (in una rigidità di senso, riducendo dissonanze e ambivalenze paradossali nell'uni-verso del logos e della prospettiva semantica che apre sul mondo), evidente soprattutto nella nevrosi ossessiva-compulsiva (come Freud scrive nel 1914 in **Nuovi consigli di tecnica psicanalitica:**

Il paziente non ricorda nulla di quanto ha dimenticato e rimosso, però lo estrinseca nell'azione; lo ripete, ovviamente ignorando di compiere una ripetizione)

per esprimere ed enunciare, comunicare arginando i muri che la coscienza ha saputo edificare per controllare l'impulso erotico. Il sintomo patologico è essenzialmente il fenomeno (meta-) fisiologico di un bisogno verbale, il desiderio di discutere più con il Sé che con il mondo, più con la verità dell'Io che con l'essere-nel-mondo che ha invece il peso dell'essere-sempre-gettati (come enti tra gli altri enti); l'ermeneutica la voce non tanto del malessere esistenziale quanto piuttosto di quell'unico principio che è in essa immerso e che vuole e non vuole venire alla luce. Da questo dialogo interpretativo, in cui è rinvenibile la storia culturale della civiltà nel suo complesso (essendo l'epoca storica il modo col quale una lingua si dà alla comprensione) si aprono, anche analiticamente, le possibilità della morale (Io-Io/Dio) e dell'etica (Io-mondo) a quella dimensione che è l'apertura totale (alla parola, all'essere, alla verità) al senso e al significato, a ciò che nella parola ancora può emergere risignificandosi. Nell'avanti-indietro del linguaggio la parola (che parla, ma solo di essa stessa), come accade seppure posteriormente anche per la comprensione, è sempre qualcosa che ritorna viziosamente in sé in un circolo che nella patologia è difficile condurre a nuove aperture; si comunica solo il già comunicato, il già conosciuto che si muove sempre e solo nelle grammatiche del linguaggio. Alle cose si va con la parola (ascoltandola) ma solo perché la parola è la cosa stessa nel suo nominare originario che le rende accessibili nello spazio, e prima ancora trascendentalmente nel tempo. Questo ossessivo andare dalla parola alla parola, il suo ascolto, è esattamente l'ermeneutica; non più un risalire dal segno (o dal sogno) al significato, dalla parola alla cosa, ma l'apertura libera e assoluta, mitologica, in cui segno e significato ritornano al primitivo-originario-produttivo silenzioso che annulla quanto si oppone al movimento del logos

Dopo avergli enunciato la regola fondamentale della psicoanalisi -parole in libertà- al paziente spesse volte la prima cosa che succede è che non ha niente da dire. Tace, dichiarando che non gli viene in mente niente. Questo non è altro che una ripetizione... che si manifesta come una resistenza a qualsiasi tipo di ricordo. Finché il paziente è sotto cura non può sottrarsi alla coazione a ripetere e, alla fine, capiamo che questo è il suo modo di ricordare (Freud op. citata);

la maniera di risanare, portando il linguaggio a riorganizzare l'insieme dinamico, riordinando lo scambio. Nella circolarità immobile

Ogni interpretazione si muove nella struttura del pre... l'ermeneutica che voglia produrre comprensione deve aver già compreso ciò che è da interpretare (Heidegger, Essere e Tempo)

del senso e nell'uomo

Senso è l'in-vista-di-cui che si struttura in pre-possesso, pro-
spezione e pre-concetto, di quel progetto -l'esserci, l'uomo-
a partire dal quale qualcosa diviene comprensibile in quanto
qualcosa (Heidegger, op. citata).

Socrate si era volutamente fermato all'aspetto spirituale
di tutto questo fenomeno maieutico, Heidegger e
Freud hanno saputo invece collocarlo in quello più
ampio della parola: a livello etimo-onto-logico il primo,
energetico-funzionale il secondo. Con la sola
differenza di finalità che ha fatto loro seguire strade
diverse, la stessa distanza che rinveniamo tra
l'ontologia e le scienze empiriche. Socrate procedeva
nell'anima spogliandola eroticamente delle
sovrastrutture culturali per inchiodarla all'imperativo
del bene e redimerne i solipsismi in una comune
progettualità. Qualcosa di simile sarebbe accaduto
anche in Heidegger e Freud, nei quali lo scavo
archeologico era assimilabile però al rilevamento della
parola dalle tracce nelle quali da sempre si nasconde; in
alto verso l'essere l'uno, terapeuticamente nel mondo
l'altro. Che l'essere possa poi anche trovarsi nella
dimensione dell'umano è un'ipotesi allettante e ricca di
contenuti che la filosofia contemporanea, ad esempio
con Kant, ha ampiamente studiato. Un atteggiamento
ontologico che si riflette speculare anche nella
psicoanalisi. Ma questa è, l'abbiamo detto, un'altra
storia.

Dalla parola si genera la comprensione e nelle sue articolazioni il linguaggio. Andando a comprendere attraverso l'unica via possibile del linguaggio nell'aperto della parola, accade però qualcosa di impensabile, si assiste ad uno spostamento, ad una mutazione quando si riesca finalmente a sprofondare nel senso dove il mondo si apre alle diverse possibilità di risignificazione. Anche la significatività (ciò per la quale le cose acquistano un significato) è un fenomeno semantico che fonda ermeneuticamente (epoché) la distruzione prima e la ricostruzione, non eidetica (comunque circolare: dalla parola alla parola) ma storica, poi; considerando naturalmente che la distruzione (o confutazione socratica) è già in sé una ricostruzione, il risultato della tensione interna alla parola. Le enunciazioni appena espresse, così volutamente contorte, assumono il loro valore clinico non appena le si inserisca nel contesto evolutivo della psiche, essendo la personalità l'evoluzione (o dilatazione) storica autostrutturantesi di una parola che ha tutte le caratteristiche ontologiche della verità (libertà).

La parola parla, ma per parlare necessita di un ente (una qualche cosa, un chi) che la possa parlare. Lo strutturarsi dinamico, il conflitto, l'equilibrio o la stabilità, la funzionalità dell'apparato mentale (in primo luogo la dinamica primitiva che si svolge in seno all'Es) in cui vengono ad inserirsi le sue parti dilatandosi a loro volta nel mondo, è il risultato delle sue stratificazioni culturali; quello che l'antropologia ha subito ad opera dell'alchimia linguistica (del verbo, come la chiama Rembaud) di un'arcaica risonanza che va al di là dello stesso linguaggio, pur rimanendo ad esso ancorato.

Energeticamente l'uomo è uno scambio continuo di affettività; l'affettività è un bisogno erotico di soddisfarsi narcisisticamente e senza interruzioni nell'altro (e che il linguaggio sia la terra di incontro tra l'Io e il mondo dovrebbe essere oramai chiaro), non tanto per appagare un desiderio che ricerca il principio di piacere, quanto invece per stabilizzare nel minimo economico la dialettica pulsionale che altrimenti porterebbe le strutture della mente a dissolversi entropicamente nel nulla. L'artefice di tutto questo processo creativo è la parola che come l'eros platonico si desidera

Nulla, all'infuori del desiderio, è in grado di mettere in moto l'apparato psichico (Freud, **L'interpretazione dei sogni**)

e vuole, e desiderandosi e volendosi crea un'alterità che appaga e soddisfa tutto quanto in essa muove per generare; cercandosi anche fuori di sé, per contemplarsi a godersi (l'Io nell'Altro) ad ogni istante. In un dialogo muto, fatto più di silenzi che di parole, cercando di autoconservarsi traendo da esso (e ad un tempo alimentandola) quell'energia che è il suo stesso fondo erotico

Ma l'uomo non è solo un essere vivente che, accanto ad altre facoltà possiede anche il linguaggio. Piuttosto il linguaggio è la casa dell'essere, abitando la quale l'uomo e-siste, appartenendo alla verità dell'essere e custodendola (Heidegger, **Lettera sull'umanismo**).

L'ermeneutica non è però solo il momento della mortificazione ma anche quello della rinascita, il ritorno in Sé dall'alienazione, l'albedo di una rigenerazione filosofale. Parlare è già una forma del conoscere, e la conoscenza è per necessità un circolare ritorno, un richiamo ad intel-legere (leggere dentro) che comporta un cambiamento; trasmutazione che, se nella vita di tutti può anche essere marginale, quando si tratta della nevrosi assume connotati impressionanti. Man mano infatti che il movimento ermeneutico si spinge nella profondità della parola, e venute meno le resistenze che si opponevano ad una comprensione del materiale rimosso, l'apertura in cui viene a situarsi per la prima volta il soggetto nevrotico si mostra come la rottura definitiva con un vissuto che è destinato a fluire (nella sua alterità) nel logos. In termini linguistici questo significa che il segno ha perduto il suo significato e vaga in un vuoto assoluto alla ricerca di un nuovo orizzonte culturale e storico in cui inserirsi semanticamente; di qua e di là in uno spazio di senso ancora inesplorato, dove l'ordine precario che persisteva in precedenza viene sovvertito; proprio come accade al chimico (paragone, intendiamoci, che doveva piacere poco a Freud) quando si trova ad armeggiare con i composti e le sostanze. Il linguaggio non è solo un esistenziale (pur dominante sugli altri) ma la natura, l'essenza naturante di quel particolare tipo di ente dotato tanto di ragione quanto di un sistema fonetico, la forma che storia e cultura si sono date scomponendosi e ricomponendosi, simile alla materia prima naturalmente solubile alle abluzioni della parola

Noi abbiamo analizzato il paziente, ossia abbiamo scomposto i suoi processi psichici nei loro costituenti elementari (Freud, **Vie della terapia psicoanalitica**, 1919)

per combinare, separare, sublimare e coagulare

Infatti nella vita psichica, ci troviamo di fronte a tendenze che sono sottoposte a un impulso verso l'unificazione e la combinazione. Tutte le volte che riusciamo a scomporre analiticamente un simbolo nei suoi elementi, a svincolare un impulso istintuale da un determinato legame, esso non rimane isolato, ma tosto ne contrae uno nuovo (Freud, op. citata)

nuovi concetti in una rigenerata unità lessicale, e nei concetti sempre una diversa radicale possibilità di esistenza. Il linguaggio insomma come la forma (kantiana) del pensiero, l'adeguamento del pensiero alla parola che così si plasma nella verità, portando (tra le altre cose) a subordinare l'etica alla parola. Perché il linguaggio colloca in un contesto storico prima che culturale, apre alla storia la semantica che diversamente le sfuggirebbe; porta la memoria non solo del singolo, ma dell'intera epoca che ha saputo formarlo come individuo. E questo può accadere in quanto ognuno si trova da sempre immerso in quello stato esistenziale del pre- (pregiudizi, preconcetti, prepossessi) che è il fondo mitologico della comunità. Anche il senso a sua volta è un luogo storico prima che una condizione dello spirito, l'a priori in cui ogni significato si stravolge, dove perdendo di dignità ontologica mette in condizione il segno di cercare altri contenuti a cui affidare il corso dell'esistenza.

Pressoché esteso, anche se non concluso (compito che avrebbe richiesto ben più di un semplice capitolo) l'argomento ermeneutico non rimane che esporre l'ultima questione rimasta ancora irrisolta. La parola tende a sostantivare, amplificandosi nelle strutture (Io, mondo) che consentono nel dilatarsi l'appagamento del bisogno di piacere (legge dell'esistenza da ricercarsi nella fisica dell'essere). Come questo possa accadere sarà discusso nelle prossime pagine, partendo proprio a discorrere da quell'unico morfema che abbiamo postulato come il seme in potenza ma anche la finalità attuale del tutto. Se infatti la parola parla, cosa dice? Ridotto l'intero linguaggio ad una piccola parte, non sarà forse pure quest'ultima ulteriormente riducibile ad un principio ancora più nascosto? Per quanto diversificata nei componenti e nelle diverse tradizioni, buona parte della teologia occidentale (dalla gnosi medievale alle più complesse mistiche come la Kabbalah ebraica) sembra convergere nella tesi di un fonema primario che riproduca in una piccola lettera o in un monogramma la complessità della lingua, riproponendo lo schema monadologico finora abusato (tutto è in uno e l'uno a sua volta si riduce ad un tutto) della dilatazione produttiva (o emanazione, in ebraico sefiròth) a partire da un concentrato metaempirico. La convinzione cabalista è da questo punto di vista lapidaria: non solo quella ebraica si dimostra la lingua profetica in quanto dispiegamento del nome del Dio, ma anche come la potenza creativa con la quale è stato formato il mondo, soffiando l'alito di vita in quella che altrimenti sarebbe rimasta una materia informe; spingendosi a concepirla come il nome impronunciabile (infatti nel tetragramma JHWH è vietato dalla legge ebraica l'inserimento delle vocali), la sostanza che non deve essere rivelata. Per l'ebreo ortodosso la lingua della tradizione è più che sacra, è l'essenza stessa che nasconde i misteri della creazione, la parola che è in grado di giungere (così ad esempio nella gematria) fino all'intimità del divino. Conoscere il nome di una cosa significa farla propria, possederla e poterla manipolare; a questa legge è sottoposto anche Dio, pur non essendo ovviamente la Torah il Corano (nei testi sacri è evidente una vera avversione per molte delle forme gnostiche che già ai tempi dell'Esodo dilagavano tra il popolo giudaico). La Torah, personificazione della legge cosmica e della storia del popolo ebraico (G. Scholem), è la rivelazione, il labbro stesso (Shekhinàh) del Dio che contiene le profondità della creazione racchiusa nelle lettere e in tutte le parole della sacra scrittura. Affinché però nessuno arrivasse a competere in sapienza, la giusta successione delle lettere e l'ordine delle parole (che renderebbe manifesto il sacro nome) è rimasta sconosciuta e si presenta ora alterata. Al di là della questione teologica, per quel che ci interessa in questo studio, è da sottolineare il fatto che ad uno stravolgimento (attraverso permutazioni e combinazioni di fonemi, avvicinamenti e spostamenti di vocali, combinazioni e ricombinazioni di sillabe; processi linguistici sui quali i talmudisti hanno potuto scrivere pagine memorabili) di alcune parole significative corrisponda uno stravolgimento esistenziale e biologico. La caduta dell'uomo dallo stato paradisiaco e mitologico è stata presentata come un fatto linguistico; e parimenti un fatto linguistico rimane la sua rinascita che si otterrà quando saprà riappropriarsi del giusto modo di ricomporre il linguaggio della Torah. Recuperando proprio nella parola il senso e la significatività

Infatti allora Dio eliminerà la presente combinazione delle lettere che forma le parole della nostra Torah attuale, e... le metterà assieme in modo da formare altre parole, che a loro volta formeranno nuove frasi che parleranno di altre cose... (**Azulai, Dvash le-Fi**, 1808).

Tornando sui binari psicoanalitici, questo significa che la trasmutazione e il cambiamento non comportano uno stravolgimento radicale; quello che cambia è il senso, la sua possibilità conoscitiva, il modo di concepire e vedere il mondo

Il rotolo della Torah sarà... come è ora, ma Dio ci insegnerà a leggerlo secondo un'altra disposizione delle lettere, e ci insegnerà come suddividere il testo e come combinare le parole (Azulai, op. citata).

Una nuova interpretazione di tutto il materiale fenomenico che, pur essendo aperto e dispiegato deve essere ricompreso e ripensato. L'interpretazione del sogno o del sintomo, nonché del linguaggio a cui si riducono, deve aprirsi metodicamente anche ad una lettura di questo genere; cosa facilmente integrabile nell'analisi se cambiamo la variabile dei nomi, sostituendo alla parola Dio quella di verità.

Torniamo ora alla parola. Come abbiamo visto, allargandosi produce tutto quello che è, dando alle cose lo statuto ontologico che le preserva dall'annullamento. Una dinamica dello stesso tipo è però riscontrabile anche a livello strettamente fonetico; l'esempio è sempre quello cabbalista: l'alfabeto ebraico benché sia formato da tre lettere madri ('alef, mem, sin), da sette lettere doppie e da dodici lettere semplici, si sviluppa dalla sola 'alef che tutte le altre avrebbe generate. 'Alef non è però (sempre secondo i cabalisti) solamente una lettera, ma il punto di avvio di una lingua (non solo quella ebraica), e la base stessa delle articolazioni della voce divina (come ad esempio nel suono contratto awir che significa soffio, alito, vita; Adamo fu creato dalla parola emèth; una volta tolta l''alef iniziale, non rimase che meth, "egli è morto"). Ad essere precisi la 'alef non è neppure propriamente una lettera, bensì una gutturale che si ottiene aspirando per emettere un suono aereo e vuoto.

Questo per dire che se in tutte le lingue si può trovare un'origine comune (che è come un fonema da cui si sono dilatate le altre lingue), anche all'interno della personalità è possibile rinvenire, essendo essa composta da e come un linguaggio, il medesimo processo formativo. Che poi questo primo si chiami 'alef, Es, o eros è solo una variabile che è inutile discutere in questo luogo. Il principio rimane lo sviluppo evolutivo di qualcosa di determinante che trova il modo di dilatarsi per organizzare funzionalmente la macchina dell'energia umana. Questo principio è il linguaggio. La sua natura è la parola. Il suo nucleo lo abbiamo ipotizzato in un

piccolo suono etereo e vuoto, come del resto sfuggente
e vuoto è l'essere stesso.

La chiusa sembra allora obbligata: ogni ermeneutica è
un'ermeneutica di parole, uno scavo archeologico nel
linguaggio che cerca nelle sue palingenesi di
ripercorrere le tracce dell'esperienza passata. L'ultima
delle quali rimane la parola parlata e sentita, l'originario
e assoluto dire capace di rovesciare l'esistenza e con
essa la malattia.

CAPITOLO X

ESTETICA E POESIA

Ma se solo si potesse illuminarlo, aprirgli gli occhi sui suoi autentici, normali interessi, allora l'uomo finirebbe di fare mascalzonate e diventerebbe buono e nobile
F. Dostoevskij

Non è facile dedicare un capitolo intero alla discussione sull'estetica in uno studio sulle nevrosi. Pur con tutte le difficoltà non è comunque ragionevole escludere un argomento che non solo è utile alla comprensione del funzionamento della mente, ma di quello specifico che è la malattia. Non è infatti da oggi che le scienze sociali, e Jung è stato in questo un vero e proprio caposcuola, allargano sempre più gli orizzonti all'analisi dei fenomeni estetici (ad esempio la Gestalt). Psicologia e filosofia concordano infatti, grazie anche all'opera di autori raffinati come Nietzsche o Wittgenstein che si sono occupati anche se marginalmente di complesse questioni psicologiche, con l'idea che un'esistenza priva di un campo poetico si riduca ad un vuoto biologismo, un'occasione mancata.

Nel capitolo precedente si è accennato alle facoltà ontogeniche, del linguaggio a cui noi abbiamo però anche aggiunto senza motivarlo l'aggettivo "poetico"; in queste pagine alla parola "poesia" (intesa più genericamente come attività ordinativo-produttiva, traccia arcaica e mitologica che sta alla base di tutti i fenomeni psichici o anche junghianamente come lo "sfondo di epoche preumane o da sovrumani mondi di luce o di tenebra") sarà affidato lo statuto più dignitoso del sostantivo, non più una cosa tra le altre, ma il principio preposto a riprodurre la grammatica, la formazione non solo della personalità di un individuo, ma della comunità a cui appartiene. Finché persista uno stato di mutilazione creativa il desiderio autoerotico rimane il solo combustibile da bruciare nella reazione erotica. Eppure, benché in maniera distorta e lontana da una condizione ottimale, anche questo desiderio è in qualche modo incanalato nella generale progettualità delle cose. Dove sia presente, l'uomo è ancora possibile salvarlo, il mondo in qualche maniera cambiarlo. La qualità del giudizio (su cosa è vero e cosa è falso) e la possibilità di una comunicazione non chiaccherata o vuota dipende anche da quella disposizione. Svincolato dagli archetipi il soggetto potrà anche condurre una vita tutto sommato equilibrata, ma di un equilibrio precario e senza spessore, incapace di parteciparsi dei giochi linguistici della sua forma di vita e in essi di distinguere la normalità dalla follia, il vero dal falso, quello che è giusto da ciò che è sbagliato (essendo il giudizio normativo non fondato a priori ma derivato da una generale concordanza, dai simboli e dalle credenze su cui si fonda lo spirito di una comunità). A questi l'augurio che sentiamo di rivolgere è quello di continuare come finora hanno fatto; ogni turbamento, anche una piccola digressione dal quotidiano potrebbe essere fatale. Esiste una follia nell'appagamento emotivo (la rinuncia alla liberazione semantica dalla tirannia dei significati già codificati) e sociale (un'adesione indiscriminata a un principio della realtà che si traduce nelle forme del controllo e della repressione sociale) non sempre evidente nella gravità, soprattutto a causa della facile integrabilità di questo genere di alienazione (e soprattutto quella anale-calvinista-capitalista che ha nel tema antropologico del seguire una regola il significato escatologico della salvezza nell'obbedire a un comando) nei meccanismi della produzione. La malattia mentale deve infatti essere considerata al di là del sintomo localizzato; dato che il sintomo può a volte non presentarsi o agire occulto e ben assorbito nella personalità e nel mondo. Che poi la questione della sofferenza vada al di là dell'individualità come una deviazione nella cultura e nella storia è un dato di fatto non difficile da dimostrare. L'etica non è mai solo etica (avrebbe sentenziato Althusser: "La morale è nella sua essenza ideologia!" e l'ideologia potremmo anche aggiungere, un irrigidimento estetico della morale) ma un fenomeno socialmente condiviso nel valore paradigmatico e pragmatico, in quanto pura conformità a regole condivise; un vuoto semantico (una specie di salto nel buio più simile ad una credenza che ad altro) che si dilata oltre il principio morale. Che cosa sia questo vuoto ontologico lo si vedrà immediatamente.

Socraticamente si è sopra espressa una distinzione poco simpatica tra chi è dotato di una tara creativa (e che pertanto come sostengono Russel e Frege parafrasando Agostino, Locke e Hume è in grado di stabilire connessioni simboliche profonde con un unico atto mentale immediato) e chi invece tale creatività non la svilupperà mai se non come conseguenza di un continuo esercizio che diventa abitudine e porta a padroneggiare una tecnica (come invece pensa Wittgenstein). Le cose non sono però così semplici; la posizione maieutica (che rimanda a qualcosa presente dal principio nella mente) è fortemente elitaria in quanto discrimina le anime non gravide intrinsecamente incapaci di partorire la verità. Non così invece quella che stabilisce sul piano della dialettica una differenza ontologica. Tutte le anime, per riprendere l'immagine platonica, sono in grado di generare la verità ma questo non accade se già a priori non si trovino in qualche modo nella verità stessa; chi disgraziatamente (e tale disposizione di norma dipende dalle condizioni socio-economiche) dal principio non venga addestrato a padroneggiare i simboli e la lingua è difficile che riesca a far germogliare i semi di una parola produttiva. A sprofondare nella mitologia, di epoca in epoca, dove si aprono le questioni di fondo dell'esistenza. Avvenuto questo, in genere dalla seconda metà della vita, quando si sono verificate sedimentazioni nel linguaggio e irrigidimenti nel pensiero tali da cristallizzare i significati in convinzioni assolute (i giochi linguistici di una specifica forma di vita) non più sottoponibili ad una critica cosciente e ad una diversa significazione da parte dell'intervento di una parola realmente significante, quando cioè una nevrosi (o irrigidimento) si è inserita nella personalità da non potere più (se non a prezzo di un pericolo reale) essere attenuata, si può allora disperare di recuperare l'individuo ad una condizione di coscienza compatibile con la salute; proprio come scrive il poeta

Dunque s'a veder voi tardo mi volsi
per non ravvicinarmi a chi mi strugge,
fallir forse non fu di scusa indegno.

(Petrarca, Canzoniere, XXXIX)

Questo per dire che chi si sia trascinato lungamente educandosi in una dimensione alienante e calcificata della parola secondo l'uso meramente sociale/alienante, non più aperta alle ambivalenze semantiche e all'opportunità, può anche capitare che scelga (una scelta ovviamente obbligata dalle precondizioni di partenza e mai libera in assoluto) di perseverare in quella condizione che, per quanto dolorosa, preserva dai chiaroscuri della verità. La poesia, le cui radici si dispiegano nell'orizzonte trascendentale del mondo (di un mondo), quale ambito delle condizioni dei limiti del linguaggio, è parte non solo di un ristretto sistema semantico, ma della struttura simbolica di una comunità. Come l'acido nucleico di una cellula che è già il sostrato di tutto quanto il processo evolutivo, così esso pure si configura come l'imperativo che ognuno nelle trasformazioni deve portare a termine. In una specie di osmosi tra etica ed estetica in cui è possibile portarsi nell'esistenza senza alcuna mediazione intellettuale.

Perché proprio la poesia (in tutte le singole specificazioni estetiche) dovrebbe essere il farmaco con cui modificarsi, non è un argomento di difficile comprensione; sottoposti come siamo all'etica alienante (a cominciare da quella religiosa, una dimensione dello spirito che ha perduto il significato del sacro e che non è più in grado di opporsi alle voragini della modernità, come chiarisce Jung: "Mi sembra che con il decadere della vita religiosa, il numero delle nevrosi vada aumentando") della produzione e del consumo. Ovunque persista una politica che censuri le problematiche radicali, le speranze di recuperare la sofferenza sono limitate e non possono che ridursi ad un ambito farmacologico.

La nevrosi è oggi dunque quel che in altri tempi era il convento, in cui solevano trovare rifugio tutti i delusi dalla vita e tutti coloro che si sentivano troppo deboli per affrontarla (Freud, **Cinque conferenze**, 1910).

Non è questo il luogo per affrontare il rapporto economia-salute (a cui sarà invece dedicato tutto il capitolo successivo), eppure una prima anticipazione che potesse dare la misura e la portata storica dell'argomento, ci è sembrata comunque necessaria.

Come l'essenza dell'etica si fondava per Socrate nell'essenza dell'uomo (la sua psiché), così pure la forma mentale non è che l'estensione dinamica di un principio (in termini innatistici: "Non è possibile che assuma forma umana chi non ha mai veduto la verità"; Platone, Fedro) estetico, l'adeguamento formale del comportamento, dell'essere sociale ad una legge funzionale, a un unico progetto creativo che è l'idea del bene produttiva e inqualificata. Imperativo che si presenta come un richiamo a volte leggero, altre aspro e doloroso, come si legge dai versi del Petrarca:

Amor mi sprona in un tempo et affrena,
assecura et spaventa, arde et agghiaccia,
gradisce et sdegna, a sé mi chiama et schiaccia,
or mi tene in speranza et ora in pena,

(op. citata, CLXXVIII)

Per svincolarsi dalla condizione di disagio (linguistico, semantico, sociale), brutalmente ancorato ad un quotidiano alienante e alimentare piuttosto quel bisogno estetico a cui non si può rinunciare se non a detrimento della salute

Allorché un uomo, vedendo la bellezza di quaggiù e rammentandosi della vera bellezza, metta le ali e desideri, così alato di levarsi in volo... allora si ristora e riscalda, e, cessando di soffrire, si sente lieto e felice; (Platone op. cit.).

Non come una finalità immaginaria voluta da un Super-Io tiranno che cerca nel rifugio dell'idealizzazione, ma come integrazione fluida nel dinamico contesto ontologico che da un piccolo nucleo si espande dilatandosi fino a concentrarsi nel mondo sotto forma di pubblico bene. Cosa che comporta l'imposizione della parola poetica in un ordine semantico capace non di annullare la sintassi del quotidiano ma di trasformarla aprendola ad una diversa significazione (inconcepibile dall'attuale sedimentazione ideologica delle parole). Dal fatto che tutto sia potenzialmente disponibile ad una diversa significazione dobbiamo infatti anche dedurre che nessuna cosa, mancando di un significato definitivo, possa essere conosciuta e compresa nella totalità delle possibilità semantiche; la discriminazione operata nelle parole alla ricerca dell'ente da esse denotato (dando per certa una corrispondenza tra logica e realtà, tra stati di cose e proposizioni, tra mondo e linguaggio) è una forzatura culturale che non tiene conto del fatto che il senso del mondo è comunque altrove e deve essere collocato fuori di esso (e per converso anche che il senso di una proposizione è indipendente da come stanno le cose del mondo), e che pertanto il significato di una parola non si trova nella cosa nominata ma nell'uso che ne facciamo nel linguaggio. La scelta dei significati non è teoreticamente giustificata se non come bisogno di paradigmi culturali in cui far convenire la libertà degli individui nelle relazioni simboliche della comunità a cui appartengono, come una concordanza da cui può sviluppare un sistema morale di valori (un totem comune, una concordata verità), quale regola del giudizio su ciò che è vero e ciò che è falso, normale o patologico. Essendo propriamente l'anormalità una forma di vita che ha altri giochi di lingua e segue gli imperativi (seguire una regola è ubbidire ad un comando, dirà Wittgenstein) di una diversa mitologia e dei simboli correlati.

Nessuno è autorizzato ad elevare al rango di assoluto la parte del tutto, lo specifico del mondo operato dal ritaglio ottico cognitivo e che non supera mai il carattere dell'individualità. Dalla frustrazione derivata dalla coscienza di non poter comprendere che un frammento dell'assoluto, dalla constatazione che ogni comprensione abbia strutturalmente una vocazione alla selezione pragmatica (alla comprensione di quella parte del mondo che è l'oggetto dell'interesse; l'in-quanto heideggeriano), si configura esteticamente il bisogno di una circospezione perspicua della rete totale dei rimandi che costituiscono il mondo, il desiderio (pensiamo ad esempio alla funzione della ragione all'interno della critica trascendentale kantiana) di superare la condizione della singolarità in un principio generale. Come avviene nella dottrina plotiniana delle ipostasi, nella quale l'estasi (o est-etica produttiva, con-templ-azione creatrice) ha la sua centralità (ovvero, l'Uno liberamente ponentesi produce di necessità tutte le altre cose, Nous e Psiché, che dalla sua emanazione si concentrano materializzandosi), così pure accade che da un principio poetico si siano sviluppate una serie di fenomeni che hanno assunto l'immagine dell'etica e dell'ideologia. Un'etica naturalmente paradossale perché non prevede la dimensione della libertà, nel senso che nonostante la parola poetica nel suo dilatarsi tenda a formare liberamente (liberamente perché potrebbe anche non muovere all'alterità) tutto quello che è, il fatto di avere agito in libertà si configura comunque come una necessità. L'Uno poteva anche non muovere a creare, ma l'avere creato rimane sempre una condizione alla quale non si poteva sottrarre. E non è una contraddizione La creazione plotiniana non è ovviamente la libera creazione ebraico-cristiana del mondo, per il semplice motivo che il mondo per Plotino non è stato creato o voluto ma è ciò che deriva da una dilatazione estetica (dall'autocontemplazione dell'Uno si genera il Nous, dal rivolgersi contemplante del Nous verso l'Uno nasce Psiché), che inserisce la libertà del guardare come qualcosa di sacro (= *templum-cum-azione*)

La creazione... è contemplazione; essa è infatti prodotto di contemplazione, di una contemplazione che resta pura contemplazione e non fa nient'altro che creare perché è contemplazione (Plotino, **Ennead**i)

nella necessità della produzione, l'estetica nell'etica (un'etica affatto libera e sottoposta alle regole dell'estetica) come la causa all'effetto. La libertà consiste proprio in questo, nell'introdurre gli eventi, la progettualità in una logica più elevata, mai ontologicamente libera, che si presenta come spinta alla visione. Lo stesso Kant non diceva nulla di diverso quando chiamava questo miraggio con il nome di postulato (della ragione), alludendo ad un'etica che rimane vuota di contenuto fin tanto che a priori non vengano ipotizzati quei fattori che, pur non essendo provabili empiricamente (Dio, l'anima, il mondo), non possono non pensarsi che come esistenti. E' insomma in una tale dinamica di simmetrie concettuali che si inserisce il rapporto ontologico tra estetica ed etica, avendo l'ultima un bisogno assoluto della prima. E' ancora una volta Petrarca a chiarire al meglio la questione

Sfòrzati al cielo, o mio stanco coraggio,
per la nebbia entro de' suoi dolci sdegni,
seguendo i passi honesti e 'l divo raggio

(op. cit. CCIV)

Passi onesti, certo, ma soprattutto divino raggio, quello
schiarimento

Ove 'l bel viso di madonna luce... che m'arde et strugge
dentro a parte a parte

(Petrarca, op. cit., XVIII)

che consente di aprire all'orizzonte dei simboli non
ancora codificati, dando loro la forma mitologica senza
la quale non può darsi un gruppo sociale distinto e
definito nei caratteri.

Detto questo non rimane che ordinare il nostro
discorso. Si è sostenuto che tra estetica e etica si
stabilisce un rapporto di necessità; l'ultima sta alla
prima come la causa al causato, un causato che è tale
però non in virtù della libertà, ma in quanto
irradiamento dal quale le cose e le parole scorrono.
Come accade a tutto quello che per natura si espande e
dilata, si tratta di un processo che non può non attuarsi,
non contaminare generandolo lo spazio circostante. Il
concetto di estensione col quale si è caratterizzato il
movimento creativo è in qualche maniera assimilabile
a quello cartesiano di materia, da intendersi però non

panteisticamente (nel senso che tutto sia materia laddove essa si presenta invece come una dilatazione di un principio metafisico), ma piuttosto nel senso che in ogni tappa del movimento è sempre rintracciabile quel nucleo (l'eros) che è da sempre in movimento come forza produttiva. Qualcosa di simile accade anche all'etica: **ordo et connexio idearum idem est ac ordo et connexio rerum**, avrebbe detto <u>Spinoza</u> a proposito delle corrispondenze che si rilevano tra idee e cose; e noi con lui attribuendo non solo la stessa statura ontologica tanto all'etica quanto all'estetica (come se fosse la stessa realtà vista sotto differenti aspetti), ma facendo addirittura dell'ultima il principio causante e causato dell''emanazione ontologica. Ecco perché si è affermato che non può esservi libera volontà, né libero arbitrio o tanto meno possibilità di scelta, perché ogni scelta può darsi solo come adeguazione ad un corso di eventi; ma in esso anche, scavando più in profondità, alla rivelazione delle cose stesse ordinate secondo necessità (noumeno). Vedere l'etica in quest'ottica (sub specie aeternitatis) significa assumere un punto di vista quasi assoluto; guardare al mondo da un'altra dimensione, trasmutarlo in una progettualità priva del libero arbitrio (proprio come accade nel sistema razionale assoluto, more geometrico, di Spinoza che chiama per l'appunto **Ethica**, ovvero progetto, attività, azione). Sono ancora le parole del Petrarca, in particolare questo sonetto trascritto per intero, a mettere in luce il motivo della conversione dello sguardo

Quando giugne per gli occhi al cor profondo
l'imagin donna, ogni altra indi si parte

et le vertu che l'anima comparte
lascian le membra, quasi immobil pondo.

Et del primo miracolo il secondo
nasce talor, che la scacciata parte
da se stessa fuggendo arriva in parte
che fa vendetta e 'l suo exilio giocondo.

Quinci in duo volti un color morto appare,
perché 'l vigor che vivi gli mostrava
da nessun lato è piu là dove stava.

Et di questo in quel di mi ricordava,
ch'i' vidi duo amanti trasformare,
et far qual io mi soglio in vista fare

(op. cit. XCIV)

L'epoché si presenta all'Io come un terremoto
fisiologico, uno stravolgimento anche organico

Tal che mi fece, or quand'egli arde 'l cielo, tutto tremar d'un
amoroso gielo

(Petrarca op. cit., LII).

Al culmine della distruzione fenomenologica del
codice semantico il soggetto, la sua cultura e la sua
storia si rovesciano

Tutto si capovolge... l'impressione che ne riceviamo poggia sulla mostruosità dell'evento che emerge, freddo ed estraneo o significativo e sublime, da profondità senza tempo (Jung)

in un'epoca non-più-metafisica (Heidegger) ma mitologica e simbolica, assorbendo nella poesia quello stato arcaico e archetipico di appagamento che preserva dalla degenerazione patologica

Se l'individuo scontento della realtà possiede quel talento artistico, che psicologicamente è ancora un enigma egli può convertire le sue fantasie in opere d'arte. In tal modo egli sfugge al destino della nevrosi e recupera, grazie a questo giro tortuoso, il contatto con la realtà. Laddove sussista il contrasto con il mondo reale, ma manchi o si riveli insufficiente questo prezioso talento, è inevitabile che la libido, seguendo l'origine delle fantasie, riesca tramite la regressione a riattivare i desideri infantili e a produrre così la nevrosi (Freud, **Cinque conferenze**).

Per Freud sublimare gli istinti significa non rinunciare ad una natura istintuale legittima, ma reimpostare il corso del desiderio canalizzandolo verso una finalità (presente da sempre come problema, un peso o una mancanza) da rielaborare attraverso le esperienze simboliche

Quando un'ondata di energica rimozione sessuale pone termine al periodo delle ricerche sessuali infantili, la pulsione di ricerca ha tre possibilità... Nel primo caso, la ricerca condivide il destino della sessualità; quindi la curiosità resta inibita e la libera attività dell'intelligenza può restare limitata... questo è il caso caratterizzato dall'inibizione nevrotica; la seconda possibilità è che lo sviluppo intellettuale sia abbastanza forte da resistere alla rimozione sessuale che se n'è impadronita... le attività sessuali rimosse di ricerca ritornano all'inconscio sotto forma di rimurginazione coatta... tanto potenti da sessualizzare il pensiero stesso e da colorare le attività intellettuali del piacere e dell'angoscia che appartengono ai processi sessuali veri e propri...; la terza possibilità, la più rara e perfetta, elude sia l'inibizione del pensiero che il pensiero coatto nevrotico. È vero che anche qui si verifica la rimozione sessuale, ma... la libido elude invece il destino della rimozione perché fin dal principio viene sublimata in curiosità e viene collegata alla potente pulsione di ricerca per rafforzarlo. Anche qui la ricerca diventa coatta e rappresenta un surrogato dell'attività sessuale, ma poiché i processi psichici retrostanti sono completamente diversi - sublimazione invece che irruzione dall'inconscio- manca la nevrosi... la rimozione sessuale che ha rafforzato la pulsione opponendogli la libido sublimata, viene ancora presa in considerazione dalla pulsione, in quanto questo evita di occuparsi di temi sessuali (Freud, **Un ricordo d'infanzia di Leonardo**, 1910).

Il problema è che finché persistano le condizioni castranti e nevrotiche nel linguaggio, finché la po-etica continuerà a oscillare tra una morale violenta e repressiva e i comandi di un'economia che nel nome di principi astratti ha potuto amplificare gli squilibri sociali, incanalando il desiderio nel consumo piuttosto che nello sviluppo dei caratteri creativi, il rifugio nevrotico, la fissazione infantile rimarrà per molti la sola possibilità di sopravvivenza.

Il discorso finora condotto sull'estetica coincide dunque col linguaggio e la parola. Il principio a cui si è fatto riferimento possiamo concepirlo come un piccolo fonema (socraticamente il demoniaco σημειον, segno o φωνη, voce) che racchiude il fondo del dire silenzioso, del nominare che produce le cose

Saremmo perciò più inclini a far risalire la trasposizione del suono a un fattore di origine più profonda (Freud, **Sulle parole primitive**, 1910).

Nulla di misterico o di volgarmente teologico, ma la constatazione che una lingua (qualunque essa sia) possa sempre ridursi in pochi paradigmatici elementi, dai quali la struttura della lingua si è sviluppata coinvolgendo nel dilatamento ontogenico l'intero processo formativo del reale. Proprio come avviene nella chimica, laddove ovviamente fosse possibile la riduzione dello spazio atomico che separa il nucleo dagli elettroni. Trasportando quanto detto a proposito della parola nel piano dell'estetica avremo allora la misura e la portata del significato ontologico dell'attività poetica. Posto l'ipotetico sostrato energetico tutto procede entropicamente con un rigore formale che è sempre possibile tradurre in rapporti numerici (in termini formali questo significa che l'energia erotica nel suo caotico agitarsi alla ricerca del minimo entropico, muove a organizzarsi nelle forme simboliche mitologiche primordiali; propriamente il cerchio, il quadrato e il triangolo, che dagli originari scambi energetici di pulsione-repulsione emotiva si sono stratificate nella rigidità geometrica, opponendosi nell'assestamento alla dispersione imponendo quindi al pensiero, come archetipo formale e mandala della ragione, questa o quell'altra scelta, questa o quell'altra direzione morale)[6]. L'adeguazione a questo processo erotico di adattamento si configura come un percorso etico necessario e necessitante (o junghianamente come il processo di autoregolazione spirituale che porta nell'arte significati epocali). Più di altri è stato ancora Petrarca a fornire alla tensione libertà/necessità la corretta collocazione esistenziale e ontologica

S'a mia voglia ardo, onde 'l pianto e lamento?
S'a mal mio grado, il lamentar che vale?
O viva morte, o dilectoso male,
come puoi tanto in me, s'io nol consento?

(op. cit. CXXXII)

Freud non avrebbe detto nulla di diverso, almeno per quanto concerne le pulsioni e la loro centralità all'interno delle dinamiche psico-sociali. Era però uno scienziato e un medico prima che un poeta o un esteta, e dunque l'occhio col quale cercava di darsi ragione del fenomeno si dimostra fortemente impregnato delle tecniche dell'analisi (basta dare uno sguardo allo studio che ha condotto sul movimento rotatorio delle tavole del Mosè di Michelangelo) più che da quelle della sintesi; questo però non toglie che non riconoscesse il valore mnestico della poesia o dell'arte in genere, a cui

---

[6] Freud, Consigli di tecnica psicanalitica, 1911

dedicò le pagine forse più vitali[7] di tutta la sua produzione letteraria. Del resto la psicoanalisi una certa attenzione ai fenomeni estetici ha saputo introdurla anche all'interno della teoria (Jung in primo luogo) ma purtroppo assai meno nella clinica e nella terapia. Il problema è il passaggio da una teoria astratta ad una pratica medica che richiede risultati osservabili e cure di provata efficacia. Poniamo anche corretta la supposizione che l'etica sia un riflesso dell'estetica, come introdurre allora e con quali funzioni e modalità il principio teoretico nella prassi terapeutica? E ancora, dando per certo che non solo il linguaggio ma la struttura stessa della personalità di un individuo e del mondo, derivi da un dilatamento di un'energia (telesma), in che misura e con quali finalità potrà inserirsi questo concetto in una terapia che consiste nel vincere le resistenze del rimosso? Domande più che lecite che una risposta possono trovarla, oltre che in Jung, nello stesso Freud. Tra il rimosso (l'inconscio) e la coscienza si muove avanti-indietro una sottile materia che ha il nome di desiderio; questo desiderio è propriamente la forza produttiva e autoproduttiva della personalità. Sulla base della dinamica culturale andrà a strutturare la mente assumendo i connotati che in seguito la caratterizzeranno individualmente nel carattere e come identità. E' evidente che il futuro individuo svilupperà o meno una minore o maggiore capacità adattiva (intesa come assestamento delle pulsioni) a seconda del corso che l'energia originaria

---

[7] Il Mosè di Michelangelo, 1914; Un ricordo di infanzia di Leonardo; Da poesia e verità di Goethe, 1917.

avrà saputo intraprendere; nel caso di una personalità nevrotica la manifestazione prima sarà la deviazione assunta dalla libido e in essa però anche le limitazioni a cui è stata costretta la spinta pulsionale a completare (plasmando alloplasticamente il mondo) il principio estetico-formale che rimane così bloccato e inattuato. Se la frustrazione si attenua invece fino a scomparire si sale allora nella maturazione sublimando nel bene pubblico la pulsione creativa, manifesta tanto nei tratti somatici quanto nei pensieri e nei desideri della psiche a tutto detrimento (junghianamente canalizzata) delle degenerazioni erotiche

Una trasformazione della forza psichica pulsionale in diverse forme di attività si ottiene con le stesse perdite di una trasformazione di forze fisiche (Freud, **Un ricordo di infanzia di Leonardo**).

In termini freudiani questo significa che ogni attività produttiva concentra un "rafforzamento sessuale" (Freud) il cui risultato dipende sempre dall'intensità della pulsione

Egli riuscì, dopo che la sua curiosità era stata attivata durante l'infanzia al servizio degli interessi sessuali, a sublimare la maggior parte della sua libido in una brama di ricerca (Freud, op. cit.).

Il processo analitico tende a portare nell'Io il senso dei significati, i simboli (il cerchio, il quadrato, il triangolo) che finora possono avere ridotto in una condizione di sofferenza il soggetto che non li abbia integrati; considerando che il senso di quei significati, ovvero la dimensione che tutto apre alla significatività, è come si è detto un principio estetico, un processo canalizzato di ordine e misura che vuole essere completato.

Detto questo sarà facile allora comprendere perché riteniamo che la poesia possa avere una posizione determinante all'interno del percorso terapeutico. La parola poetica è il linguaggio primitivo e fondante, capace non solo di comunicare con il passato culturale e con la storia mitologica e simbolica dell'umanità che si è cristallizzata come inconscio collettivo; ma anche l'attività in grado di comprendere i messaggi ancora oscuri che la lingua in tutti i modi (i sintomi) e con tutte le forze (i sogni) esprime. Ascoltare la poesia dunque per trasformare la banalità del linguaggio quotidiano in qualcosa di significativo, educandosi per comunicare, recuperare simboli arcaici, tracce del passato. Collocarsi allora tra poesia e mito, nel Sé, nel linguaggio archetipico che è la forma, l'impronta in grado di organizzare i fenomeni della mente, di riordinare il dinamismo dei pensieri, assestare l'energia erotica per

portare alla luce non tanto ciò che c'è nei miti... quanto il sistema degli assiomi e dei postulati che definiscono il miglior codice possibile, capace di dare una significazione comune a elaborazioni inconsce, che ineriscono a spiriti, società e culture scelti fra quelli maggiormente lontani l'uno dall'altro (Lévi-Strauss, dalle **Mitologiche**).

Ad un tempo cambiare se stessi e il mondo

Come artista è nel senso più alto "uomo", è "uomo collettivo", portatore e rappresentante della vita psichica dell'umanità (Jung).

Partito dalla parola poetica questo capitolo non poteva allora non chiudersi con le parole di quello che fra tutti è stato il maestro tra i poeti (Petrarca op. cit. CLIX):

non sa come Amor sana, et come ancide,
chi non sa come dolce ella sospira,
et come dolce parla, et dolce ride.

Non altra è la funzione della poesia: recuperare la vita alla sua insostenibile leggerezza, nel mito, dove è forse ancora possibile meravigliarsi.

CAPITOLO XI

EMARGINAZIONE E FOLLIA

Quando mai la civiltà ci ha reso più umani? La civiltà genera solo una contraddittoria molteplicità di sensazioni nell'uomo... e proprio nient'altro.
F. Dostoevskij

L'argomento non è nuovo (ha già trovato il suo sviluppo più esaustivo nella linea di pensiero - W. Reich, ad esempio - che da Marx a Freud è stato capace di spingersi fino alla critica della struttura economica della società) e solo una grave amputazione culturale può ancora metterlo in discussione. Tra i critici più feroci verso un'economia di mercato sempre più totalitaria, H. Marcuse è stato forse il più conosciuto e divulgativo, quello che con affermazioni di questa natura

L'apparato produttivo tende a diventare totalitario nella misura in cui determina non soltanto le occupazioni, le abilità e gli atteggiamenti socialmente richiesti, ma anche i bisogni e le aspirazioni individuali

La società industriale è una società che è organizzata per conseguire un dominio sempre più efficace sull'uomo e sulla natura, per utilizzare in modo più efficace le proprie risorse (**L'uomo ad una dimensione**,1964)

ha potuto aprire agli studi psico-sociali nuove importanti prospettive di ricerca. Che l'alienazione prodotta dai processi economici spiani la strada alla follia è una nozione talmente evidente da meritare almeno un capitolo in un manuale di psicopatologia

Al di sotto della base popolare conservatrice vi è il sostrato dei reietti e degli stranieri, degli sfruttati e dei perseguitati... dei disoccupati e degli inabili. Essi permangono al di fuori del processo democratico (Marcuse, op. cit.).

Per quanto ci riguarda, data la vastità della letteratura sull'argomento, limiteremo in questa sede l'esposizione a poche considerazioni. Non sosterremo ad oltranza che gli emarginati sociali siano portatori potenziali di un qualche disturbo mentale eppure, nonostante una premessa di questo tipo che era in qualche modo dovuta, una prima conferma si trova a livello di quei censimenti sociologici che riducono le persone a numeri, e che i più chiamano statistiche. Statisticamente i manicomi (basta sfogliare la monumentale Storia della follia nell'età classica di M. Foucault) sono stati il ghetto e il rifugio di marginalità sociali che hanno in essi trovato una collocazione storica ed esistenziale, un'identità a quello che sarebbe diversamente destinato ad essere assorbito nella vanificazione del nulla. Isteria, nevrastenia, fobia, mania, catatonia, schizofrenia sono prima di ogni altra cosa il documento di identità di un'esistenza che si rivendica nel mondo, più un riconoscimento sociale e politico che una verità scientifica. Le allucinazioni che al disgraziato pesano con il marchio della follia, nell'individuo colto e benestante possono infatti anche essere assimilate ad estasi mistiche o a sublimi intuizioni, l'emarginazione a un ritiro cenobitico. Non è solo un problema semantico, il manicomio non ha naturalmente nulla in comune col convento, ma solo per il fatto di appartenere a una diversa ontologia. Sul piano fenomenologico la questione è ovviamente più complessa. Possiamo da subito anticipare una prima ipotesi che riteniamo utile alla discussione: quella appena enunciata è di certo una distinzione linguistica, come sempre una questione di parole, ma anche una prima importante articolazione concettuale all'interno del linguaggio e delle parole stesse. La malattia mentale, non diversamente dalla possessione demoniaca dei tempi antichi (la cui remissione ricorda il più teatrale esorcismo della chiesa), ha una componente quasi camaleontica nell'astuzia che dimostra nelle sue metamorfosi. E' facile infatti che nell'uomo incapace di un'elaborazione intellettuale la superstizione o il cerimoniale ossessivo diventino lo strumento per controllare l'ansia non altrimenti canalizzabile in forme culturali superiori; mentre in quello evoluto mentalmente, che sia stato educato nel rigore degli studi o della devozione religiosa, si esprima in una più forma più tollerabile alla coscienza di depressione o di malinconia. Al di là delle contingenze storiche e geografiche, questo accade in quanto la sofferenza mentale muta il proprio carattere a seconda della persona che muove a parassitare, trovando in essa il modo di soddisfare i bisogni che lo stato cosciente non è più in grado di assicurare. Se il sostrato è insomma lo stesso non sempre si riesce a classificarlo in un'unica categoria tassonomica. Il rituale ossessivo non equivale significativamente all'ebefrenia, come la depressione a una magica e infantile concezione del mondo. Il fatto di nominare quelle stesse cose con un diverso nome fa effettivamente di esse altro da quello che erano, come si è detto a proposito delle proprietà teurgiche del linguaggio; analogamente a quanto avviene per l'accostamento manicomio-convento, che se da un lato mostra una sua coerenza logica e lineare

La nevrosi è oggi quel che in altri tempi era il convento, in cui solevano trovare rifugio i delusi dalla vita e tutti coloro che si sentivano troppo deboli per affrontarla (Freud, **Cinque conferenze**),

dall'altro si rivela inopportuno e a volte fastidioso

Oggi persino il nostro clero ha cambiato atteggiamento verso questi fatti; esso consente alla polizia e ai medici di esaminare il visionario e ora la vergine fa solo delle apparizioni molto rare (Freud, **Prospettive della terapia psicoanalitica**, 1910).

La malattia non è insomma uno stato morboso con dei caratteri propri universali? E' davvero il potere culturale/economico a trasformare una disgrazia in virtù, comunque ad attenuarne la portata storico-sociale, oppure esiste un'effettiva differenza qualitativa tra i due fenomeni? E' proprio solo una questione di parole? La nostra convinzione è che la malattia, essendo il fenomeno più visibile di una situazione strutturale morbosa di fondo, abbia la capacità di configurarsi negli strati sociali in maniera tanto diversa da risultare irriconoscibile. Jung sosteneva che la terapia medica non deve consistere nell'eliminare la nevrosi, perché con essa andrebbe perduta anche l'anima, ma nell'insegnare piuttosto all'individuo a sopportarla inserendola nel progetto dell'esistenza, nell'indirizzare trasformandola in quelle attività sociali-spirituali capaci di integrarla nel quotidiano. Dalla nevrosi non si guarisce, questo dice Jung, e se non si guarisce (nessuno ha una nevrosi ma è un nevrotico) la sola possibilità di diluire la sofferenza si trova nella facoltà di mutarla in qualcosa di altro, di diverso e creativo. E questo è quanto in genere accade negli ambienti più fortunati. Nel generale diffuso disagio della civiltà, l'uno sarà allora un alienato da emarginare, l'altro un eccentrico oggetto di facile proselitismo. E questo perché la follia impara a controllarsi cercando di trarre il massimo del soddisfacimento dalle situazioni più diversificate. Non è per un caso che i sinonimi più comuni della parola "folle" siano "picchiato" e "suonato", i cui significati non hanno bisogno di chiarimento. La malattia è prima di ogni altra cosa un linguaggio, una lingua con una sintassi più articolata di quella volgarmente in uso e cerca un referente capace, dal medico al sacerdote, non tanto di lenire la sofferenza, ma di scioglierne i significati, in qualche maniera decodificarne i contenuti dandole un senso. È la maniera di esserci, di r-esistere alla distruzione operata dal gruppo a cui appartiene. La malattia è una parola, un grido di dolore che non trovando modo per parlare si serve di una pantomima piena di messaggi e di richieste esasperate (basta pensare alla carica erotica presente in un attacco isterico), l'ultimo per quanto estremo tentativo di comunicazione con un mondo sempre più sordo e indifferente

Il successo che il trattamento può avere con l'individuo deve verificarsi ugualmente anche con la comunità. I malati non potranno palesare pubblicamente i segni delle loro nevrosi... se tutti, parenti ed estranei ai quali intendono tener nascosti i loro processi mentali, conosceranno il significato generale di tali sintomi, e se essi sapranno che, con le manifestazioni della loro malattia, essi non mostrano nulla che gli altri non possano interpretare immediatamente (Freud, **Prospettive della terapia...**).

Il disturbo mentale si nutre fortemente di questo avanti-indietro del linguaggio, oscillando tra chi parla e chi non ascolta, e può essere scongiurato solo quando si ristabilisca un terreno comune, uno scambio, una corrispondenza dialettica tra gli strati della comunità. Analogamente a quanto avviene nella termodinamica (II legge), per la quale il calore (energia) passa dal sistema più alto a quello più basso (entropia) finché non si ottenga in entrambe le parti la stessa diffusione termica. Nella malattia la dinamica non è tanto differente: la personalità deviata avendo ricevuto una quantità inappropriata di energia non può che riflettere la stessa quantità nel mondo e con le medesime modalità. Un cane quando viene bastonato diventa un pericolo per sé e per gli altri; chi dal principio abbia imparato l'ostilità dell'ambiente è difficile che possa esprimere sentimenti positivi sconosciuti e mai assimilati. Non così per coloro che pur non essendo stati soddisfatti nelle normali istanze erotico-affettive, abbiano comunque avuto condizioni culturali ed economiche privilegiate; la malattia sviluppa allora una diversa articolazione che va in qualche modo a ricomporre ristrutturandolo il primario bisogno narcisistico dell'Io

Una delle cause principali di questo stato di cose può essere l'impoverimento dell'Io dovuto al forte dispendio di energie per la rimozione imposta dalla civiltà a ciascun individuo; (Freud, op. cit.)

che può salvare dalla dissoluzione.

La follia è qualcosa che semanticamente appartiene a quella parte dell'umanità che è vittima degli squilibri di un'economia realmente malata. La sofferenza non forgia l'animo e non rafforza lo spirito; mantiene comunque in uno stato di fragilità e debolezza l'individuo ed è così più facile controllarlo. Quando il disagio del singolo si dilata nella società è legittimo parlare di repressione prima ancora che di ordine. Come Freud già scriveva nel 1910

Mettiamo la società al posto del singolo malato, la società che, come un tutto, è affetta da nevrosi, anche se se composta di membri malati e sani... il successo che il trattamento può avere con l'individuo deve verificarsi ugualmente anche con la comunità (**Prospettive della terapia...**).

Si potrebbe anche arrivare a dire che lo squilibrio sociale è già in se stesso una malattia dalla quale bisogna guarire. Così era almeno nelle intenzioni della psicoanalisi e del suo fondatore

La società non avrà fretta di conferirci l'autorità; necessariamente ci farà opposizione perché noi assumiamo un atteggiamento critico nei suoi confronti, insistendo sul fatto che essa stessa ha un ruolo molto importante nel provocare le nevrosi (op. cit.)

I concetti elaborati dalla psicoanalisi, concetti che come è noto sono destinati a non elevarsi mai del tutto al rango della scienza, possono allora essere verificati non tanto sul terreno epistemologico ma in quello delle scienze sociali e dell'economia. La psicoanalisi è una meta-scienza, una disciplina storico-sociale che deve essere misurata con un criterio che non può coincidere completamente con quello empiristico della biologia. L'Erlebnis non è infatti il soggetto trascendentale kantiano, ma l'esperienza vissuta, la dimensione storica e culturale che sfugge al ritaglio scientista. Il criterio per misurare la validità di un'ipotesi scientifica rimane ancora la possibilità di realizzare la platonica idea del bene. Se una cosa, un'idea, produce felicità e salute è comunque qualcosa di buono e di vero. Il totalitarismo delle concezioni falsamente liberiste ha fallito perché si fonda su un sistema in realtà chiuso e elitario; quello invece aperto e critico verso l'assolutismo del mercato (contrariamente a quanto ha sostenuto Popper) che prevede non un adattamento della storia alla teoria, ma la possibilità sempre attuale di capovolgere qualunque teoria (filosofica o scientifica) che non si presenti in linea con il criterio sopra enunciato può forse diventare, nella necessità della tutela delle libertà individuali, la misura della vita e in essa anche di ogni possibile filosofia. La verità non è nulla di teoretico perché si muove nella direzione della prassi, come una teleologia morale che ogni produzione ed ogni azione deve avere introiettato nelle proprie finalità. Una cosa, un fatto, un evento non è vero perché accade, il fatto dell'accadere non qualifica quella cosa come vera, ma la verità dovrà essere invece cercata (prima che in una concordanza da parte dei membri della comunità nell'assumere una regola condivisa di giudizio) negli effetti concreti che produce, nella prassi e in quel che produce. I pensieri, i desideri, le idee che determinano l'essere dell'uomo sono fortemente impregnati della condizione storica nella quale si trovano collocati, da una tonalità che li precede determinandoli. All'interno delle dinamiche sociali questo significa concretamente che l'individuo è non più di una merce decentrata nelle mani del capitale, un valore di scambio inflazionato (termine che ha un suo parallelismo preciso in Jung) rispetto al potere economico tanto da assumere il carattere dell'alienazione, che è poi uno dei nomi con cui si definisce la follia. Chi, all'interno dei sistemi elitari venga ridotto ai margini della vita politica e produttiva, collocato in una condizione marginale rispetto alla merce prodotta, può accadere che incorra nel rifugio della malattia, quando non proprio nel manicomio. Il farmaco potrebbe forse essere il rovescio storico in un'economia equilibrata e razionalmente attenta al contenimento della miseria (dove essa ha un carattere più generalizzato, mancando il fattore della frustrazione viene meno anche una delle importanti condizioni per l'instaurarsi di un tossico conflitto nevrotico), ovvero keynesianamente dei "due vizi essenziali del mondo economico," disoccupazione e disuguaglianza, capace cioè di coinvolgere tutte le forze nel generale processo produttivo. L'emarginazione non è che la risposta al problema, il problema sta a monte

La conversione della società ad un modo di vedere più aderente e più giusto non sarà comprata a caro prezzo a causa di questi sacrifici. Ma, quel che più conta, tutte le energie che oggi vanno sperperate nella produzione di sintomi nevrotici che servono solo al mondo della fantasia, avulso dalla realtà, se pure non potranno essere messe subito a partito nella vita, gioveranno a rafforzare il clamore che si leva a chiedere quei mutamenti nella nostra civiltà attraverso i quali soltanto possiamo intravedere il benessere delle future generazioni (Freud, **Prospettive della teoria...**).

Abbiamo scelto volutamente di completare il trattato con questo capitolo dedicato alle aberrazioni sociali e agli squilibri della società attuale. Tutti i precedenti sono a questo legati in qualche maniera, mancando il quale non avrebbero potuto chiudersi se non a prezzo di una grave amputazione teoretica. Libertà, verità, linguaggio, poesia rischiano di rimanere vuote parole quando non vengano inserite nel contesto generale economico. Lo sforzo è stato quello di collocare il senso di tutte le attività dell'Io nel mondo concreto e non ideale per provarle e verificarle; laddove provare e verificare significa che si dimostrino capaci di agire nella direzione del bene e se vogliamo della verità.

Benché con pari dignità, l'estetica una certa vocazione alla guida del processo storico sembra averla manifestata, ponendosi a capo di una vicenda umana che in essa può ancora sperare di rovesciarsi in un'epoca senza medicina, e che non abbia bisogno della psicoanalisi e dunque della malattia. Perché anche la psicoanalisi, come le altre scienze non aspetta che il momento di ritrarsi. La vittoria della scienza potrebbe allora delinearsi nell'avere condotto l'umanità ad uno stato di salute tale da non necessitare della sua opera. Quella freudiana ha cominciato la sua travagliata discesa confluendo nella poesia e nella filosofia, nell'estetica; se anche le altre discipline più ostinatamente empiriche saranno capaci di giungere all'autodissolvimento lo si vedrà negli anni a venire.

CAPITOLO XII

PSICOANALISI E FILOSOFIA

a) LINGUAGGIO E MAIEUTICA

Qual è l'arte di rendere migliori noi stessi, lo potremo sapere mai,
se noi ignoriamo che cosa siamo noi stessi?
Socrate

Quando si scrive un testo di psicoanalisi o un trattato
di psicologia un capitolo dedicato all'opera di Platone
o di Aristotele sembra essere un fatto dovuto. Se la
cosa non è giustificata da una necessità scientifica, nel
senso che la scienza può anche esimersi dall'analisi
storica dei suoi contenuti, quando è in gioco la mente,
la psiche (e dunque l'Io profondo), il problema non
sembra risolvibile eludendo le indagini dal contesto
storico-culturale nel quale sono immerse. Socrate è
stato non solo il primo studioso dell'animo umano, ma
l'artefice di quel cammino dialettico che, attraverso i
principi di libertà e di verità, ha consegnato a Freud
un'immagine antropologica che egli stesso ha cercato
di recuperare nella dimensione più pragmatica della
clinica. Freud è del resto più vicino (con le dovute

differenze) a Socrate di quanto lo fosse per esempio a Jung, per lo meno dal punto di vista delle teorie elaborate nell'ambito della letteratura erotica. E' infatti storicamente scorretto associare l'oracolo socratico alla più moderna acquisizione platonica dell'ontologia e alla teleologia escatologica. In Socrate se pure non può ridursi a qualcosa di brutalmente fisiologico e materialistico, la psiche non è ancora infatti metafisica, non comunque nel senso di un'alterità assoluta alla materia; come una via di mezzo tra due culture e civiltà non è più corpo ma non è ancora anima, non è più materia e tuttavia non ancora spirito, ma piuttosto una linea che si colloca nella dimensione del possibile. Socrate non risolve il problema (non ne ha mai risolto uno), non vuole farlo perché per primo è stato capace di portarsi in quello spazio intellettuale del dubbio e del sempre-falsificabile che è il terreno della possibilità. L'enigma (il modo di s-velarsi della verità) è destinato a rimanere un rompicapo per molti, più una meta da rincorrere con quel continuo superamento del non-Io che consente però l'attuazione dell'Io, che il perenne possesso di una certezza. Il segreto delle scienze è già tutto racchiuso in questa dinamica del superamento, nel visto-non visto, nel non-vero, nel detto-non detto di una verità che proprio a causa della sua ambiguità rimane il combustibile e la ragione di ogni attività intellettuale. Il fascino sta tutto insomma nella precarietà degli assiomi (precarietà che ricorda i limiti kantiani della ragione), nella continua possibilità di falsificazione, e con esse della natura stessa dell'uomo, nell'angosciante attesa di quell'errore (o erranza) che è comunque già parte della verità. La verità è qualcosa di dinamicamente incerto e indefinito, e il dinamismo cognitivo è per costituzione un divenire inarrestabile che può anche, come difatti accade ad esempio nella conoscenza, annullare quanto era stato detto prima. Detto, perché la verità è soprattutto un fatto linguistico, uno spazio ateoretico fisico e concreto, una stimmung prima che un vuoto concetto, una tonalità alla quale si giunge nell'unica direzione possibile della parola, fluendo nel desiderio erotico. Sfugge quindi nei chiaroscuri alla follia dell'enunciato e alle catene della logica, anche se per qualche ragione l'enunciato rimane comunque il veicolo per il suo essenziare. Altrove si è analizzato il significato ontologico della verità, a noi basti ricordare che nella sua fenomenologia essa assume il nome di libertà e che la libertà, in quanto lasciar essere nell'apertura della totalità degli enti, è in primo luogo una conquista linguistica che si muove nel campo della semantica. L'agorà, il terreno su cui il filosofo di Atene raccoglieva l'uditorio, soddisfa proprio l'esigenza di dare al linguaggio una collocazione storica, vissuta oltre che naturalmente culturale, reale; non è solo una metafora o un'immagine riflessa della libertà ma una precisa ipostatizzazione del logos. Socrate non accenna quasi mai direttamente al problema della verità, ma sembra totalmente assorbito da quello della libertà e dal linguaggio, componenti fondamentali alla realizzazione dell'etica che procede al fianco della conoscenza. Da Socrate in poi questo storicizzarsi della verità ha assunto il nome di libertà (eleutheria), una condizione di salute ontologica che è in primo luogo una conquista (più simile ad un lasciarsi conquistare), e nella conquista qualcosa da realizzarsi nel logos, come una chiamata demoniaca (**daimonion**), un ritorno in quella caverna dello spirito che sola può condurre alla felicità (**eudaimonia**). Il linguaggio dunque parla

E' come una voce (τὸ δαιμόνιον è un neutro: una voce o un fenomeno, un segno) che mi si fa sentire fin da quando ero fanciullo (**Apologia**...)

e la parola è un imperativo al quale non ci si può sottrarre

E allorché si fa sentire, sempre mi trattiene dal fare quello che io sono sul punto di fare, mentre non mi esorta mai a fare (op. cit.)

un richiamo alla coscienza che, dalla cura (sorge) dell'anima singola, impone l'etica generale

E a me di far questo, ve lo ripeto, fu ordinato con vaticini e sogni, e insomma con altro qualunque di quei modi onde la sorte divina ordina talora all'uomo di fare alcunché (op. cit.).

Naturalmente il processo storico-filosofico non è così semplice, né tanto meno immediato ma passa per il travaglio dell'abluzione erotica. L'ironia e l'interrogare (termini che linguisticamente derivano da eros) con i quali Socrate operava, assumono la violenza mediatica e distruttiva della parola poetica

Infatti io ho l'anima e la bocca intorpidite e non so più che cosa risponderti (**Menone**),

e in essa della verità. Conoscere e curare se stessi sono l'albedo e la negredo del processo evolutivo fino alla rinascita (Menone che viene sopraffatto dalla forza metamorfica del linguaggio)

O miei concittadini di Atene, io vi sono obbligato e vi amo; ma obbedirò piuttosto al dio che a voi; e finché io abbia respiro, e finché io ne sia capace, non cesserò mai di filosofare e di esortarvi e di ammonirvi, chiunque io incontri di voi e sempre parlandogli al mio solito modo... io non lo lascerò andare senz'altro, né me ne andrò io, ma lo interrogherò, lo studierò, lo confuterò... ché questo, voi lo sapete bene è l'ordine del dio, e io sono persuaso che non ci sia per voi maggior bene nella città di questa mia obbedienza al dio (**Apologia**...).

Spogliare l'anima per contemplarla, per sottoporla al travaglio farmacologico del logos è il punto massimo del movimento del ritorno al Sé. Assodato che il mondo ha la sua ragione, il senso e la finalità nel bene, il linguaggio insegna a fare l'anima ottima imponendo alla virtù la realizzazione dei fini che le sono propri, e che si riassumono nel bisogno di quella felicità che da sempre si muove nel fondo dell'Io. Alla domanda metafisica Perché l'ente e non piuttosto il nulla? L'Occidente socratico (platonico) rispondeva per la prima volta con un principio, il bene, che pur nell'aleatorietà dei fondamenti sarebbe rimasto inalterato fino quasi ai giorni nostri. Il mondo finalmente una ragione l'aveva, non era più sospeso nel vuoto ma ruotava spinto da una finalità concentrata nell'imperativo morale. In quella virtù che per Socrate era scienza e conoscenza (e anche di questo argomento si è già ampiamente discusso in relazione alla psicoanalisi), e nella conoscenza sempre conoscenza del bene (e di riflesso il vizio gretta ignoranza); il sapere diventava il farmaco capace di restituire l'uomo allo stato della libertà.

Il percorso che porta all'<u>enkrateia</u>, alla libertà viene quindi condotto circolarmente sulle orme del linguaggio, in un divenire assolutizzante che è però impossibile intraprendere se già a priori non siamo liberi da ogni costrizione. Che fare dunque? Si tende nel bene alla libertà, ma questa non può attuarsi se non si è in qualche maniera già liberi; qual è allora il senso di ciò che si presenta non solo apertamente inutile, ma pragmaticamente irrealizzabile? Quale ragione potrebbe mai giustificare la follia di un cammino che non pare avere né principio né fine? Come tutto quello che è immerso nella verità, anche in qualcosa di apertamente manifesto come la libertà è sempre possibile riscontrare ambiguità e controsenso; ma questo può accadere solo se si introduce una variante all'interno del suo concetto che induca a concepirla anche come una non libertà, una costrizione che la impone non come una meta da raggiungere, ma quale stato fenomenologico a cui con/segnarsi nell'unico destino. Una posizione tutt'altro che paradossale questa, che si delinea come una libera adesione (amor fati) ad una chiamata che costringe all'accettazione delle leggi della parola. Edipo poteva anche ricusare liberamente la sfida sottraendosi alle glorie di Tebe e alle sue sventure, ma il fatto di averla accettata e superata quella sfida, si presenta come una necessità, così come necessaria è sempre la libera accettazione del destino. Come afferma Nicia, uno dei protagonisti del **Lachete** platonico

Quale che sia il soggetto preso a trattare, trascinato nelle spire del discorso, è inevitabilmente costretto ad andare innanzi, fin che non casca a render conto di sé, e a dire in che modo viva e in che modo sia vissuto.

La maieutica, l'arte socratica di far partorire le anime, si inserisce proprio in questo ordine di idee aderendo perfettamente al significato veritativo che il linguaggio ha fin qui mostrato di possedere. Come la femmina gravida si serve infatti dell'ostetrica per partorire, così pure chi ha l'animo pieno di verità ricerca la levatrice che attraverso le articolazioni dei ragionamenti possa far generare la verità che nella sofferenza delle doglie è più simile ad un tormento che ad altro. Un'arte che non solo si serve del linguaggio per estrarre tutto quanto riposa in esso (non solo nell'animo ma anche nel linguaggio stesso) occultato, ma che ricorda la non meno articolata analisi dell'inconscio. Non è questione naturalmente di tecnica, ma di sostanza; del resto la psicoanalisi pur avendo la sua specificità nella cura delle malattie non risulta controindicata a chi abbia raggiunto un maggior equilibrio emotivo. Al di là della questione che si chiede come mai per Socrate non tutte ma solamente un numero limitato di anime sia gravido, il problema di fondo rimane lo stesso: in che modo portare alla luce il vissuto intimo che è da rimodellare con le tecniche della parola, e perché spetti proprio alla parola il ruolo di portare alla luce le tracce della verità nascosta.

Il Sofista di Platone su un punto era stato irremovibile: finché l'anima viva nella menzogna la verità continuerà a presentarsi più come una folle allucinazione che una possibilità da soddisfare, e la libertà una vuota illusione. La polis si presenta quindi (similmente all'agorà) come qualcosa che va al di là di una metafora letteraria; ma è piuttosto la struttura del sociale, la dimensione universale e storica in cui si attuano le espressioni erotiche dell'Io (che sono conoscenza e dunque verità) che tendono all'unica architettura del bene comune. L'educazione, il logos, la paidea sono tutti fenomeni di uno stesso percorso che ha nell'erotica il principio e la fine pro-gettuale di una dinamica storica. Tra logos e eros la chimica è sempre la stessa, come Socrate annuncia nel **Teeteto**

Ora, la mia arte di ostetrico in tutto il rimanente somiglia a quella delle levatrici, ma ne differisce in questo, che opera sugli uomini e non sulle donne, e provvede alle anime partorienti e non ai corpi. E la più grande capacità mia è che io riesco, per essa, a discernere sicuramente se fantasma o menzogna partorisce l'anima del giovane, oppure se cosa vitale e reale. Poiché questo ho in comune con le levatrici, che anch'io sono sterile... di sapienza; e il biasimo che già tanti mi hanno fatto, che interrogo sì gli altri, ma non manifesto mai io stesso su nessuna questione il mio pensiero, ignorante come sono, è verissimo biasimo. E la ragione è appunto questa, che il dio mi costringe a fare da ostetrica, ma mi vietò di generare. Io sono dunque, in me, tutt'altro che sapiente, né da me è venuta fuori alcuna sapiente scoperta... quelli che amano stare con me, se pur da principio appaiano, alcuni di loro, del tutto ignoranti, tutti quanti poi, seguitando a frequentare la mia compagnia ne ricavano, purché dio glielo permetta, straordinario profitto... Ed è chiaro che da me non hanno imparato nulla, bensì proprio e solo da se stessi... ma d'averli aiutati a generare, questo sì, il merito spetta al dio e a me.

La cicuta alla quale fu costretto, come ben conosce la psicoanalisi in termini di resistenza all'analista, era un fatto banale e scontato, umanamente prevedibile. Dietro al rapporto emotivo che lega i due elementi nella terapia (paziente e medico: il transfert) e che è nella sostanza una relazione d'amore, si nasconde la violenza distruttiva di un bisogno ontologico che da sempre cerca un simulacro. Che poi questo qualcuno si chiami Socrate o altro è solo una variabile, una contingenza temporale e geografica. Quando infatti la nevrosi viene sottoposta al trattamento maieutico manifesta di regola un'avversione nei confronti del medico, ostilità che nell'avvicinarsi sempre più al vero è capace di trasformarsi in odio, in una ripulsione anche motivata se teniamo conto delle confessioni di cui diventa partecipe e complice l'analista

Ora, quelli che si congiungono meco, anche in questo patiscono le stesse pene delle donne partorienti: ché hanno le doglie, e giorno e notte sono pieni di inquietudine assai più che le donne. E la mia arte ha il potere appunto di suscitare e al tempo stesso di calmare i loro dolori... E dunque affidati a me, che sono figliolo di levatrice e ostetrico io stesso; e a quel che ti domando vedi di rispondere nel miglior modo che sai. Che se poi, esaminando le tue risposte, io trovi che alcuna di esse è fantasma e non verità, e te la strappo di dosso e te la butto via, tu non sdegnarti meco... Già molti, amico mio, hanno verso di me questo malanimo, tanto che sono pronti addirittura a morder-mi se io cerco di strappare loro di dosso qualche scempiaggine... né in verità per malevolenza io faccio cosa simile, ma solo perché accettare il falso non mi reputo lecito, né oscurare la verità (**Teeteto**).

E questo perché la verità non è qualcosa di facile o gradevole. Più spesso porta invece con sé il veleno di una parola che disturba e tormenta. In termini socratici questo significa che il figlio generato con l'aiuto dell'ostetrica mostri talvolta una qualche malformazione e che la madre glielo rivolti con il massimo del disprezzo, altre che la puerpera attribuisca la deformità del neonato alla negligenza della levatrice, altre ancora che uccida proprio la levatrice (cosa che nei tempi antichi accadeva meno raramente di quanto si possa pensare) impedendole di rivelare lo scempio di una creatura mal riuscita.

Ebbene a Socrate l'untore non toccò sorte migliore; ogni volta che un paziente abbandona il suo trattamento ripropone in qualche maniera quella sconfitta dialettica, perpetuando il veleno di un'illusione che è in fondo una castrazione della verità, oltre che naturalmente della libertà.

Come la conoscenza anche la verità è una faticosa ricerca che richiede una preparazione e un allenamento notevole. Il segreto come Socrate dimostra è quello di partire dalla parola; che poi il linguaggio non sia solo il veicolo ma anche il fine di tutto il cammino è una questione che non sarà mai abbastanza indagata. In attesa del dipanamento la psicoanalisi si limita saggiamente ad ascoltare. Con un metodo che ha il carattere di un'attesa erotica, ma in essa anche di quello che la parola stessa è venuta a dire.

b) IL PRIMATO ONTOLOGICO
DELLA LIBERTÀ

Il concetto di libertà costituisce la chiave di volta di tutto l'edificio della ragion pura ... e tutti gli altri concetti (quelli di Dio e dell'immortalità) ... si congiungono a quello della libertà e ricevono... per esso consistenza e realtà oggettiva.
E. Kant

Pochi sono i concetti che sopravvivono alle mode delle epoche riuscendo ad attraversarle e ad imporsi in esse con immutata vitalità. Da Socrate ad Agostino, da Spinoza ad Heidegger quello della libertà si presenta come il fondamento stesso della filosofia e in essa della verità (l'essenza della verità è libertà, dirà Heidegger). Il problema della sua natura ontologica non è perciò qualcosa di secondario, soprattutto se consideriamo che quello della libertà non è un concetto e meno che mai una costruzione del pensiero. Potremmo allora chiederci con giusta preoccupazione, qual è il suo senso e il suo significato all'interno, non tanto nella filosofia del diritto (di cui rimane una necessità incontrovertibile), quanto piuttosto in quella più strettamente teoretica? Perché introdurre insomma la dimensione della (ragione) pratica nel più vasto e astratto universo della speculazione intellettuale?

Se per molti studiosi l'inconciliabilità tra ragione teoretica e ragione pratica è un argomento tra gli altri, in Kant ha invece saputo assumere i caratteri dell'ossessione. Le conclusioni a cui era giunta la sua Analitica erano perentorie: la conoscenza scientifica si muove, pur essendo necessaria e universale, nel solo ambito del fenomenico, e il fenomeno

Un vasto oceano tempestoso, impero proprio dell'apparenza, dove nebbie grosse e ghiacci, prossimi a liquefarsi, danno a ogni istante l'illusione di nuove terre e, incessantemente ingannando con vane speranze il navigante errabondo in cerca di nuove scoperte, lo traggono in avventure alle quali egli non sa mai sottrarsi, e delle quali non può mai venire a capo

non è che un miraggio, e tuttavia necessario, di quella realtà più profonda che è il noumeno (la cosa in sé), assolutamente inconoscibile

Ma, prima di affidarci a questo mare, per indagarlo in tutta la sua distesa, e assicurarci se mai qualche cosa vi sia da sperare, sarà utile che prima diamo ancora uno sguardo alla carta della regione che vogliamo abbandonare, e chiederci anzi tutto se non potessimo in ogni caso star contenti a ciò che essa contiene; o anche, se non dovessimo accontentarcene per necessità, nel caso che altrove non ci fosse assolutamente un terreno, sul quale poterci fabbricare una casa; e in secondo luogo, a quale titolo noi possediamo questa stessa regione, e come possiamo assicurarla contro ogni nemica pretesa.

Il mare della metafisica (della cosa in sé) è destinato per Kant, non potendo l'intelletto varcare in alcun modo i limiti della sensibilità, a rimanere un'allucinazione, non più di una bella ipotesi costretta però a navigare nelle più sicure acque del fenomeno. Eppure pur non potendo spingerci oltre i confini dell'esperienza possibile, c'è in noi qualcosa, dice Kant, di indomabile che impone di guardare oltre l'esperienza, a superare i confini del fenomeno. Un'esigenza, questa dell'assoluto, che è più simile ad un comando che ad altro, l'imperativo che spinge a superarsi e nel superamento di svincolarsi dalla natura animale, dall'umiliazione biologica (e in essa dalla morte). La posizione del filosofo è nota: la necessità di andare oltre l'esperienza è incontenibile, ma ogni volta che la ragione prova nel salto (nasce così l'antitesi intelletto-ragione: il primo rimane ancorato alla dimensione del finito e del condizionato, dove l'ultima è invece intesa come la facoltà che si spinge invece verso l'assoluto senza comunque essere capace di coglierlo conoscitivamente, e rimane perciò una pura esigenza della metafisica) cade in errore, in illusioni (alla critica di questi errori Kant ha dato il nome di Dialettica). E poiché la metafisica è destinata a rimanere assolutamente altra dalla scienza, le idee della ragione, che pure sono necessità strutturali, si manifestano sotto forma di paralogismi (anima, mondo, Dio), ed è solo per un equivoco, per il fatto cioè di averle intese dialetticamente, che conducono in quell'errore del pensiero che è l'illusione trascendentale. Le idee (e dunque la ragione teoretica) hanno insomma una funzione fondamentalmente regolativa del materiale fenomenico e non possono elevarsi al ruolo scientifico delle certezze empiriche. L'antitesi nuomeno-fenomeno, si chiede sempre Kant, è allora veramente irrisolvibile? A questa e ad altre domande il filosofo di

Königsberg avrebbe dato il carattere della necessità teoretica negli scritti morali. L'imperativo categorico dimostra infatti che la ragione è non solo teoretica ma anche e soprattutto pratica, nel senso che è capace di determinare a priori la volontà e la legge morale (la legge morale dipende più che dal contenuto, come accadeva nelle etiche eteronome, unicamente dalla forma. Questo significa che l'essenza della morale si configura essenzialmente come adeguazione della volontà alla forma della legge - devi perché devi- e non alla materia della stessa; cosa che non inquina con vane promesse di felicità - devi perché così facendo sarai premiato- la libera adesione della volontà. Bene e male sono per Kant solo qualcosa di posteriore e di derivato dal principio assoluto e autonomo della formalità, nel senso che un oggetto è buono o cattivo solo nella misura in cui adeguandosi ai precetti della volontà ne assume o meno i significati). La priorità ontologica spetta all'imperativo categorico (l'imperativo si presenta come il fondamento della legge proprio perché a sua volta non ha fondamenti; è l'ultima delle cause, quella causa che non ha alcuna giustificazione, ed è perciò qualcosa che preserva nell'illusione dal vuoto dell'assenza) e in esso quindi alla libertà intesa non solo come indipendenza della volontà dalla legge naturale dei fenomeni, ma anche e soprattutto come indipendenza dai contenuti della morale stessa, che sola fa essere il bene come bene morale e il male come male morale; alludendo con ciò alla priorità ontologica della ragione pratica, come aveva scritto in apertura della sua opera

Non ci resta che riprendere le armi e cercare nell'uso morale della ragione il fondamento dei concetti di dio, della libertà e dell'immortalità, alla possibilità dei quali la speculazione non è in grado di fornire garanzie sufficienti.

La legge morale non ha bisogno di essere pensata o giustificata, è un dato di un fatto che trova la sua ragione nella libertà (se non supponiamo l'a-priori della libertà non possiamo giustificare la presenza del dovere); l'imperativo comanda di volere secondo forma la libertà ed essa si configura quindi, pur rimanendo sconosciuta nella sua essenza, come la dimensione metafenomenica (il giudizio sintetico a priori) che chiarisce

La coscienza della libertà... si impone di per se stessa come una proposizione sintetica a priori non fondata su alcuna intuizione, né pura, né empirica

i fondamenti di tutto quello che riguarda la sfera della morale. Ed è questo un pensiero importantissimo e dalle rilevanti conseguenze antropologiche. Il mondo intelligibile che sfuggiva alla ragion pura e che si presentava le idee della ragione solamente come una esigenza trascendentale, è ora invece accessibile nella dimensione della pratica, rivelandosi le idee non più come l'oggetto di un vuoto anelare ma nel carattere del postulato. Dio, l'anima, l'immortalità, la libertà hanno tutte quante per Kant una statura teoretica di fondo e noi tutti le dobbiamo ammettere, o quanto meno postulare, per dare un senso alla legge morale (l'ipotesi di un Dio che adegui il grado della felicità a quello della virtù, la necessità di una volontà pura come causa libera, l'anima quale attuazione infinita del rigorismo morale) e alla libertà

Siccome la realtà della libertà è provata da una legge apodittica della ragion pratica, il concetto di libertà costituisce la chiave di volta di tutto l'edificio di un sistema della ragion pura, compresa la speculativa, e tutti gli altri concetti... i quali in quanto semplici idee mancano di base nella ragione speculativa, si congiungono a quello della libertà e ricevono con esso e per esso consistenza e realtà oggettiva, sicché la possibilità di essi ha la sua prova nella realtà della libertà; difatti questa idea si manifesta mediante la legge morale.

Scrive infatti Kant che essa è la sola tra tutte le idee della ragione di cui conosciamo a priori la possibilità, la condizione della legge; a queste parole possiamo forse aggiungere, chiudendo così l'argomento, anche il formalismo che rende possibile la conformità alla norma. Detto altrimenti questo significa che la libertà si dimostra l'unica dimensione capace di rendere liberi chi in essa si colloca, l'aggancio strutturale tra vita e pensiero, tra il sensibile e il metasensibile; il ponte tra il piano logico e quello ontologico, intendendo con ciò che se è sempre vero che il principio di ragione ha la causa in se stessa, non meno vero è che questa causa debba essere ricercata nella libertà. E con essa e in essa ancora una volta nel soggetto umano come giudizio sintetico a priori.

Senza voler dilungarci oltre è importante rendersi conto ai fini del nostro studio, del valore ontologico e onto-genetico che un concetto apparentemente privo di significato speculativo abbia potuto assumere nella filosofia e nel pensiero. In Socrate è la finalità di un cammino filosofico che la presuppone comunque a priori come il combustibile da bruciare nell'esercizio maieutico; in Spinoza è paradossalmente inserita quale necessità in un ordine di cose che tutto prevede meno che il libero arbitrio; in Heidegger come l'essenza stessa della verità (in quanto lasciar essere nell'aperto dell'essere); e in Kant (ragione dell'uomo, del bene e del male) come si visto quale fondamento assoluto, il giudizio sintetico a priori di quella metafisica che sfugge alle considerazioni dei vuoti ragionamenti. La natura della libertà consiste proprio nella sua fisicità, nello storico fenomenizzarsi di un principio ateoretico come quello della verità, più simile ad un luogo o ad uno spazio, più ad uno stato emotivo-vissuto-tonale da produrre che un pensiero, un sentiero ancora da esplorare e da percorrere. In Fichte addirittura sarà l'essenza dell'infinito stesso, la ragione morale del non-Io quale continua e perenne realizzazione (un infinito porre il non-Io per superarlo all'infinito) del Dio come ordine morale del mondo.

Vorremmo infine che si tenesse a mente la dimensione storica della libertà, non tanto idealisticamente nel senso dell'attuazione di principi che rimangono nella sostanza filosofici, quanto invece alla maniera freudiana come la catarsi di una pulsione erotica che è forse ancora possibile portare dalla teoria al quotidiano di tutti i giorni, al di là delle geografie e delle culture. Perché non è un'idea e meno che mai un concetto, ma una violenta e a volte crudele conquista. Non l'uomo la possiede ma è essa a fare dell'umanità il luogo storico della sua rivelazione, a rigenerare gli individui, a renderli liberi. Desiderarla è forse il più oscuro ma anche necessario degli imperativi. Come un veleno la sua assunzione ha infatti spesso il sapore sgradevole della medicina; un sacrificio che è però destinato, come accade quando si assume un farmaco potente, a sostituire presto l'amaro lasciato nella bocca col sollievo del benessere ritrovato. Per cominciare una volta per tutte in essa e per essa il cammino della rinascita.

c) L'ETICA DELLA POESIA

La poesia vera e propria non è mai soltanto una superiore maniera del linguaggio quotidiano. Piuttosto, il parlare quotidiano è una composizione poetica dimenticata e perciò consunta, dalla quale nessun richiamo risuona più.
M. Heidegger

Ontologo di professione, esistenzialista e fenomenologo per attribuzione, Martin Heidegger con la **Daseinanalyse** prima e con la distruzione fenomenologica della storia dell'ontologia poi, estende di riflesso gli orizzonti dell'essere anche al campo più ristretto della scienza medica e della patologia mentale. Al seguito dello psichiatra svizzero **Binswanger**, l'analisi esistenziale dell'esserci (l'uomo) ha infatti fornito un utile strumento non solo teoretico ma anche dialettico e critico nei riguardi della nosologia più dogmatica. Scomponendo nel laboratorio dell'epoché fenomenologica l'immagine umanistica e culturale dell'antropologia, azzerata ossia una storia più che millenaria, Heidegger si trova a dover ricomporre i frammenti di quello che una volta veniva definito "uomo" e che ora è più tecnicamente sostituito dal sostantivo **Da-sein**, l'ente caratterizzato da quel Da (ci) che consente non solo di rapportarsi agli altri enti come una finalità di tipo aristotelico; ma anche e soprattutto, essendo il solo ente capace di porsi la domanda ontologica fondamentale, con l'essere che è rimasto sepolto nelle macerie della metafisica. L'operazione condotta aveva naturalmente come fine esclusivo quello ontologico; ma come sempre accade quando s'incrocia la strada dell'essere i problemi che si presentano finirono per rivelarsi storici e concreti. Non è certo questo il luogo per una disquisizione su **Essere e Tempo** (1927), né tanto meno sulla produzione letteraria successiva, ma un accenno a quella parte del pensiero heideggeriano che possa introdurre l'argomento che intendiamo discutere in questo paragrafo sembra comunque necessario. Compito di ogni filosofo è quello di innalzare la dimensione del dubbio a sistema; in termini più specifici questo significa cercare di sottrarre il senso delle cose alle convinzioni e al pregiudizio (umanistico), sottoporre l'uomo e l'umanità (alla critica) a tutti quei significati ancora inesplorati nell'ambito della speculazione, collocare cioè il problema della definizione dall'epoché husserliana in quello meno ostico dell'ermeneutica. Questo per dire che il problema che unisce l'essere al suo ci è più articolato e complesso di quello impostato nella semplice differenza ontologica, ed è sostanzialmente un problema ermeneutico, attraverso una critica che non risparmia né gli esistenziali dell'uomo, né tanto meno le leggi del mondo. L'esserci, dice Heidegger con una formula astrusa e a tratti ermetica, è quell'ente per il quale del suo essere ne va di (s'interessa, ha cura) questo stesso essere. Ma le parole che il filosofo usa non sono mai casuali o leggere, perché a guardar bene in quel ne va di sembra di sentire il peso del destino, il monito che richiama alla coscienza il fatto che non solo l'uomo è il fine ultimo attorno al quale si organizzano tutte le cose (il senso), ma anche che l'essere ha in qualche maniera bisogno della sua esistenza per venire alla luce; è il modo col quale l'essere presenzia facendosi sentire come problema e peso, come qualcosa che deve essere realizzato. Cosa che richiede in primo luogo un forte impegno etico. Ecco perché Heidegger chiama l'esserci pro-getto, possibilità da attuare, e definisce l'uomo come l'ente estatico che ha la chiave per uscire da sé nella produzione del mondo, la responsabilità di se stesso come essere-nel-mondo (una responsabilità che svincola dalla vuota astrazione dei concetti, perché il rapportarsi al mondo è caratterizzato dall'individualità della jameinigkeit, dalla decisione del singolo, essendo ogni decisione inderogabilmente sempre mia e di nessun altro), l'aver da essere che ha l'aria di un comando ad abbandonare la dimensione inautentica del Si che è lo stato confuso e caotico dell'indifferenza. Al bivio della scelta, si schiudono due sole vie praticabili: l'autenticità o l'inautenticità, che in Heidegger sono tutt'altro che giudizi morali (inautenticità significa lontananza, proiezione nel mondo), nel senso che l'ultima non è uno scadimento della prima ma si rivela anche positivamente come un ritorno a sé; per lo meno nella misura in cui ad un dilatamento nel mondo corrisponde sempre un restringimento dello spirito; alludendo al fatto che se il mondo è una struttura dell'uomo nell'agire in esso si ha comunque un ritorno riflesso nell'esserci.

Allora, l'essere appare angosciamente come una necessità da realizzare (pro-) e il suo imperativo impone di fuggire dalla quotidianità media (-getto) per assumersi in quella trascendentale della cura (sorge), nel progettuale avanti a sé essere già in un mondo. La sua manifestazione implica una conversione della vita (erleben) e della storia, una reimpostazione (epoché) dell'esistenza (la morte come la possibilità dell'impossibilità; e il fine del trattamento analitico non è forse una morte e una rinascita?) che si concretizza agendo nel contesto di quel tessuto di rimandi (verweisungen) di cui è fatto il mondo (Um-welt), in quanto artefice dell'ambiente culturale nel quale siamo (o meglio il chi dell'esserci) immersi. L'essere impone insomma non una nuova ideale ottica delle cose, ma una diversa possibilità di utilizzazione, un altro vissuto (stimmung) delle cose (res, pragmata); il mondo è là per essere partecipato e non contemplato, utilizzato (zuhandenheit, allamano) e non pensato, emotivamente agito (e nota è invece l'intellettualizzazione dei fenomeni a cui ricorre per difendersi la nevrosi ad esempio ossessiva). La struttura dell'utilizzabilità è però un esistenziale e come tale, una categoria dell'esserci, attorno al cui operare tutti gli enti che hanno il carattere del rimando (zeuge) si organizzano come al loro senso, alla ragione che li tiene insieme progettualmente; un pro-getto che si apre alla dinamica dell'avanti-indietro (come umwillen o woraufhin) con una causalità di tipo efficiente. I rimandi hanno in una parola il carattere dell'a-che-fare (nel senso che gli enti in cui si strutturano hanno sempre un senso e una ragione), il principio di ragione sufficiente nell'uomo pro-gettante. Che poi questi enti si organizzino pragmaticamente nel contesto più generale (a priori) dell'opportunità (um-sicht) o in quello specifico della significatività (con tutto il bagaglio teoretico che dalla pre-comprensione si portano dietro) è un fatto di rilievo che è in questa sede però inopportuno discutere. Fondamentale è invece la nozione di familiarità che chiarisce il rapporto uomo-mondo (essere e ci) che è totalmente utilitaristico, la dimensione della manipolabilità di quel tessuto che lo costituisce (e che nel soggetto nevrotico è quasi esclusivamente autoplastica), non dalle vette del pensiero ma da quel trovarsi (befindlichkeit) immersi-partecipando (in-essere) e da quel vivere emotivo (stimmung) nel mondo che fa di esso non qualcosa di esterno all'esserci, ma una sua struttura. L'uomo non è nel mondo ma presso (in-essere) il mondo, in rapporto con gli altri (mitsein) uomini, gettato (pro-getto, ent-wurf) passivamente nella verfallenheit angosciante (scadimento) della curiosità, della chiacchera e dell'equivoco (deiezioni degli esistenziali comprendere, parlare, trovarsi), nell'indifferenza etica dai contenuti. Lo stato penoso dell'essere, il suo senso, che è esorcizzato nella medietà sembra invece recuperabile al livello storico-metastorico del linguaggio che dopo la "svolta" si configurerà apertamente come la casa, il luogo della sua manifestazione, quello in cui si apre il senso delle cose (senso è un a priori, ciò in cui si mantiene la comprensibilità degli enti; è lo spazio in cui ogni cosa può essere compresa) e che precede condizionandola la stessa struttura della significatività. Ogni cosa ha un senso in quanto è parlata, e il parlare (rede) tra tutti gli esistenziali è quello fondamentale, il solo che possa indirizzare pragmaticamente non tanto l'ottica della comprensione quanto piuttosto aprire (ermeneuticamente) alla significatività le infinite possibilità che in esso l'essere può ancora portare alla luce. In questo senso il linguaggio è creazione, è il tentativo di recuperare l'originario archetipico e poetico dire (die sage) e di renderlo comprensibile alla prassi. La parola precede condizionandola (sehen lassen, fa vedere) la visione, come la manualità precede il pensiero: questa è la natura dell'etica heideggeriana, il fare e l'agire inteso come l'assoluto fenomeno della verità. Una verità (cooriginaria all'essere) che è però possibile com-prendere e possedere solo portandosi faticosamente, esteticamente, nel luogo della sua manifestazione che è la parola, e particolarmente in quella risanante della poesia.

Dunque l'esserci (l'uomo) è pro-getto che raccoglie in sé il senso delle cose, il fine al quale tutte le cose tendono; ma in questo suo proiettarsi in avanti come manipolatore del tempo e dello spazio si accorge di tornare continuamente gettato nel limite dell'umanità. Lacerato in una dinamica chiaroscurale (lichtendes bergen) che spinge e trattiene, apre e chiude, dice e non dice, si rivela come una struttura circolare che non è possibile modificare. Eppure anche in questo incessante rincorrersi del pensiero (quasi che fosse sempre e necessariamente pensiero di sé, autocoscienza) e della visione (come una pre-visione) una possibilità di uscire dal circolo (vizioso-non vizioso) è forse possibile trovarla nell'interpretazione che, immersa com'è nelle tracce del linguaggio, può ancora aprire a una nuova gamma di possibilità, liberare l'Io dall'Io (l'autocoscienza dai pre-giudizi della sua storia), la cultura da se stessa, la storia e l'umanità da una millenaria tradizione culturale (metafisica). L'uomo è così ma potrebbe anche non esserlo, e il fatto che abbia assunto i caratteri che oggi gli riconosciamo non è una necessità e meno che mai una verità. Ripensare l'uomo significa anche ripensare la storia, e in essa gli orizzonti in cui accogliere finalmente l'essere. Il linguaggio è la dimensione di questo rovescio (storico), i poeti gli artefici (aprenti-ermeneuti) della nuova epoca. La coscienza rimane autocoscienza fino a quando non interviene la struttura del linguaggio (liberatrice) che trascina ek-staticamente (in-sistente) oltre il vuoto ricadere nell'essere, nella tensione di una verità che è in grado di rovesciare l'essere e la sua storia, l'uomo e la sua cultura (da essere del ci a ci dell'essere, da progetto deietto a eksistenza insistente) nell'aperto (offenheit) accecante che dà un senso e una ragione (alle cose, all'essere, al ci) senza però che a sua volta ne abbia uno (ed è quindi un fondamento senza fondamento). Configurandosi l'uomo non come il padrone ma come il pastore dell'essere, che parlando abita in quella casa che è il suo linguaggio (sprache). Heidegger sottolinea la formula "Die sage einer Kehre", intendendo con essa che il rovescio all'interno della storia dell'essere è sempre il dirsi di un rovescio, un fatto linguistico

Si prepara una vicinanza alla verità dell'essere per l'uomo storico

al culmine del quale l'uomo non sarà più uomo, ma il <u>Da-sein</u> della nuova umanità. La chiave per comprendere questo pensiero (la svolta, o wende heideggeriana), lo diciamo a chi fosse interessato al problema e a solo titolo informativo, è la lettura della conferenza **Dell'essenza della verità** (del 1930 e in particolare la nota aggiunta nel 1949) e della **Lettera sull'umanismo** (1947), naturalmente in relazione ad **Essere e Tempo**. Dall'ottica antropologica a quella cosmologica il rovescio storico si estrinseca come la conversione dello sguardo, che è però nella sostanza un restringimento ontologico della parola (è la parola che fa cosa la cosa), l'assunzione dell'essere nell'ottica progettuale e simbolica del linguaggio. E il linguaggio è qualche cosa di autonomo e indipendente con leggi proprie; mentre l'uomo rimane un accidente, l'ente che appropriandosi-espropriandosi della parola si trova a parlare unicamente come una necessità per il suo accadere

La comunicazione delle possibilità esistenziali del trovarsi, ossia lo schiudimento di esistenza può diventare fine proprio nel parlare poetante,

laddove l'essere non è niente di diverso dall'accadere (ereignet) stesso. La poesia (e con essa l'opera d'arte in genere, in quanto attività ontica e ontologica nella sua infinita significabilità), quale messa in opera della verità, e dunque il traguardo che è però solo il principio della rinascita, come ciò che consente di parteciparsi all'essere come parte di uno stesso fenomeno

L'artista è l'origine dell'opera. L'opera è l'origine dell'artista.

La chiamata impone insomma la rigenerazione del linguaggio, l'adeguazione dell'etica all'estetica, la poesia (dichtung) come l'athanor, il comando a trasformarsi per la creazione di una nuova genìa finalmente vicina alla verità

La verità, come illuminazione e nascondimento dell'ente, accade in quanto poetata

la rinascita intellettuale chiusa nel cammino del linguaggio e che si muove lungo la via della parola. Se la parola (poetica) è infatti junghianamente l'origine archetipica e trascendentale non solo del pensiero ma della vita stessa, configurandosi come il patrimonio originario di una realtà mitica da cui ogni cosa ha potuto generarsi, appare evidente che l'operazione che viene fatta nel linguaggio è sempre un'operazione che ha le sue radici nella cultura e nell'essere, una trasmutazione che si muove (andando a toccare questo o quell'altro archetipo, questo o quell'altro simbolo, questo o quell'altro mandala) nella simbolica trascendentale del pensiero, che è così possibile ricondurre terapeuticamente al nucleo poetico.

Che la poesia potesse cambiare il mondo non era affatto una novità (i poeti sono stati ovunque i creatori delle civiltà e gli scultori delle coscienze) nella nostra tradizione, come pure non è una novità il fatto di attribuire misteriose qualità ieratico-curative alla parola. Perché stupirsi dunque? La cosa veramente originale, quella che porta il marchio inconfondibile e che caratterizza il pensiero di Heidegger è però l'aver creduto che il processo di ristrutturazione dell'umanità fosse un evento essenzialmente linguistico e formale (il nominare le cose con altre parole significa fare di quelle stesse cose altro da quello che erano, cambiarne il significato e nel significato l'ontologia), storicamente determinantesi; che il linguaggio abbia insomma chissà quali arcani da dirci, verità mitologiche (mitologia ovviamente della coscienza) da rivelarci. L'impegno etico-farmacologico si configura allora come l'ascolto della parola, lo scavo in una semantica che richiama all'essere e alla sua storia. Con la stessa convinzione di quando si prende un farmaco e con l'immutata certezza del suo potere benefico.

Heidegger è un personaggio complesso e per certi aspetti ostico ad una lettura superficiale, eppure indispensabile nella cultura moderna e contemporanea. Per questo abbiamo in parte deviato dagli argomenti che si è proposto questo manuale; ma solo in parte perché come sempre accade quando ci si muove nel piano dell'ontologia non si può non incrociare la strada che conduce all'uomo e alle sue inquietudini. Dalla distanza inumana dell'epoché Heidegger è stato capace di superarla e di imboccare quella più problematica dell'essere. Noi qui invece ci fermiamo sperando comunque di avere raccolto per lo meno uno degli autostoppisti che si trovano a camminare nei sentieri della notte, attendendo spesso invano quella vettura che li conduca a destinazione.

APPENDICE

VOLONTÀ, LIBERTÀ, AZIONE

DISCUSSIONE DEL PROBLEMA CITATO Da **H. Arend**t: "Il punto essenziale nell'idea di colpa heideggeriana è che l'esistenza umana è colpevole nella misura stessa in cui di fatto esiste". (Capitolo VIII del testo **La vita della mente**, pag. 510).

Gli disse Pilato: "Che cos'è la Verità?"
Giovanni 18, 38

I temi trattati nel testo della Arendt non si risolvono unicamente in una dimensione antropologica. Volontà, libero arbitrio, Io (inteso come coscienza, persona, tonalità emotiva, appercezione trascendentale) desiderio, motivazione, dovere e azione aprono inevitabilmente il discorso a problemi che sono di pertinenza metafisica. Se questo è evidente nei pensatori medievali (meno, per ovvie ragioni teologiche, nei filosofi precristiani) come un dato certo e dunque non sempre teorizzato con la dovuta profondità, assume da Kant in poi una precisa, e giustificata sul piano logico-ontologico, formulazione concettuale. Cominciando proprio dalla dottrina dell'imperativo categorico.

Il mondo, le categorie trascendentali che aprono informandolo un mondo, viene inquadrato prospetticamente secondo le leggi e le regole della previsione dell'intelletto, attraverso concetti puri che appartengono ad una soggettività sostantivante (parlante-nominante: dando come il biblico Adamo attraverso la Parola un senso alle cose, una collocazione significativa ad ogni ente). Spazio e tempo sono le condizioni della sensibilità (condizione a priori della conoscibilità degli oggetti) del giudizio sintetico, e la sintesi, in quanto attività unificatrice e schematica, formale (formalmente morale: la coscienza dell'imperativo comanda di volere secondo la forma della legge, e siccome tale legge vale in virtù della sua forma e dunque della razionalità, l'imperativo non comanda in sostanza che la libertà; il dovere che incombe sul mio essere come progettualità utilizzante mi dice che sono libero, qualificandomi come l'ente capace di trascendersi in una metafisica, di un futuro, di ek-sistere nell'aperto della Provvidenza dove il pentimento e la redenzione sono possibili e accade la Parola salvifica; sostanzialmente e strutturalmente diverso da tutti gli altri enti che sono invece condannati ad un eterno Verfallenheit, scadimento cosale-fattivo), rende possibile l'accesso (senza tuttavia farglielo cogliere conoscitivamente: l'essere è e ha da essere come problema, pulsione fisiologica e prefilosofica al trascendente; una domanda che è destinata a rimanere senza risposta, come invocazione e attesa di qualcosa che è da venire e a cui ci si può solo predisporre assentendo alla sua chiamata) alla dimensione noumenica. Di modo che il mondo della cosa in sé (il noumeno presente come enigma e problema: angoscia) che sfuggiva all'intelletto (pensabile ma non conoscibile) può finalmente aprirsi per via pratica. E' in quanto si e-spone moralmente (= progettualmente) al suo destino prospettico, nella luce della verità (α–λετης: pre-parandosi ad accoglierne l'ambivalenza ontologica, oltre e al di là della sua rigidità semantica, l'oscurità dell'Erranza - che Lacan chiama "altra scena" e Popper "falsificabilità" - la dimensione del possibile che incombe angosciante nel già codificato), che l'uomo ek-siste, esiste veramente (e per Lacan solo nella misura in cui s'inserisce nell'ordine simbolico, nell'aperto che apre oltre i significati già dis-velati, per esserne casa e custode, abitato e abituato dal richiamo di quei significanti che, benché da sempre parlino un linguaggio intelligibile, chiedono non altro che una pre-disposizione all'ascolto, l'assenso e la preparazione all'avvento della nuova epoca della Parola), e il sottrarsi a un tale imperativo (che è poi il richiamo dell'essere che la tradizione ha identificato nella voce del Dio) e-statico comporta lo scadimento in una in-sistenza deietta che, se non smette di presentarsi come destino e chiamata (coscienza morale che impone il superamento dell'originaria condanna nello scadimento del peccato), nell'uomo comune, assume i toni della tragedia (un passato che si ripropone ossessivo come ostacolo alla realizzazione del futuro, della trascendenza simbolica da avvenire) nella malattia. Ovviamente se teniamo per buono il presupposto della storia occidentale dell'esistenza come progettualità, del tempo come costruzione lineare dell'Io da realizzarsi nell'accumulo e nel possesso (e dunque del passaggio inevitabile dalla volontà dell'Io alla volontà di potenza. Non sono naturalmente mancati i critici, e non solo di ispirazione marxista, alla generale antropologia capitalistica; si veda ad esempio la diatriba tra Freud e Jung rinvenuta nel conflitto Io-Sé). Questo per dire che lo stesso Kant, vittima dell'allucinazione morale, non meno dei suoi predecessori è rimasto fermo ad una definizione dell'uomo che si può così tradurre: "un limitato periodo di tempo collocato in uno spazio progettuale che è concepito come il luogo in cui operare per la propria salvezza". Movimento e azione che sono, come si è detto, ridotti dalla razionalizzazione moderna fatta sul tempo a mera produttività finalizzata all'accumulo di capitale (incanalamento del desiderio nel consumo: motivazione di natura calvinista che induce a cercare il segno della grazia, la certitudo salutis, nell'idolatria del capitale; disperazione insanabile che ha portato ad annullare l'individuo nella proprietà, a dissolvere l'etica in un'alienante economia di mercato e la morale nella dinamica del "voglio ma non posso"). Quanto detto a proposito di una preminente priorità pratica, e dunque dell'uomo come l'ente che progetta la propria salvezza (un progetto che è però dal principio destinato al fallimento, una volontà che è rinchiusa nel movimento improduttivo di un pre- che ricade costantemente nella gettualità, e a cui è solo consentito di collocarsi alla giusta maniera nel circolo eonico del tempo), si chiarisce al meglio nell'analitica esistenziale di Heidegger.

Anche per Heidegger, la visione non è assoluta (non è assolutamente disinteressata, ma piuttosto inserita in una dimensione vissuta e tonale, ed ha la sua ragione in una prassi che articolandosi in un sistema di enti - pragmata: come Zuhandenheit o Vorhandenheit- organizza il molteplice frammentato e originariamente disinteressato nell'ottica di un'opportunità pratica) ma si orienta secondo una precisa finalità, in un senso che si configura come un sistema interpretativo capace di inserire i simboli noumenici in un preciso ordine grammaticale finalmente comprensibile (agendo e lasciandosi agire da essi). Questa finalità, principio e fine del circolo ermeneutico, storico prima che ideale, è una finalità di tipo morale. Acquista cioè una forma e una struttura unificante, ossessivamente circolare (cosa che accade anche in Kant in una disarmante circolarità della Ragione: dall'uomo -le idee- al Dio per poi ritornare nell'uomo -i paralogismi- per postularvi i principi metafisici. Una grandiosa illusione trascendentale del dovere -se devo, devo volere qualche cosa e questo qualche cosa è già implicito nel dovere stesso non potendo la volontà volere ciò che non esiste- che è però divenuta fatale in epoca cristiana). Nel senso che il problema non è tanto quello di uscire fuori dall'inferno del circolo ermeneutico-morale, quanto piuttosto starci dentro alla maniera giusta: orientati, e-sposti pro-gettualmente, liberamente collocati (è in questo senso che Heidegger identifica l'essenza della verità nella libertà concepita come lasciar essere) nell'aperto di un non-senso, o di un pre-senso, che chiama all'evocazione e all'ascolto di una Parola che precede anticipandola, per poi finalmente chiuderla, la storia dell'uomo; un mandala della Ragione (una specie di cerchio magico: e infatti

Dio, l'anima e la libertà prima che una realtà
extramentale sono idee, tonalità del pensiero funzionali
all'economia emotiva) che preserva l'Io dal pericolo
dispersivo dell'entropia (frantumazione dell'Io, il corpo
senza organi di Lacan), e in esso dal pericolo sempre
presente del nulla.

La morale serve dunque all'uomo come strumento di
salvezza per sottrarsi a quell'incidente prospettico che
è il peccato e di riflesso la colpa (ogni coscienza è
coscienza morale, e la morale nello sdoppiamento
ottico, nel giudizio di Sé, presuppone una cattiva
coscienza[8]): la mondanità è costituita da un tessuto di
rimandi, da una rete di enti che hanno il carattere dei
Zeuge (di mezzi o oggetti ad uso-per, di un'utilizzabilità
globale finalizzata per scopi che trascendono il mezzo
e l'oggetto stesso), da una maglia di oggetti culturizzati
(il martello è un oggetto che si usa-per inchiodare, la
sedia un oggetto che si usa-per sedersi e non per altro)
che cospirano alla realizzazione di uno stesso fine
pragmatico (ad una totalità di opportunità, Bewandtnis,
intesa come principio organico e funzionale del
molteplice esperito); il mondo-circostante (Um-welt) è
non di meno un tessuto storico-culturale che ruota
significante-significandosi attorno (deformandosi
antropocentricamente nella dialettica dell'in-grazia-di e
dell'in-vista-di) ad un Chi, ad una soggettività (un a-
che-fare-primario) che è la Ragione (sufficiente) ultima
significante, condizione di possibilità ontologica e

---

[8] "La coscienza morale è l'interiore percezione di una condanna
per qualche nostro particolare desiderio". Freud, Totem e Tabù

fondamento (l'uomo latore di una metafisica dei costumi, attraverso la quale offre un sistema compiuto dei doveri quali regole generali per l'agire) dell'insieme concettuale dinamico (come significatività, Bedeutsamkeit) che si va realizzando orientando la prassi verso una totalità pratica. Gli enti, qualunque essi siano (anche e soprattutto i segni, che si presentano come enti allamano estrapolati però dal contesto meramente pratico), non sono in nessun modo degli oggetti privi di significato, una semplice-presenza aliena da una progettualità, ma richiami ed esortazioni (processo metalogico che, simile a quello kantiano, chiede la libera adesione: adeguazione della volontà alla forma della legge -devi perché devi- nella sua capacità di determinare i concetti di bene e male) ad organizzare l'insieme dei rimandi secondo proiezioni e prospettive pragmatiche, per la realizzazione collettiva teleologica di uno scopo (come Cura, Sorge; presente anche nelle parole kantiane: "Agisci in modo che il libero uso del tuo arbitrio possa coesistere con la libertà di ognuno secondo una legge universale") che va oltre la singola individualità, verso un'etereogeneità (simbolica: come risposta ad un appello) di fini. La totalità di opportunità (Bewandtnisganzheit) non è quindi nulla di intellettuale, non può essere conosciuta noumenicamente da nessuno, ma si rivela piuttosto all'unilateralità dell'intelletto nel fenomeno della significatività (l'opportunità vista e pensata si chiama significatività). La priorità spetta perciò alla dimensione pragmatica (metafisica dei costumi come scienza pura della condotta umana; finalità morale intesa come progetto d'utilizzabilità, principio e fine del processo conoscitivo, come avanti-a-sé-essere-già-in-un-mondo) da cui unicamente può nascere quella teoretica. Come dire: delle cose noi, in quanto da sempre già-presenti interessati nel mondo, immersi nel trovarsi tonalizzato (Stimmung) di un'atmosfera familiare pre-teoretica, in un linguaggio che precede e struttura il materiale simbolico che informa le capacità intellettive di ognuno, abbiamo una precisa percezione della significatività globale prima ancora di comprendere i singoli significati, mentre i singoli significati è solo collocandosi nella dimensione pre-intellettuale di un ente capace (come condizione di possibilità: l'esserci è infatti l'ente che ha la priorità della decisione, di programmare e-sponendosi il suo futuro, l'ente che ha-da-essere in un'esistenza non priva di pericoli e difficoltà, quello che per realizzare il proprio essere ne-va-di, mette in gioco la sua stessa vita[9]) significarli interpretandoli, che possono a loro volta assumere una dignità ontologica, un senso. La dinamica è quindi duplice: non solo l'esserci è Woraufhin, ciò in-vista-di-cui viene dischiuso un mondo, l'orizzonte di senso in cui si mantiene la comprensibilità di qualche cosa, ma la stessa apertura (Offenheit) in cui un mondo può per-venire ad una totalità simbolica che richiama evocandolo (come avviene nelle ritualità di massa che sono una specie di preghiera collettiva; da intendersi come la trascendenza ultima di un linguaggio che si pre-dispone all'ascolto della Parola, una forma di estasi e dunque il principale modo di ek-sistere proiettivamente-moralmente

---

[9] "Facilmente nasce la falsa opinione... che la volontà umana sia l'origine di volontà-di-volontà, laddove al contrario l'uomo è voluto dalla Volontà-di-volontà senza neppure avere l'esperienza dell'essenza di tale volere"; pag. 480

operando per la propria redenzione: dove la Parola è sottratta all'immobilità della morte e la Verità recupera la sua ombra, l'Errore, in un mondo che si presenta come il luogo di libertà in cui accade l'avvento della salvezza) il progetto di una collettività che ha il nome profilattico (= strumentale, antientropico e unificante. E Dio è infatti propriamente una funzione logica in quanto consente il passaggio dialettico del Figlio nel suo individuarsi nel Nome-del-Padre, e una funzione ontologica in quanto immette l'immaginario dei significati già dispiegati nel simbolico dei significanti ancora da avvenire, nell'epoca propria dello Spirito) del divino. Siccome però si è stabilito che la situazione fondamentale di questo ente particolare che si pone la domanda sull'essere è il trovarsi immerso in una dimensione che trascende la sua storia individuale (la libertà morale -la volontà - come pura e spontanea attività intellettuale, segno di quella metafisica alla quale l'uomo appartiene), in un senso che è il luogo della sua dimora abissale (da ricercarsi piuttosto però in una specie di sprofondamento nel linguaggio inteso come il luogo della memoria del Sé, nei simboli e miti che precedono ontologicamente la sua determinazione storica), il problema della comprensione (che precede il volere, dovendo essere la cosa voluta in qualche modo già conosciuta) viene a risolversi tutto in una pre-comprensione (un pre-volere) che è appunto un trovarsi a comprendere (a volere), in un comprendere che è situato-gettato da sempre in una Stimmung; ovvero in un'atmosfera generale di simboli che, per quanto inafferrabili intellettualmente, dominano e orientano dall'interno la mente e le sue funzioni. Nel senso che la visione, la quale sola può dar luogo ad una comprensione, è sempre strutturalmente condizionata e predeterminata (processo a cui per Heidegger va soggetta la stessa volontà) dalla familiarità con una pre-comprensione che la precede orientandola ("Edipo tiranno moderno", dirà Deleuze ammonendo di diffidare della vecchia mitologia che stava riproponendo in chiave laica e scientista l'antico concetto di peccato), facendole venire incontro quegli enti che sono propri dello specifico di un interesse, di un'ottica angolare per quanto dilatata e ampia (e quindi la coscienza strutturante del male mette ad esempio in luce, oscurandone altri, quegli enti e quell'organizzazione semantica che è funzionale al suo orizzonte prospettico - dittatura semantica; - mentre ogni decisione assume non di meno il carattere inquietante della con-versione, e quest'ultima - retaggio ottico della ri-flessione - a sua volta di un rovescio epocale nella storia dell'esserci). La visione vede solo degli aspetti ed ordina il veduto secondo una pro-spettiva (un oggetto è assunto come uso-per, per un uso particolare, è riconosciuto in-quanto rimanda a qualcos'altro che lo trascende significandolo; si colloca perciò in uno spazio di senso e in un ordine significante che com-prende l'uomo come il mondo e il mondo come dio. Ne consegue che per il penitente -l'ente morale- l'oggetto, su cui incombe con la sua intenzionalità, viene a significarsi come un artificio con cui progettare la propria redenzione, e il mondo uno strumento escatologico per la sua soteriologia morale) che si articola nella struttura fondamentale della Spectio che è la storia stessa non scritta dalla specie umana, ciò che la storia pro-gettante chiede e consente di vedere nella costruzione teoretica di un mondo. E' dalla Spectio (Sicht) che deriva il fenomeno specifico della conoscenza, e la conoscenza a sua volta non è che un restringimento ontologico di quella che Heidegger chiama Umsicht del Besorgen, della circospezione del procurare che corrisponde all'a priori pratica di un mondo, ad uno sguardo totalizzante e finalistico (morale) dell'intreccio relazionale dei rimandi e dell'opportunità che li ordina interpretandoli. Questo per dire che la prassi visiva non vede in nessun modo il tutto (l'in-quanto - l'Edipo, il male, la colpa - : la pluralità delle cose viene raccolta in un uni-verso, secondo un angolo prospettico, una forma per quanto dilatata e ampia), ma ha una vocazione al ritaglio semantico; guarda vedendo però solo degli aspetti (un esempio è il giudizio predicativo delle scienze). Noi, in quanto enti che avvertono il peso dell'essere come possibilità di un problema da progettare (priorità ontologica dell'imperativo categorico nel rigorismo etico del dovere), da convertire storicamente in un'epoché linguistica, siamo già da sempre pre-determinati, costituzionalmente assegnati e anticipati da un'ottica pragmatica (i cui aspetti principali si delineano come Vorhabe, Vorsicht, Vorgriff, ossia come pre-possesso, pro-spezione, e pre-concetto) che dirige deformando la dimensione della possibilità secondo quella struttura del comprendere che è la Spectio, e che corrisponde alla pratica del mondo, al pro-curare pragmatico che seleziona (lasciandoli venire incontro, Begegnen lassen) dalla radura (Lichtung, chiarità) dell'essere quegli enti che sono necessari alla realizzazione di una contestualità assolutizzante. Di una finalità. L'esserci è una polarità ambigua, un pro-getto deietto: progetta ma progettando in avanti ricade inesorabilmente indietro, in un pre- (Vor) che chiede e consente di vedere (vede ma non vede imbrigliato com'è nella luminosità chiaroscurata - Lichtenden

Bergen s- della sua circolarità scaduta; condizione passiva e sofferta che ricorda il travaglio di una fede che non riesce ad evadere dalla dimensione ombrosa del peccato, dalla coscienza morale), di costruire un futuro che è già da sempre pre-determinato da un passato che ritorna ossessivo, e che si serve dell'esserci, in quanto ente storicamente determinato, per realizzare in-formandoli principi storico-epocali scritti nel libro generale dell'essere, o se si vuole della natura.

La visione è insomma un vedere quello che si è già visto, e il già visto (l'orizzonte mitologico dell'Io, conservato come una specie di traccia culturale che si va a collocare nell'istinto produttivo di una specie con-dizionandola dal principio) può configurarsi come tale, apparire, solo se è presente un fondamento ottico (dio, la legge), un cannocchiale (l'in-quanto della visione che è da intendersi come l'in-quanto del linguaggio nel suo passaggio alla comprensione) capace cioè di ricondurre aprendoli alla visione (e dunque alla comprensione teoretica e creativa) i fenomeni vissuti dall'esperienza emotiva. Se manca il noumeno aprente-significante (dio come rimando finale -àgape-, e dunque ragione ultima delle cose intese come strumento escatologico morale) viene meno anche il fondamento ermeneutico artefice della svelabilità di un mondo; e il mondo (che un esistenziale, una struttura dell'esserci), privo di un'intenzionalità pro-gettuale e prospettica, non può che vanificarsi nell'abisso di un vuoto più grande, sprofondando in un orizzonte sfumato e privo di un confine; senza più un Chi, un Io sintetico-utilizzante a cui fare riferimento (e senza un dio fondante, causa ultima che da sempre lo precede, il mondo può davvero reggersi sul nulla, o non sprofonderà piuttosto in un'eterna caduta, in un eterno ritorno? Morto il Dio muore anche la legge, anche questo è deducibile dall'autonomia della legge kantiana che non a caso fatica a rimanere in se stessa). Inabissandosi inesorabile il non senso dell'uno nel non senso dell'altro, senza appunto entelechia morale (ma già Kant aveva individuato le drammatiche conseguenze di questo pensiero: la priorità ontologica spetta all'imperativo categorico, che si presenta come fondamento della legge proprio in quanto privo di fondamenti; è l'ultima delle cause, autonoma e dunque incausata e ingiustificata, quasi un atto di fede). La Ragione, possiamo dire con Kant, non è in nessun modo primariamente pura, in grado cioè di varcare assolutizzandosi i limiti dell'esperienza fenomenica, ma è soprattutto pratica, autonoma e sufficiente da sola a muovere, nell'imperativo categorico, la volontà (volontà pura che trascende informandolo il fenomeno) e l'azione morale. Processo meta-logico che libera l'uomo dal determinismo meccanicistico (indipendenza della volontà dalla legge naturale dei fenomeni; ma anche indipendenza dai contenuti della morale stessa, che sola fa essere il bene come bene morale e il male come male morale) facendone causa e sintesi noumenica. Il problema strutturale è perciò chiaro: la legge morale (Nome-del-Padre, come la chiama Lacan) non dipende dal contenuto perché è già contenuto esso stesso (non ha cioè bisogno di essere pensata o giustificata, è un dato di fatto che ha la sua motivazione nella libertà, nel senso che se non supponiamo l'a priori della libertà non possiamo in alcun modo giustificare la presenza del dovere), fondamento ultimo che vale proprio in virtù del non avere altra ragione oltre la forma della legge, dalla sua razionalità (l'imperativo comanda di volere secondo forma la libertà ed essa si delinea quindi, pur rimanendo sconosciuta nella sua essenza, come la dimensione metafenomenica -giudizio sintetico a priori- che dà un senso a tutto ciò che riguarda la sfera della morale). E' forma, razionalità pura, funzione logico-ontologica che determina a priori i concetti di bene e di male de-finendoli come tali. Apertura semantica e senso significante del materiale fenomenico esperito. Come dire: l'imperativo precede la teoria e la stessa visione teoretica orientandola nella dimensione morale, e senza questa determinante funzione deuteronomica non è possibile solo un'ermeneutica e una visibilità delle cose, ma la stessa ontologia (il mondo intelligibile che sfugge alla ragion pura, e che si presenta alle idee della ragione solamente come un'esigenza trascendentale, è invece accessibile per via pratica. Dio, l'anima, la libertà devono essere ipotizzate per dare un significato ad una legge morale che ha la sua causa ultima nella libertà). Oltre il fondamento morale non si apre che lo s-fondamento del nulla, la cecità disorientante di un vuoto abissale (grund) che più non consente una comprensione del mondo né tanto meno la sua operabilità, e chi si prova nel salto faustiano verso la dimensione angosciosa del non-senso (o del pre-senso: al di là del bene e del male) finisce inevitabilmente nelle tenebre accecanti (è propriamente dis-orientato) di Dioniso: con-segnandosi come Nietzsche all'abbaglio del nulla, nei roghi della follia dove non ha voce che il vuoto dell'assenza e la domanda (**"perché l'ente e non piuttosto il nulla?"**) è destinata a rimanere senza risposta (in un fondamento che è ad un tempo l'assenza del fondamento stesso; questa è la notevole intuizione kantiana: dio, immortalità dell'anima, libertà non hanno altra Ragione che nella Ragione stessa. Esigenze strutturali che solo per Errore diventano dialettiche e che è necessario postulare affinché ogni cosa abbia un senso: l'ipotesi di un dio che adegui il grado della felicità a quello della virtù, la necessità della volontà pura come causa libera, l'anima quale attuazione infinita del rigorismo morale). Nel non-senso dell'angoscia che si configura come il pre-discorso di una Parola che non e-spone in un'apertura già dischiusa (fenomeno che Schopenhauer chiamerebbe "rappresentazione" e Nietzsche "apollineo"), ma che apre all'apertura stessa (che il filosofo di Danzica definirebbe "volontà" e quello tedesco "dionisiaco"), s-coprendo una Verità da sempre dis-velata sul Sinai non ancora contaminato dalla morale; l'estasi evocante del silenzio quale trascendenza ultima di un linguaggio che è più simile alla risposta di un appello che ad altro, alla dimora originaria degli dèi verso cui da sempre siamo in cammino. Nel suo percorso che tende a conciliare soggetto e predicato, e ad annullare la differenza ontologica tra l'uomo e il Dio (Hegel) la libertà si pone come uno dei momenti più alti, storicamente determinabile (in Hegel con l'epoca illuministica, in Heidegger con la Kehre, con l'avvento di un radicale rovescio temporale). Da Kant addirittura concepita come la più alta delle idee della Ragione, di cui conosciamo a priori la possibilità e dunque la condizione di una legge che rivendica nel formalismo etico la conformità alla norma. Non l'uomo però la possiede (questa è forse la più significativa delle intuizioni heideggeriane, derivata dall'epoca della tragedia) come cosa tra le cose, ma è piuttosto l'uomo stesso ad esserne una proprietà, a collocarsi (nel breve spazio di una vita che può al limite illudersi di giocare un ruolo determinante, appropriandosi-espropriandosi di una Verità che si serve della Parola parlata per annunciare principi che appartengono alla natura generale dell'essere) nel suo orizzonte semantico che (in Kant) fa da cerniera tra la vita e pensiero, sensibile e metasensibile, il piano logico e quello ontologico. Fenomeno che si può chiamare in molti modi, ma che comunque si consuma nel prospetto del sacro, dove bruciano le origini teogoniche dell'umanità. Il senso di ogni cosa. Nella radura della libertà è possibile esistere coscientemente, pre-disposti all'ascolto dei significanti che si agitano nella dimora abissale, e dunque in cammino per accogliere e custodire quello che è là detto e annunciato; o rigidamente (per dovere[18]), assolutizzando i principi che la Ragione (spinta da un interesse e da un'ottica essenzialmente produttiva: totalizzando quegli aspetti della contestualizzazione globale che sono funzionali ad un interesse specifico e divenuti perciò epocali, de-terminanti e uni-versali; da cui il rapporto stretto rinvenibile tra la coscienza morale e il bisogno calvinista dell'accumulo e del possesso, tra l'angoscia e il consumo, l'ossessione e la proprietà) ha trovato per uniformare l'ambivalenza e la polifonicità primordiali alle esigenze codificate dal principio di identità (la rigidità dell'Io in conflitto con la plasticità del Sé). Per sottrarsi a quest'ultima dispotica e irragionevole eventualità (che da sempre risponde con inaccettabile arroganza "perché l'ente è un bene" = dittatura semantica), si può cominciare a sfidare il destino per tornare alla casa del linguaggio, alla ricerca di quella terra che da sempre custodisce il senso del mondo e che rappresenta la nostra storica e materialistica aurora. Liberamente consegnati all'ascolto per interrogare gli abissi dionisiaci della Parola. Per concludere: i temi proposti sono dichiaratamente mirati a dimostrare l'assoluta priorità dell'uomo sulla natura e sulle cose (come condizione di possibilità). Questa priorità, benché non assolutamente teorizzabile, è celebrata oltre misura in Kant. Nell'uomo rispetto alle cose della natura c'è un incontenibile pulsione a trascendersi (la prova è data proprio dai concetti di volontà, libero arbitrio, dovere che sembrano trasumanare l'individuo in una metafisica della Ragione) nella visione teleologica di un mondo che si presenta alla comprensione come strumento per una soteriologia morale, da plasmare (con l'obbligazione del dovere: il sacrificio paolino nella fatica e della pena mortificante dei piaceri; la contemplazione ammirata di Sé nella penitenza quotidiana della misura e del limite = castrazione, ossessione) demiurgicamente per la propria salvezza. L'uomo è qualcosa di diverso e nobile, però chiaroscurato (pro-getta) nel suo delirio di onnipotenza, dall'ombra di una coscienza che lo pone a metà strada tra il bene e il male, il divino e la bestia; ben visibile nell'idea di finalità implicita a priori nel soggetto nel suo sostantivare (sostantivazione di emulazione biblica che tradisce una pericolosa volontà di potenza che ha fatto del risentimento e del dolore una virtù: capace di porre l'uomo in un universo antropocentrico che non smette di ruotargli attorno alla ricerca di un senso; non solo causa tra le cause ma Ragione ultima fondante delle cose) l'oggetto (attribuendogli uno scopo e un fine) in una dimensione appunto lineare-temporale (il giudizio riflettente: estetico e teleologico). La "rivoluzione copernicana" ha certamente rivoltato il mondo, dandogli una prima decisiva umiliazione, ma ha ad un tempo contribuito ad alimentare la follia di un ente morale, l'esserci, che ha creduto dall'alto della sua cattiva coscienza di poter salire sul trono, se non della creazione, comunque del fondamento. A immagine e somiglianza: un dio minore legislatore ma anche ridicola entelechia delle cose terrene, che come nell'universo aristotelico-tolemaico non smettono di ruotargli attorno così significandosi e assumendo un senso. Dato il presupposto divenuto epocale di una morale che ha detto "no" alla vita e di una volontà non meno distruttiva e vendicativa nella dinamica del "vorrei-ma-non-posso" (la volontà dell'uomo di fede: posto a metà tra l'animale e Dio e alle prese con la coscienza della morte, nel suo interminabile Golgota di sofferenza che lo porta a sacrificare i beni della vita che sono i piaceri), il passaggio dalla volontà alla volontà di potenza sembra quasi obbligato nella concezione lineare del tempo, e raggiunge uno dei momenti più alti nella Tecnica (= volontà di volontà, volontà di sottomettere il mondo al proprio potere - il capitale come strumento di dominio -, la cui fine può delinearsi solo nella distruzione totale). A immagine e somiglianza, appunto; custode della Parola (che, nel delirio escatologico, da sempre dice "non desiderare!"; come se la volontà che ha per obiettivo l'umiltà non fosse meno sanguinaria della volontà di dominio, come se la pietà e la compassione non fossero già volontà di potenza, di onnipotenza, nichilismo). Un dispotismo concettuale (nel senso che "Non esistono fenomeni morali ma solo un'interpretazione morale dei fenomeni"; Nietzsche) su cui può storicamente fondarsi il pericolo reale di una tirannia (le cui premesse sono nell'obbligo morale della redenzione da compiersi sacrificandosi nel mondo, inteso come il luogo in-vista-di-cui operare espiando per la propria salvezza: e-sposizione morale-progettuale in una specie di calvario della Ragione che interviene con prepotenza nella dialettica servo/padrone), a cui non si sottrae il mondo cristiano (che ha saputo con arroganza inaccettabile appropriarsi della Verità) inteso come il termine ultimo di un grandioso sillogismo in cui si giunge a superare la differenza ontologica tra soggetto e predicato, l'uomo e Dio (Hegel); e dunque a rovesciare i principi teoretici precedentemente elogiati (la liberà) nel loro opposto. Non così in una visione circolare della storia in cui il volere vuole il futuro (posta anche come presente, una cosa voluta che ancora non si ha è comunque qualcosa da avvenire) ricadendo però insistentemente in un passato che non smette di riportare l'uomo nella sua situazione naturale, che è poi in ultima analisi l'inevitabile condanna nella morte. Dal cielo alla terra: nella disperazione insanabile in cui il volere, l'agire, il fare nulla possono sui piani della Provvidenza (eccetto ricercare i segni che sono il simbolo della destinazione al cielo: calvinismo e capitalismo; dove la proprietà è una specie di ipostasi dell'Io, un cerchio magico che mentre da una parte alimenta il suo delirio di onnipotenza, dall'altra magicamente lo protegge esorcizzando la cattiva coscienza), che non smette di riproporre il passato della gettualità colpevole dell'essere con-dannato come cosa tra le cose.

La chiusa è allora obbligata: così come la legge morale per quanto autonoma e indipendente presuppone un Dio nomoteta che la giustifichi, non solo come causa ultima ma come principio architettonico (ed è a questa interiore esigenza della Ragione che le chiese devono la loro fortuna), non di meno la legislazione divina presuppone una perversione dell'essere, una colpa radicale. Ad ognuno è superficialmente consentita la possibilità della scelta, una scelta che è però in qualche modo obbligata e precondizionata dalle circostanze e dagli eventi. La volontà ha una sua precisa dignità "psicologica", nella possibilità della redenzione (problema psicologico prima che teologico) a cui rimanda, ma è altresì costretta a muoversi nell'orizzonte del possibile che rimane una costante riproposizione del già-stato (scrive la Arendt citando Nietzsche. "La volontà non riesce a volere a ritroso, non può arrestare la ruota del tempo... Io-voglio e non-posso, da tale impotenza il filosofo fa derivare ogni umana malvagità: il risentimento, la sete di vendetta, la sete di potere dominare gli altri"). È pertanto un concetto positivo e rivolto indissolubilmente ad un interesse pratico, nella ricerca necessitante di un Bene di cui si deve partecipare ogni singola individualità. La Arendt, impegnata nella rivalutazione delle categorie politiche con l'intenzione di sanare il dissidio agostiniano tra le due città, la filosofia e l'essere-nel-mondo (una proposta filosofica in grado di conciliare il pensiero con le altre facoltà della mente -il volere e il giudicare- con l'azione), e dunque interessata a ricondurre il soggetto alle responsabilità sulle scelte operate in campo etico (la coscienza ad esempio davanti al dramma antisemita o l'assenso ai regimi totalitari fascista-nazista), sembra avere in parte accantonato le aporie teoriche e strutturali non secondarie (ineliminabili; vedi Schopenhauer Sulla libertà del volere) che nascono dalla riconduzione del fenomeno della volontà (resta infatti un concetto di natura nascostamente giuridica, funzionale alle logiche repressive ma di difficile collocazione in ambito ontologico. Non così ovviamente ragiona il "potere", che si serve di un'argomentazione brutalmente paralogica: se infatti non foste individui liberi non si potrebbe giudicarvi, e poiché sempre venite giudicati allora dovete essere necessariamente liberi) ad una noumenica libera possibilità di scelta. Il dubbio infatti rimane e non sembra facilmente risolvibile: non sarà in qualche maniera obbligato l'assenso di una persona a cui si chieda di scegliere tra una vita che si prospetta felice, sana, prosperosa? Piuttosto che infelice, povera e malaticcia. Non sarà un banale errore della Ragione il suo rifiuto, ignoranza, o più semplicemente malattia?

Con queste parole non si pretende certo di chiudere un problema secolarmente aperto nella sua implicita contraddittorietà. Il concetto fondamentale di libertà, senza il quale non si spiegano la volontà e il dovere, ha infatti una storia millenaria ed è di difficile formulazione concettuale: in Socrate è la finalità di un cammino che la presuppone come combustibile da bruciare nell'esercizio maieutico, in Spinoza addirittura paradossalmente inserita come necessità in un ordine di cose che tutto prevede meno che il libero arbitrio, in Heidegger come essenza stessa della Verità (in quanto lasciar essere nell'aperto dell'essere), una specie di non libertà, uno storico fenomenizzarsi di un principio del tutto ateoretico più simile ad un luogo vissuto, emotivo e tonale (agorà) che ad una vuota e astratta verbosità. In Fichte sarà addirittura l'essenza dell'infinito stesso, la ragione morale del non-Io quale continua e perenne attuazione (un infinito porre il non-Io per superarlo all'infinito), Dio come ordine morale del mondo. Ma questa, si sa, è un'altra storia.